우리 시대의
한국 고대사

한국고대사학회 편

2

우리 시대의 한국 고대사 2

엮은이 한국고대사학회
펴낸이 최병식
펴낸날 2017년 3월 3일
펴낸곳 주류성출판사
서울특별시 서초구 강남대로 435 (서초동 1305-5)
TEL | 02-3481-1024 (대표전화) • FAX | 02-3482-0656
www.juluesung.co.kr | juluesung@daum.net

값 16,000원
잘못된 책은 교환해 드립니다.

ISBN 978-89-6246-305-7 94910
ISBN 978-89-6246-303-3 94910 (세트)

한국고대사학회 창립 30주년 기념 시민강좌

우리 시대의
한국 고대사

한국고대사학회 편

2

주류성

목차

요하강(랴오허강)

황 해

우리 시대의 한국 고대사

고대의 영토의식과 진흥대왕순수비

김영하(성균관대 사학과 교수)

1
영토의식의 발현

　영토는 국민 및 주권과 함께 근대 국가를 구성하는 불가결한 요소이다. 주권이 미치는 공간적 범주로서, 국민들이 삶을 영위하면서 의무를 지고 권리를 누리는 공간이다. 근대 역사학에서 고대의 국가를 설명할 때에도 영토는 역시 중요했다. 근대 국가의 영토적 유래와도 관련되는 문제였기 때문이다. 다만 근대와 달랐던 점은 주권재민의 국민 주권이 미치는 공간이 아니라, 왕권 천수의 군주 주권이 미치는 공간이라는 데 있었다. 그러한 의미에서 고대 국가의 영토는 왕토였고 영토의식의 주체도 왕이었다. 따라서 국가 간의 경계도 오늘날과 같이 분명할 수는 없었다.

　고대국가에서 영토를 차지하는 주요한 방법은 역시 전쟁이었다. 전쟁은 생존에 필요한 물자를 교역에 의해 소달하던 지배층들이, 그것이 갖는 경제적 이익을 배타적으로 독점하기 위해 상대방을 군사적으로 억압하는 과정에서 시작되었다. 그러한 결과 승자가 패자를 복속시키고 간접 지배하면서 공납을 요구하는 경우와, 승자가 패자를 점령한 뒤에 직접 지배하면서 세금을 부과하는 경우가 나타났다. 승자의 지배력이 강할 때에는 점령-부세관계였겠지만, 그렇지 못할 때에는 고구려와 동옥저의 경우에서 보는 바와 같이 복속-공납관계를 유지했다.

고대의 전쟁은 해당 국가가 처한 사회경제적 조건의 영향을 많이 받았다. 고대사회의 지배자는 제한된 생산수단인 인간노동력을 생산과 군사 활동에 효율적으로 배치하는데 관심을 기울였다. 수렵물로 의식(衣食)의 재료를 보충할 수밖에 없었던 고구려에서 왕이 추·동계에 주재하는 전렵(田獵)은 그 자체로서 군사훈련이었다. 농경사회인 백제와 신라에서 왕이 지휘하는 군사훈련으로서의 열병(閱兵)이 춘·추계의 농번기를 피해 여름 농한기에 집중할 수밖에 없었던 이유이기도 했다. 다만 백제는 왕실이 부여-고구려 계통이었기 때문에 전렵을 병행했고, 신라는 겨울 농한기에 산성과 같은 군사 시설을 축조하거나 보수하고 있었다. 이러한 조건 하에서 삼국은 주변 소국을 복속시킴으로써 국가를 형성했고, 대왕이 출현하는 단계에 이르러서는 토지와 인민을 포괄하는 영토에 대한 의식이 발현하게 되었다.

고구려에서는 108회의 전쟁 중에서 공격전이 66회로 방어전에 비해 많았

광개토왕비

다. 반농반렵(半農半獵)의 사회인 고구려에서 전쟁 자체가 생산 활동의 일환이었음을 시사하고 있다. 동명성왕 2년(기원전 36)에 전렵으로 주변의 비류국을 복속시킨 이래 태조왕 4년(56)에는 황초령 너머 동해안의 동옥저까지 복속시킬 수 있었다. 전사 계층의 좌식자(坐食者)들은 그곳으로부터 쌀, 생선, 소금 등의 농산물과 해산물을 공물로 수취하여 삶을 영위했다. 고구려 초기에 일상생활에서 부족한 물자를 보충하기 위한 전쟁의 경제적 의미를 잘 보여준다. 미천왕 14년(313)의 낙랑군과, 그 다음 해에 대방군의 축출은 정치적 의미 이외에도 대동강 유역의 농경지대를 확보한 경제적 의미를 경시할 수 없다.

고구려가 평양지역을 차지한 일은 삼국 간의 세력 각축을 불러일으키는 도화선이었다. 평양은 백제의 공격을 유발하는 곳이었으며, 고구려가 남진하는 전략 거점이기도 했다. 광개토왕은 6년(396)에 평양으로부터 출진하여 백제의 한성을 함락시키고 아신왕과 대왕-노객의 복속관계를 맺었다. 이러한 복속관계 위에서 고대국가의 완성을 알리는 지표의식, 즉 대왕/인간, 역사/시간, 영토/공간에 관한 세 의식을 표출하는 기념비로서 〈광개토대왕비〉(414년)가 장수왕대에 세워질 수 있었다. 이에 따르면 광개토왕은 398년 동예, 399년 신라, 410년 동부여 등에 대해서는 기왕의 복속관계를 강화하고, 396년 백제, 400년 임나가라 등에 대해서는 새로이 복속관계를 맺었다. 한편 복속관계를 맺을 수 없었던 395년 거란, 404년 왜, 407년 후연 등에 대해서는 막대한 전리품을 획득하고 있었다. 왕도의 중앙에 고유 신앙의 세계관에서 세상의 중심으로 기능하는 우주목(宇宙木)과 같은 거대한 석비를 세우고, 여기에 지상을 상징하는 사면(四面)의 비석에 사방(四方)의 판도를 명시한 것은 도저한 영토의식의 발로였다. 이러한 지배 방법은 장수왕 15년(427)의 평양 천도 이후 크게 바뀌게 되었다.

백제가 수행한 123회의 전쟁은 71회의 공격전과 52회의 방어전으로 나누어진다. 백제는 신라에 대해서는 공격적이었던 반면, 북방의 말갈과 고구려에 대해서는 방어적인 전쟁을 수행하고 있었다. 온조왕은 26년(8)에 전렵을 명분으로 출병하여 마한을 치고 그 국읍(國邑)을 아우르게 되었다. 이것은 마한 통합의 주체였던 목지국(目支國)의 병합을 의미하는 것으로 추측되는데, 백제는 목지국이 행사하던 마한 통제를 대신함으로써 주변 소국에 대한 복속 전쟁 없이도 국가를 형성할 수 있었다.

백제의 영역 발전에서 주목할 만한 전쟁은 근초고왕 때에 있었다. 근초고왕은 24년(369)에 영산강 유역의 마한세력을 복속시킨 뒤, 고구려의 고국원왕이 치양성(雉壤城; 배천)으로 내침하자 태자를 보내 격파하고 포로 5천여 명을 노획하여 장사들에게 나누어 주었다. 이들은 노예로서 농업노동력으로 전용되었을 것인데, 역시 농경사회인 백제에서 전쟁이 차지하는 경제적 의미를 잘 보여주었다. 또한 26년(371)에는 왕과 태자 근구수가 고구려의 남진 거점이었던 평양성을 치고 그곳에 머물던 고국원왕을 전사시켰다. 이와 같이 백제가 낙랑 고지와 대방 고지를 둘러싸고 고구려와 각축을 벌일 때, 태자 근구수는 내침한 고국원왕의 군대를 격파하고 수곡성(水谷城; 신계)에 이르러 '積石 爲表'한 일이 있었다. 이것의 구체적인 모습은 알 수 없지만, 돌을 쌓아 경계를 표시했다는 점에서 영토의식의 출현에 다름 아니었다.

끝으로 신라는 138회의 전쟁 중에서 왜와 31회, 백제와 44회, 고구려와 12회에 걸친 방어전을 수행할 만큼 수세적이었다. 파사왕대(80~112) 이전의 신라는 아직 전쟁을 통해 주변 소국을 복속시킬 만한 역량을 갖추지 않았으므로 국가를 형성할 수 없었다. 그러나 파사왕 23년(102)에 음즙벌국(音汁伐國; 안강), 실직국(悉直國; 삼척), 압독국(押督國; 경산)을 각각 복속시킨 이래, 신라의 소국 복속은 조분왕 2년(231)과 7년(236)에 감문국(甘文國; 김천)과 골벌국(骨伐國; 청도), 첨해왕대(247~261)에 사벌국(沙伐國; 상주) 등 3세기까지 지속되고 있었다.

신라는 국가 형성이 고구려보다 150년 정도 늦었으므로, 삼국 간의 세력 각축에도 늦게 뛰어들었다. 우선 법흥왕 19년(532)에 금관가야가 항복해옴으로써 낙동강 하류 유역을 확보했다. 그런 다음 본격적인 영역 발전은 진흥왕대에 이루어졌는데, 12년(551)에는 고구려로부터 죽령 이외와 고현 이내의 10군에 해당하는 북한강 상류 유역과, 14년(553)에는 백제의 동북 변방에 해당하는 한강 하류 유역을 차지할 수 있었다. 또한 진흥왕 23년(562)에는 대가야를 정벌함으로써 낙동강 중류 유역을 확보하게 되었다. 이때 진흥왕은 큰

공을 세운 사다함에게 생구(生口)와 토지를 하사했지만, 그는 전쟁 포로는 양인으로 풀어주고 토지는 전사들에게 나누어주었다. 이러한 사다함의 행위를 미담으로 여길 만큼 다른 귀족들은 전리품을 통해 경제적 기반을 확보하고 있었던 것이다. 이와 같이 확장된 영토에 대해 진흥왕은 창녕, 북한산, 황초령, 마운령을 순수하고 역시 대왕·역사·영토의식이 집약된 기념비를 세웠다. 당시 순수비가 세워진 곳들은 신라의 판도에서 변경이었던 바, 신라왕이 다스리는 왕토를 대내외에 천명하려는 데 목적이 있었던 것이다.

2
진흥대왕순수비의 이해

1) 건립 배경

진흥왕은 위에서 보았듯이 삼국의 발전 과정에서 광개토왕 및 근초고왕과 같은 위치에 있었다. 그는 신라의 24대 왕으로서 534년에 태어나 576년에 죽었다. 540년에 즉위했으니 재위기간은 37년이었다. 이름은 삼맥종(彡麥宗) 또는 심맥부(深麥夫)이고, 지증왕의 손자이자 법흥왕의 아우 입종갈문왕(立宗葛文王)의 아들이었다. 어머니는 법흥왕의 딸 김씨이며, 왕비는 박씨로 사도부인(思道夫人)이었다. 7세의 어린 나이로 즉위했으므로, 왕태후 김씨가 섭정했다.

진흥왕은 6년(545)에 이사부의 건의를 받아들여 거칠부 등 여러 문사로 하여금 『국사』를 편찬하도록 했다. 내물왕 이후 김씨의 왕위 세습이 확립된 이래 지증왕대의 국호 확정과 주군제 실시 및 법흥왕대의 율령 반포와 불교 공인 등 후세에 드러낼 만한 일들이 많았기 때문이었다. 여기에는 법흥왕에서 비롯된 중고 왕실의 정통성을 밝히는 의미도 있었을 것으로 추측된다. 다만 진흥왕이 12세로 아직 친정하기 이전이었으므로, 이 일은 섭정하던 왕태후 김씨의 주도로 이루어졌을 것이다.

한편 진흥왕은 법흥왕대에 왕실의 필요에서 공인한 불교를 적극 장려했다. 진흥왕 14년(553)년에 월성 동쪽에 새로운 궁궐을 짓다가 황룡이 나타나자 왕궁을 고쳐서 불사로 삼고 황룡사로 이름을 지은 것은 대표적인 사례이다. 신라 최대의 사찰 황룡사는 진흥왕 27년(566)에 완공되었는데, 35년(574)에는 신라 최대의 불상인 장육상(丈六像)을 주조하여 봉안했다. 황룡사가 완공되던 해에는 기원사와 실제사도 준공되었다. 또한 진흥왕 5년(544)에는 흥륜사의 낙성을 계기로 도성인의 출가를 허락했으며, 10년(540)에는 양 나라에서 불사리를 들여오거나 26년(565)에는 진 나라에서 불교 경론 1,700여권을 들여오는 등 내실화에도 힘썼다. 이처럼 당시의 신라 불교는 왕실 불교로서 고유 신앙에 대체하여 왕권 강화와 사상 통일에 기여했을 것이다.

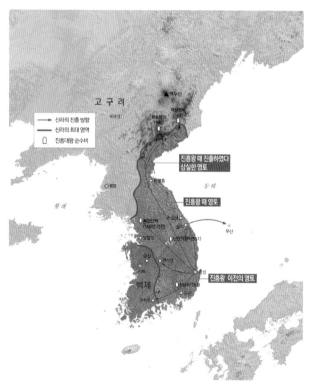

이러한 정비 위에서 진흥왕은 영토를 확장하고 순수에 따른 기념비를 건립했다. 이것은 세속의 전륜성왕으로서 인도 아쇼카왕(기원전 269~232)의 행적을 답습한 것이기도 했다. 이러한 〈진흥대왕순수비〉는 문헌의 내용을 보완해주는 사료적 의미 이외에도, 당시의 사정을 당시의 글과 글씨로 후세에 전하는 감동은 남다른 바가 있다. 진흥왕은 20세가 되던 12년(551)에 법흥왕 23년

(536) 이래 사용해온 연호 건원(建元)을 개국(開國)으로 바꿨다. 여기에는 왕태후의 섭정을 벗어나 친정을 선포하는 의미가 담겨 있었다. 진흥왕은 다시 29년(568)에 대창(大昌), 33년(572)에 홍제(鴻濟)로 각각 개원했다. 진흥왕대의 역사는 친정으로 나라를 열고, 대외적으로 크게 발전하며, 대내적으로 잘 다스린다는 의미로 개원한 연호의 변천에 잘 반영되어 있다. 〈진흥대왕순수비〉는 신라가 크게 팽창하던 개국과 대창 연간의 산물이었다.

우선 창녕비(561년)는 본래 화왕산에 세워져 있었다. 신라는 법흥왕 때에 금관가야의 항복으로 낙동강 하류 유역을 차지한 이후, 낙동강 서방으로 진출하여 진흥왕 16년(555)에는 가야 고지인 비사벌(比斯伐; 창녕)에 하주(下州)를 설치할 수 있었다. 이에 진흥왕은 이곳을 순수하고 기념비를 세웠다. 이 비는 다른 순수비와 달리 제기(題記)에 '巡狩管境'의 표현이 없기 때문에 척경비 또는 회맹비로 이해되기도 한다. 그러나 비문은 다른 순수비와 마찬가지로 기사(紀事)와 수가인명(隨駕人名)으로 구성되어 있기 때문에, 진흥왕이 신하들을 데리고 순수한 뒤에 세운 기념비로 파악하더라도 무방하다.

창녕비(좌)와 북한산비(우)

다음으로 북한산비(568년 이전)는 원래 비봉에 세워져 있었다. 북한산비는 제기의 마멸로 말미암아 건립 연대를 알 수 없다. 진흥왕은 11년(550)에 고구려와 백제가 서로 공방을 벌이던 도살성(道薩城; 증평)과 금현성(金峴城; 진천)을 차지함으로써 한강 유역으로 진출할 수 있는 전진 기지를 마련했다. 이에 진흥왕은 12년(551)에 낭성(娘城; 충주)로 순수하게 되었는데, 그 목적의 하나는 백제와 연합하여 고구려로부터 한강 유역을 탈취하려는 데에 있었다. 그는 거칠부 등 여덟 장군에게 명하여 백제와 함께 고구려를 치고 죽령 이외와 고현 이내에 해당하는 10군을 공취했다. 이때 백제의 성왕은 고구려의 북한산군을 포함하는 평양(平壤; 양주)를 치고 한강 하류 유역의 6군을 회복하는 숙원을 이루었다.

그러나 한강 하류의 전략적 가치를 파악한 진흥왕은 14년(553)에 백제로부터 다시 탈취한 뒤 신주(新州; 이천)를 두어 관할했다. 진흥왕이 16년(555)에 북한산으로 순수하고 강역을 척정할 수 있었던 배경이며, 18년(557)에는 신주를 폐지하고 더 나아가 북한산주를 설치했다. 이러한 일련의 북방 영토의 개척 과정에서 죽령 너머에 〈단양적성비〉와, 한강을 넘어서는 북한산비가 세워질 수 있었다. 제기에 '眞興太王及衆臣等巡狩□□之時記'라는 명문이 순수비임을 알려준다.

끝으로 본래 함남 함흥군 황초령에 세워졌던 황초령비(568년)와, 함남 이원군 마운령에 있는 마운령비(568년)이다. 당시 문헌상의 신라 동북경은 진흥왕 17년(556)에 설치한 비열홀주(比列忽州; 안변)가 관할하고 있었다. 그러나 황초령비와 마운령비는 안변보다 더 북방에 세워짐으로써 신라의 이곳 진출과 관련하여 크게 두 가지 해석이 있을 수 있다. 그 하나는 동해안의 해상 교통로를 이용하여 진출했을 가능성이다. 다른 하나는 고구려에 종속되었던 동옥저가 신라와 새로운 관계를 수립했을 가능성이다. 후자의 해석을 따를 때 죽령 이외와 고현 이내의 고구려 10군의 신라 공취는 주목된다. 여기의 고현은 강원도 북부의 철령에 비정되므로, 이때 신라는 북한강 상류 유역까지 진출하고 있었다. 따라서 비열홀주도 지증왕 12년(512)에 설치한 하슬라주(何瑟羅州; 강릉)에서 동해안을 따라 북진한 결과로 해석할 것이 아니라, 신라가 내륙을

황초령비(좌)와 마운령비(우)

통해 북한강 상류 유역으로 진출함으로써 종래 고구려에 복속되었던 동예지역에 설치할 수 있었던 것으로 해석된다. 이러한 동북방에서의 정세 변화에 수반하여 서북 방면에서의 새로운 군사적 위협에 대처하기 위해 고구려가 동옥저지역을 신라에 할양했거나, 신라로부터의 군사적 압력에 직면한 동옥저지역이 신라에 새로이 복속함으로써 황초령과 마운령에 순수비가 세워질 수 있었을 것이다.

2) 비문 검토

〈진흥대왕순수비〉는 창녕비를 제외한 나머지 세 비는 형식이 유사하며, 황초령비와 마운령비는 내용마저 거의 같다. 우선 창녕비는 제기에 신사년(561) 2월 1일에 세운 사실만이 나온다. 기사에서는 진흥왕이 어린 나이에 나라를 이어받아 정치는 보필하는 신하에게 위임한 사실을 언급했다. 그리고 창녕 지방으로 순수할 수밖에 없었던 이유를 적었지만, 마멸이 심해 온전한 내용은 파악하기 어렵다. 수가인명 부분에는 葛文王, 大等, 四方軍主, 使大等, 村主 등 왕을 따랐던 신하들이 부명(部名)+인명(人名)+관등명(官等名)의 형식으로 기록되어 있다.

북한산비는 제기의 건립 연대 부분은 마멸되었지만, 진흥태왕이 여러 신하들과 관경을 순수할 때의 기록이라고 밝혔다. 기사의 전반부는 역시 결자가 많아 구체적인 내용을 알기 어렵다. 그러나 후반부에서는 관경을 순수하고 민심을 찾아 살펴서 위로하고 상을 내리고자 하며, 만일 충신하고 정성이 있는 자에게는 상을 더하겠다는 내용은 다음에 살펴볼 마운령비의 기사 후반부와 동일한 내용이다. 수가인명은 역시 부명+인명+관등명의 형식으로 기록하고 있었다. 이들 중에는 553년에 6관등 아찬으로 신주 군주에 임명되었던 김유신의 조부 무력이 3관등 잡찬으로 승진하여 수가한 사실도 확인된다.

황초령비는 회가(廻駕) 부분을 제외한 나머지는 마운령비의 내용과 거의 같다. 따라서 비문 검토를 위해 내용이 온전한 마운령비의 비문을 옮겨보면 다음과 같다. 다행스럽게도 마운령비의 결자 부분은 황초령비로 보완할 수 있기 때문에 내용 파악에 어려움은 없다.

A. 太昌 元年 歲次 戊子 8월 21일에 眞興太王이 管境을 巡狩하고 돌에 새겨 기록한다.

B. 1) 무릇 純風이 일지 않으면 世道가 진실함에 어긋나고, 玄化가 떨치지 않으면 사악함이 서로 다툰다. 이에 帝王이 年號를 세울 때에는 자신을 닦아 백성을 편안하게 하지 않으면 안 된다. 2) 그러나 朕은 歷數가 나에게 이르렀으므로 우러러 太祖의 基業을 이어 왕위를 계승하고, 몸을 조심하고 스스로 삼가 天道에 어그러질까 두려워한다. 또한 하늘의 은혜를 입어 運數를 열어 보이며, 그윽이 神祇에 감응하니 符命에 응하고 籌算에 맞았다. 이로 인해 四方으로 경계를 개척하여 널리 백성과 토지를 획득하고, 隣國과 신의를 맹세하니 和使가 서로 통하였다. 3) 굽어 스스로를 헤아려보니 新古의 백성을 撫育하였으나, 오히려 王道의 덕화는 두루 미치지 않고 은

혜의 베품도 있지 않다고 말하였다. 이에 歲次 戊子 가을 8월에 관경을 순수하고, 민심을 찾아 살펴서 위로하고 상을 내리고자 한다. 만약에 忠信과 精誠이 있고 재주가 뛰어나서 일처리가 엄정하거나, 적에게 용감하고 굳세게 싸워서 나라를 위해 節義를 다한 공이 있는 무리에게는 상으로 官爵과 物品을 더해주고 공훈과 노고를 드러내고자 한다.

C. 수레를 몰아 하루의 일정을 지나 10월 2일 계해에 이르러서는 涉是達과 非里를 향하였고…인하여 邊堺에서 유시하였다.

D. 이때 수레를 따른 자로서 沙門 道人은 法藏과 慧忍이다. 大等은…

A는 제기 부분이다. 진흥태왕은 대창으로 개원한 무자년 8월 21일에 중국의 천자와 같이 관할 영토를 순수하고, 그 사실을 기념하기 위해 돌에 새겨 기록했다. 이를 통해 진흥은 생시의 호칭이었고, 칭호는 태왕이었음을 알 수 있다. 대창을 태창으로 표기한 데서도 알 수 있듯이 대(大)와 태(太)는 동의어로 혼용될 수 있었다. 태왕 칭호는 법흥왕대부터 사용되었는데, 불교 수용 이후의 〈울주천전리서석〉 을묘명(535년)과 추명(539년)에서 각각 성법흥대왕과 모즉지태왕으로 불리고 있었다. 신라의 대왕 칭호는 내물왕대(356~402)에 광개토왕을 영락태왕이라 부르던 고구려에 인질로 보내졌던 실성을 통해 받아들인 것이었다.

B는 기사 부분으로서 추상적인 문구를 제외하면, B1)은 순수의 명분을 밝힌 내용이다. 진흥왕은 중국의 제왕(帝王)처럼 개국에서 대창으로 개원했으므로 먼저 자신을 닦은 연후에 백성을 편안하게 하지 않으면 안 되었다. 이 구절은 『논어』 헌문편에서 '修己以安百姓'의 인용이다. B2)는 순수의 배경에 관한 것이다. 짐(朕)으로 자처한 진흥왕은 하늘의 역수에 따라 즉위했으므로, 天神地祇의 뜻에 부응해서 널리 백성과 토지를 획득할 수 있었다. 여기에서 '歷數當躬'은 『논어』 요왈편의 '天之曆數 在爾躬'과 같은 표현이다. B3)은 순수의 구체적인 이유이다. 왕의 덕화가 미치지 않는다는 불만이 있으므로, 진흥왕

은 관경을 순수하고 민심을 살펴서 위로하고 상을 내리고자 했다. 요컨대 진흥왕은 고양된 대왕의식에 따라 중국의 황제의 지위에 견주면서 유교적 왕도정치를 표방하고, 새로 복속된 동옥저지역의 영역을 확인하고 민심을 안정시키기 위한 순수를 실시했던 것이다.

C는 기존에 분석 단위로 구분하지 않았던 회가(廻駕) 즉, 귀환행정(歸還行程)에 관한 것이다. 북한산비에서는 한성을 지나…석굴에 있는 도인을 보고…돌에 새겨 글을 기록한다는 부분이고, 황초령비에서는 수레를 돌려서…14…변계에서 유시하였다는 부분이다. 마운령비에서는 수레를 몰아 하루 정도 가서 10월 2일 계해에는 섭시달과 비리를 향했으며, 변경 지방에서 유시를 행했다고 한다. 여기의 비리가 비열홀, 즉 안변이라면 왕도로 귀환하는 길에 있었던 일들을 적어 놓았던 것이다.

D는 수가인명이다. 보장과 혜인 같은 승려가 필두에 기재된 사실이 주목된다. 진흥왕은 불교 장려에 진력한 호불 군주였으므로, 왕권 강화와 사상 통일의 수단으로서 불교를 확산시킬 필요가 있었을 것이다. 이러한 관점에서 승려가 고유신앙의 신앙 중심인 산 위에 순수비를 세우는 의식을 주관함으로써 왕권과 더불어 불교를 과시했을 가능성이 있다. 이외의 수가인은 귀족회의의 구성원인 大等을 비롯하여 執駕人, 裏內從人, 占人, 藥師, 奈夫通典, 及伐斬典, 堂來客, 裏來客, 外客, 助人 등 다양한 직능의 인물들이 따르고 있었다. 이러한 인물들로 구성되는 순수 행차는 그 자체로도 이미 왕권을 과시할 수 있는 일종의 거대한 공연에 다름 아니었다.

그러나 진흥왕은 북한산에서 황초령과 마운령에 이르는 북방의 변경을 순수하고 29년(568) 10월에 북한산주를 폐지하고 남천주를, 또 비열홀주를 폐지하고 달홀주(達忽州; 고성)를 설치하는 조치를 취했다. 이것은 마운령비의 회가 부분에서 10월 2일을 고려한다면, 귀환 도중이거나 직후에 취해진 것으로 추측된다. 변경의 주치를 후방으로 물리는 조치는 순수를 통해 관할의 어려움을 파악한 결과일 것이다.

3
만선사관의 왜곡

　고대의 영토의식 발현에 따른 〈진흥왕대왕순수비〉를 검토한 데 이어서 이에 관한 만선사관의 왜곡 내용을 살펴보려고 한다. 먼저 조선시대의 〈진흥대왕순수비〉에 대한 인식의 정리가 필요하다. 조선 중기의 역사지리학자 한백겸(韓百謙)은 함흥의 황초령비와 단천의 마운령비를 통해서 옥저가 신라에 복속된 사실과, 조선 후기의 금석학자 金正喜는 황초령비를 통해 신라의 영토가 이곳까지 이르렀던 사실을 알 수 있다고 했다. 또한 그는 1816년에 북한산비를 직접 조사하고 신라와 고구려의 경계를 밝히는 정계비로 인식한 바 있었다. 한편 창녕비는 鳥居龍藏이 1914년에 조선총독부에 보고함으로써 알려졌고, 조선 후기에 역사지리학자인 신경준과 김정희에 의해 존재를 의심받았던 마운령비는 1929년에 최남선에 의해 다시 발견되었다.

　이와 같이 진흥왕의 네 순수비가 세상에 알려진 시기는 차이가 있었지만, 그 기능에 대해서는 대체로 건립지를 경계로 삼는 정계비로 인식하고 있었다. 그런데 마운령비가 다시 발견되기 이전의 황초령비에 대한 이견이 식민사학 중에서도 만선사관에 의해 제기되어있다. 식민사학을 이루는 두 논리는 정체성론과 타율성론이었는데, 한국고대사에 적용된 논리는 후자였다. 일본 사학자들은 일선동조론(日鮮同祖論)에 입각하여 고대 일본의 한반도 남무경영론(韓半島南部經營論)을 주장했고, 동양사학자들은 만선사관에 입각하여 전근대시기의 만주와 조선 간의 경계 변천에 주로 관심을 기울였다. 그러한 관점에서 〈진흥대왕순수비〉는 매우 적합한 연구 대상이었던 반면, 식민사학의 본색을 온전히 드러나는 좋은 사례이기도 했다.

　만선사관의 황초령비에 대한 연구에서 왜곡의 핵심은 두 가지였다. 그 하나는 후세의 위작이라는 것이고, 다른 하나는 후세에 이치된 것이라는 데 있었다. 이러한 논리는 『삼국사기』가 전하는 진흥왕대의 동북경은 안변을 넘지 않았는데, 황초령비는 진흥왕대의 영토가 함남 지방까지 이르렀던 사실을 알려주는 데서 야기된 사료 간의 괴리를 해석하는 과정에서 성립되었던 것이다. 이러한 경우 문헌보다 금석문의 내용을 따르는 것이 순리임에도 불구하고, 만선사관에서 문헌의 내용에 집착하여 황초령비를 왜곡한 데는 현실적인 이유가 있었다.

먼저 위작설(僞作說)은 津田左右吉의 견해이다. 그는 황초령비에 대창이라는 연호가 보이지 않을 뿐만 아니라 진흥이라는 왕의 이름이 적혀 있으며, 혜공왕대에 5묘제가 시행된 이후에 사용되어야 할 태조가 보이는 점 등을 들어 후대 위작설을 제기했다. 동북경의 북단이 안변이라는 선험적인 결론 위에서 비문과 문헌에 대한 엄밀한 사료 비판과 내용 검토를 결여하고 있었다. 더구나 후세의 위작을 정당화하는데 불가결한 언제, 어떤 목적으로 위작한 것인지에 대해서는 밝히지 않았다. 이러한 근본적인 한계가 있었기 때문에 마운령비의 발견 이후 순수비에 대해서는 다시 언급하지 않았는지도 모른다.

진전좌우길의 위작설이 제기된 이후 황초령비를 본격적으로 검토한 것은 今西龍이었다. 그는 1913년의 현지 조사를 바탕으로 황초령비의 위작 가능성을 부정했다. 그도 처음에는 조선시대의 선정비와 같은 비석 모양과 새로 만든 것 같은 색감 때문에 근세의 위작으로 생각한 바도 있었다. 그러나 고려시대 이후의 사람으로서 이만큼 신라의 사정에 정통하게 작문할 수 있는 자가 없고, 비문의 서체에서 느껴지는 서풍은 도저히 후대인의 것이 아니라는 두 가지 이유를 들어 위작이 아니라고 확신했다. 다만 황초령비는 물론 북한산비와 창녕비의 작문과 서사는 신라에 벼슬한 중국인, 혹은 그 후손에 의해 이루어졌을 것으로 보는 식민사학자로서의 한계가 없지 않았다.

다음으로 이치설(移置說)은 池內宏의 견해이다. 금서룡에 의해 위작설이 비판되었음에도 불구하고, 금석문보다 문헌의 내용을 고집하는 한 황초령비에 대한 부정적인 논의는 다시 제기될 수밖에 없었다. 이때 가능한 논리는 진전좌우길이 밝히지 못했던 언제, 어떤 목적에서의 위작을 이치로 치환하는 방법이었다. 지내굉이 피력한 후대의 이치설이 바로 그러했다. 그는 현존 문헌에서 황초령비의 존재를 입증할 수 있는 증거를 찾으면 다행이지만, 그렇지 못할 경우에는 어떻게 그곳에 건립되었는가를 설명하지 않으면 안 된다는 연구 동기를 밝혔다.

지내굉은 황초령비가 진흥왕 29년(568) 10월에 비열홀주가 폐지되기 두 달 전인 8월 21일에 세워졌지만, 진흥왕의 순수와 밀접하게 관련된 비열홀주의 폐지는 안변 이북에 신라의 주현이 설치되지 않았음을 의미하는 것으로 파악했다. 그러한 까닭에서 진흥왕의 순수비가 안변에서 멀리 떨어진 황초령에 세워진 점을 납득할 수 없었고, 철령 혹은 그 부근에 세워졌던 비가 후세에 황초령으로 이치된 것으로 이해했다.

이제 황초령비가 철령으로부터 옮겨진 시기와 목적을 밝히지 않으면 안 되었다. 지내굉은 고려 예종 때에 윤관이 요의 세력 하에 있던 함흥평야의 여진을 정벌하고 英州 등지에 9성을 축조할 때, 그 점유 사실을 역사적으로 입증하기 위해 종래 철령 부근에 세워졌던 진흥왕의 순수비를 점령지역의 북단에 해당하는 황초령으로 옮겼을 것으로 논단했다. 그는 마운령비의 발견 이후에도 신라의 동북경에 관한 자신의 견해를 고수하는 한편, 황초령비의 이치설에 대한 수정은 물론 황초령비에 대한 적절한 해석의 필요성은 인정했다.

한편 前間恭作은 또 다른 이치설을 주장했다. 그는 창녕비에 나오는 '四方軍主'의 주치인 비자벌, 한성, 비리성, 감문의 네 곳에 진흥왕의 순수비가 건립되었을 것으로 전제한 다음, 마운령비의 발견 이전까지 비자벌의 창녕비, 한성의 북한산비와 더불어 황초령비는 본래 비열홀이었던 비리성에 세워졌던 것으로 추단했다. 이러한 논리에 따라 감문에 세워졌던 순수비는 없어지지 않는 한 어느 곳인가에 존재할 것으로 상정하고 있었다. 그러던 중에 최남선이 마운령비를 발견하여 학계에 보고하자, 그는 감격에 겨워하며 기왕의 가설을 바꾸게 되었다. 마운령비야말로 비리성의 비이고, 이제까지 비리성의 비라고 생각해왔던 황초령비는 기실 감문의 비라고 단정했던 것이다.

위작설의 진전좌우길과 이치설의 지내굉은 만선사학(滿鮮史學)의 창시자인 白鳥庫吉의 제자로서, 만선의 영역과 그 역사적 변천에 관심을 가질 수밖에 없었던 동양사학자로서의 정체성을 공유하고 있었다. 이들은 신라의 동북경

문제를 한국사의 차원에서 영토의 개척과 퇴축의 문제로 파악하는 것이 아니라, 동양사의 차원에서 한국사의 신라와 만주사의 고구려 및 발해의 영역 문제로 치환하여 인식했던 것이다. 따라서 신라는 진흥왕대는 물론 발해와 병존할 때에도 함흥평야로 진출하지 못했으므로, 그 이북은 만선사관에서 만주의 역사로 편입하려는 발해의 영역일 수밖에 없었다. 신라의 동북경이 덕원 또는 영흥을 넘지 못하고, 고려의 동북경이 함흥 또는 북청을 넘지 못했다는 만선사관의 선험적 영역인식에서 황초령비에 대한 위작설과 이치설의 제기는 불가피했던 셈이다.

일제시기에 동양사학자들의 만선사 연구는 실증사학의 높은 수준을 보여주었다. 그러나 일제의 만한불가분론(滿韓不可分論)에 매몰된 실증사학은 황초령비는 물론 신라의 삼국통일에 관한 연구에서 보듯이 객관성을 상실하고 있었다. 고대사 연구가 당시의 사실을 실증적으로 밝히는 데 더하여, 고대의 사실에 관한 근대사학의 논리도 살피지 않으면 안 되는 이유가 여기에 있다.

〈참고문헌〉

강만길, 「진흥왕비의 수가인명 연구」, 『사총』1, 1955.

강철종, 「마운령 진흥왕순수비의 발견경위에 대한 일관견」, 『전북사학』3, 1979.

김영하, 「신라시대 순수의 성격」, 『민족문화연구』14, 1979.

_____, 『한국고대사회의 군사와 정치』, 고려대민족문화연구원, 2002.

_____, 『한국고대사의 인식과 논리』, 성균관대출판부, 2012.

김철준, 『한국고대사회연구』, 지식산업사, 1975.

노용필, 『신라진흥왕순수비연구』, 일조각, 1996.

_____, 「창녕 진흥왕순수비 건립의 정치적 배경과 그 목적」, 『한국사연구』70, 1990.

_____, 「북한산비 건립의 배경과 그 목적」, 『향토서울』53, 1993.

노태돈, 『고구려사연구』, 사계절, 1999.

이기백, 『신라시대의 국가불교와 유교』, 한국연구원, 1978.

송화강(쑹화강)

요하강(랴오허강)

황 해

동

우리 시대의 한국 고대사

2강

5세기 고구려사로 들어가는 열쇠, 광개토대왕비

임기환(서울교대 사회과교육과 교수)

1
고구려인이 광개토왕비를 세운 뜻은?

중국 길림성 집안시에는 높이 6.4미터에 이르는 거대한 석비가 우뚝 자리잡고 있다. 동아시아에서 가장 큰 비라는 규모부터가 보는 이를 압도한다. 게다가 비문의 일부 내용을 둘러싸고 100여 년 전부터 한, 중, 일 사이에 국제적 논쟁이 끊이질 않았다는 점, 계중에 비문 변조와 조작설까지 포함되어 있기 때문에 자연 우리들의 관심이 집중될 수 밖에 없다. 이 비문의 주인공은 고구려 광개토왕이다. 이 비로 인하여 광개토왕은 오늘날에 가장 주목받는 군주로 부활한 셈이다.

대부분 사람들이 우리 역사상 가장 뛰어난 정복군주로 광개토왕을 꼽는데 주저하지 않을 것이다. 백제 근초고왕이나 신라 진흥왕도 각각 자기 왕조를 반석 위에 올려놓은 정복군주로서 손색이 없지만, 정복전쟁의 빈번함이나 영토의 확장이라는 측면만을 놓고 보자면 동서남북을 누비며 탁월한 군사적 성취를 이룬 광개토

1930년대 비의 모습

왕에는 비할 바가 아니다. 흔히 고구려하면 만주대륙의 지배자라거나, 동북아시아 최강의 군사왕국이란 인상을 갖고 있는데, 그런 고구려의 이미지를 만든 첫 인물이 바로 광개토왕이다.

하지만 광개토왕이 사후 천육백 여년 역사 내내 정복군주의 표상으로 기억되어 왔던 것은 아니다. 고구려 당대에는 그 어느 왕보다도 크게 추숭되고 찬양되었을 것이지만, 고구려의 멸망으로 인해 아주 오랫동안 잊혀져 있었다. 그러다가 오늘날 다시 그의 행적이 주목을 받고 있는데, 거기에는 그의 훈적을 기리기 위해 아들 장수왕이 세운 훈적비가 결정적인 역할을 하고 있다.

『삼국사기』에도 광개토왕에 대한 단편적인 기록이 있지만, 광개토왕에 대한 당대인의 인식을 가장 잘 보여주는 것은 광개토왕비이다. 비에 의하면 광개토왕의 본래 왕호는 매우 길다. 즉 '국강상광개토경평안호태왕(國岡上廣開土境平安好太王)'이라고 12자에 이른다. 광개토왕의 왕호를 전하는 금석문 자료는 이외에도 두 개가 더 있는데, 고구려의 수도 국내성(집안)에서 발견된 모두루묘지에는 '국강상대개토지호태성왕(國岡上大開土地好太聖王)'이라 하였다. 또 경주의 한 신라고분에서 출토된 호우에 쓰여져 있는 이름은 '국강상광개토지호태왕(國岡上廣開土地好太王)'이다. 약간의 차이는 있지만, 그 기본은 한가지나 다름없다.

위 왕호에서 '국강상'은 왕의 무덤이 국강상이란 곳에 있다는 의미이다. 본래 고구려왕들의 왕호는 왕릉이 위치한 장지명으로 붙이는 관례가 있었는데, 할아버지 고국원왕이나 아버지 고국양왕의 왕호가 바로 그것이다. 광개토왕의 경우도 그렇게 장지의 이름을 딴 국강상이라는 왕호명을 갖는다. 그런데 광개토왕이 당대인들에 의하여 특별히 추숭되었다는 면은 이전 선왕들과는 달리 장지명 이외에 길게 부가된 다른 왕호명에서 잘 드러난다.

'광개토경'·'대개토지'·'광개토지'란 칭호는 땅을 널리 개척하였다는 뜻으로 왕의 업적을 보여주는 칭호이다. 그리고 '평안'은 나라를 평안하게 하였다는 칭송 정도로 해석될 수 있고, '호태왕'은 이런 뛰어난 업적을 쌓은 왕에 대한 극존칭이라고 할 수 있다. 특히 '태왕'이란 칭호의 등장은 눈여겨볼 만하다.

'태왕'이란 칭호를 처음 사용한 왕은 광개토왕이 아니다. 현재 남은 자료로 볼 때 할아버지 고국원왕이 처음이다. 모두루묘지에 고국원왕을 '국강상태왕(國岡上太王)'이라고 기록하고 있다. 국강상은 광개토왕의 왕호 중 국강상과 동일한 지역으로 고국원왕의 '국원'과 서로 통한다. 『삼국사기』 고구려본기에도 고국원왕의 다른 이름으로 '국강상왕'이라는 왕호를 전하고 있다. 따라서 태왕이란 칭호는 광개토왕 이전에 늦어도 고국원왕 때에는 사용하였음을 알 수 있다. 하지만 같은 태왕을 칭했다고 하더라도 이전의 왕과는 달리 여러 칭호가 덧붙여진 긴 왕호명을 통해서 광개토왕은 당시 고구려인들로부터도 화려한 왕호명으로 남다르게 불리울 만큼 숭상을 받았던 왕이라는 점을 짐작할 수 있다.

그 중에서도 '광개토경'이란 이름이 붙은 것을 보면, 왕의 정복활동이 당시에도 무척이나 인상적이었던 듯하다. 잘 알다시피 고구려는 건국 초기부터 군사활동과 정복활동이 두드러진 나라였기에, 고구려왕이 갖추어야할 덕목에는 군사적 능력이 필수였다. 비문에 나타난 총 7차례의 대외전쟁 중에서 광개토왕이 직접 군사를 거느리고 출정한 회수가 4차례 이상이다. 왕이 몸소 대외정복활동에 앞장섰다는 점에서, 광개토왕은 고구려의 이상적인 군주로서의 면모를 충실하게 체현한 인물이기도 하다. 따라서 비문에서 보듯이 당대 고구려인들은 광개토왕의 업적을 다음과 같이 칭송하고 있다.

> "(왕의) 은혜로움은 하늘에 미쳤고, 그 위엄은 사해(四海)에 떨쳤다. (나쁜 무리들을) 쓸어 없애시니 백성들은 그 생업에 힘쓰고 편안히 살게 되었다. 나라는 부강하고 백성은 유족해졌으며, 오곡이 풍성하게 익었도다"

고대 사회에서 전쟁이란 땅과 주민 등을 획득하는 것이 주목적이었으며, 전쟁의 승리는 자연스럽게 부국강병으로 이어지게 되니, 그런 업적을 쌓은 국왕을 고구려인들은 이렇게 칭송하였던 것이다. 그리고 그 우렁찬 칭송으로 거대한 석비를 세웠으니, "그 훈적을 새겨 후세에 보이노라(立碑銘記勳績以示後世焉)"라는 비문 내용대로 오늘날 우리에까지 광개토왕의 위상을 전하고 있는 것이다.

2
광개토왕비의 현상

광개토왕비는 우선 생김새부터 남다르다. 비석은 받침돌[臺石]과 몸돌[碑身] 두 부분으로 되어 있는데, 받침돌과 몸돌의 일부가 땅 속에 묻혀 있다. 몸돌은 사각기둥 모양인데, 네면 각각의 형태와 크기도 조금씩 차이가 있다. 그리고 네면 모두에 글자를 새겼다. 이런 사각기둥 모양은 충북 중원군에서 발견된 충주고구려비도 마찬가지이다. 물론 최근에 발견된 집안고구려비는 전형적인 석비의 형태를 갖추고 있기 때문에, 광개토왕비와 같은 형태의 4면비가 고구려비의 일반적인 형식이라고 단정하기는 어렵다. 하지만 광개토왕비가 건립된 이후에는 이러한 4면비 형태가 전형이 되었고, 그 결과 충주고구려비가 동일한 형식으로 만들어졌을 가능성이 높다.

광개토왕비 몸돌[碑身]은 첫 눈에 보아도 그 재질이 매우 독특함을 알 수 있다. 바로 연한 녹색의 기공(氣孔)을 가진 안산암질 또는 석영안산암질 용결 래필리응회암이다. 또한 이 비석의 원석은 인공적으로 채석했다기 보다는 강이나 계곡에 자연적으로 놓여있었던 암괴를 운반하여 사용한 것으로 추정된다. 실제로 이 비신 넷째 면에는 운반 중에 일부 표면이 긁힌 흔적이 남아있다. 궁금한 점은 이 원석을 가져온 지역이 어느 곳인가이다. 광개토왕비의 원석과 동일한 암석이 분포하는 지역은 집안과 환인 일대, 백두산 지역 등 여러 곳이 있지만, 운반 상의 조건으로 보아 집안 근처 운봉, 양민 일대가 가장 유력하다.

그런데 광개토왕비를 만들 때, 왜 군이 기공(氣孔)을 가진 표면이 거친 돌을 선택했는지도 궁금하다. 집안의 고구려 유적 중에서 이 응회암이란 돌을 사용한 것은 광개토왕비가 유일하다. 집안 일대에는 많은 적석총을 축조할 때 사용한 화강암이나 석회암이 많은데, 왜 군이 집안에서 멀리 떨어진 곳인 운봉, 양민이라는 곳에서 어렵게 응회암 암괴를 선택해서 운반해왔는지 궁금하지 않을 수 없다.

비신의 높이는 6.39m. 밑에서 올려다 보고 있노라면 우선 그 높이에서 압도된다. 너비는 1.3~2.0m로 윗면과 아랫면이 약간 넓고 허리 부분이 약간 좁은 형태이다. 일부러 그런 모양으로야 만들지 않았겠지만, 몸돌을 적당히 여기저기 다듬었을 뿐 군이 네모반듯하게 만들지 않았다. 전체 모습만 그런 것이 아니라, 글자를 새긴 비면조차도 판판하고 매끈하게 다듬지 않았다. 울퉁불퉁한 비면은 글씨 새기기조차 만만치 않았을 것이란 걱정이 절로 들 정도로 굴곡져 있다. 우리 생각에는 비면이란 의당 반반해야 하고, 비의 모양도 네모반듯해야 한다는 선입관을 갖고 있지만, 광개토왕비는 이런 점을 전혀 개의치 않은 이유가 무엇인지 궁금하지만 현재로서는 마땅한 답을 찾기 어렵다. 사실은 이런 형태가 광개토왕비의 비신 돌이 애초부터 비석으로 만들어지지 않았을 개연성도 잠시 생각해볼 만하다.

이렇게 광개토왕비의 독특한 형태나 덜다듬은 비면 상태를 보면 고구려인들이 비를 만들 때 인위적 가공을 최소화하려는 어떤 의도를 갖고 있었지 않았을까 궁금하기도 하다. 그것

1990년대 비의 모습

은 이 비신석이 갖고 있던 본래의 어떤 특성을 그대로 살리려는 의도가 아닐까 추측해본다. 즉 비신으로는 부적합한 상태 자체가 이 비신석이 애초에는 비(碑)를 목적으로 만들어진 석조물이 아니었을 개연성을 마냥 무시할 수 없다고 생각한다. 사실 광개토왕비를 보는 많은 이들은 마치 종교적인 선돌과 같은 이미지를 갖고 있다는 느낌이 든다고 술회하기도 한다. 필자 역시 마찬가지 인상을 갖고 있는데, 광개토왕비와 거의 유사한 모습을 갖고 있는 충주 고구려비를 비가 발견된 마을에서는 일찍부터 선돌로서 숭배하였다는 주민들의 전언(傳言)도 귀담아들을만 하다고 본다. 하지만 어디까지나 막연한 느낌과 추정일 뿐 속시원한 답을 찾는 길은 아직 멀기만 하다.

비신의 4면에 모두 글자를 새겼는데, 각 면에는 비문이 들어갈 윤곽을 긋고, 다시 그 안에 다시 세로로 길게 선을 그어 각 행을 구분하였다. 똑바르게 내려 그은 행선은 반듯반듯한 품격을 보이고 있어, 있는 그대로의 자연스러운 비의 모습과 적절히 어울려 있다. 동남을 향한 1면에는 11행 449자, 서남향의 2면이 10행 387자, 서북향의 3면이 14행 574자, 동북향의 4면이 9행 369자이니, 4면을 합하여 총 44행이며, 총 1775자의 글자가 남아 있다. 다만 이 중 150여 자는 훼손되어 읽을 수가 없음이 안타깝다.

광개토왕비문은 워낙 풍부한 내용을 담고 있고, 또 계중에는 논쟁거리가 많아서인지, 그 독특한 생김새에 대해서는 누구도 그리 주의를 기울이지 않는 편이다. 그렇지만 고구려인들이 비의 생김새를 이리 만든 것도 아무 생각 없이 한 일이라고는 할 수 없다. 그리 디자인한 의도가 있을 것이고, 거기에는 뭔가 뜻하는 바가 없지는 않을 게다. 그런 속내를 찬찬히 읽어내지 못하는 것이 오늘날 우리가 고구려인과 제대로 만나기 어려운 이유라고 생각한다.

사실 우리는 광개토왕비문을 고구려인의 눈길로 바라보기 보다는 근현대에 우리들이 갖고 있는 국가주의나 민족주의 눈으로 읽고 해석한다. 광개토왕비문을 둘러싼 오해와 왜곡이 여기에서 비롯한다. 그것은 비문이 다시 발견 시점과도 밀접하게 얽혀있다.

3
비의 옛기록과 재발견

　광개토왕비는 고구려의 멸망과 더불어 잊혀졌을 것이다. 그러다가 1880
년 무렵에 광개토왕비는 다시 세상에 그 존재를 드러내게 되었다. 물론 이렇
게 거대한 비가 땅속에 파묻혀 있었던 것도 아닌데, 비석의 존재 조차 몰랐을
리는 없다. 우리 옛기록을 보면 이 비에 대한 기록이 적지 않다. 현재 전해지
는 우리나라 문헌 중에 광개토왕비의 존재에 대해 처음 언급한 문헌은『용비
어천가』(1445)이다. "평안도 강계부 서쪽에 강을 건너 140리에 너른 평야가
있다. 그 가운데 옛성이 있는데 세간에는 금나라 황제의 성이라고 한다. 성의
북쪽 7리 떨어진 곳에 비가 있고, 또 그 북쪽에 돌로 만든 고분 2기가 있다.(中
有古城 諺稱大金皇帝城 城北七里有碑 宇其北有石陵二)"라는 기사가 있다.

　이런 기사가 용비어천가에 실리게 된 배경은 1369년(공민왕 18년) 12월에
이성계가 동녕부를 공격하여 압록강을 건너 우라산성(于羅山城)을 장악하였기
때문이다. 이 우라산성은 지금의 환인현에 있는 웅장한 위용을 자랑하는 오
녀산성(五女山城)을 가리키는 것으로 짐작된다. 오녀산성은 고구려의 첫도읍
지이다. 당시 이성계는 우라산성을 가기 위해 집안 일대를 통과하였는데,『고
려사(高麗史)』에서는 이곳을 '황성(皇城)'이라고 기록하고 있다. 여기의 황성은
금나라 황제의 성이란 뜻으로 위의 용비어천가의 내용과 서로 통한다. 당시
이성계는 고구려의 첫번째 수도 우라산성과 두번째 수도 국내성을 모두 지나
친 셈이다. 그러나 이성계는 자신이 얼마나 중요한 역사의 현장에 있었는지
를 미처 알지 못했던 것이다.

　이렇게 조선 초기에는 집안(集安)의 고구려 유적을 금(金)나라의 유적으로
생각하고 있었음을 알 수 있다. 따라서 이미 비의 존재는 알려져 있었으나 이
를 금나라의 비로 간주하였던 것이다. 위 용비어천가 기사의 금황제성은 곧

고구려 국내성(國內城)을 가리키며, 석릉(石陵) 2기는 아마도 지금도 그 위용을 자랑하고 있는 태왕릉(太王陵)과 장군총(將軍塚)으로 짐작된다.

그 뒤 1487년(성종 18년)에 평안도 관찰사로 재임하면서 국경지대를 시찰한 성현(成俔)은 압록강 건너의 거대한 비를 바라보고 시 한수를 남겼으니, "황성을 멀리 바라보며(望黃城郊)"이다. 그는 "천척의 비가 홀로 우뚝 서있도다. … 글자를 읽을 수 없음이 한스럽다(巋然惟有千尺碑…恨不讀字摩蛟螭)"라고 읊었다.

이로부터 다시 백년 뒤인 1595년에 후금(청)의 누루하치를 방문한 신충일(申忠一)이 당시의 여행 기록으로 남긴 『건주기정도기建州紀程圖記』에도 皇城(국내성)·皇帝墓(장군총)와 비의 존재가 그려져 있다. 이후 조선 후기의 여러 지도에도 집안 일대를 황성평(黃城坪)으로 기록하고 있다. 이처럼 광개토왕비는 그 거대한 모습으로 인하여 그 존재를 숨길 수 없었지만, 누구도 그 비문

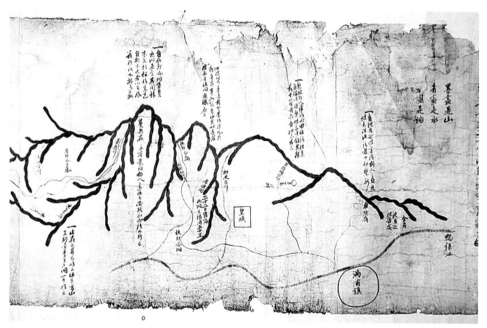

신충일(申忠一)과 건주기정도기 : 1554(명종 9)~1622(광해군 14). 1595년, 1595년에 누르하치의 사신인 여을고(女乙古) 등이 와서 통교를 요청하여, 조선은 그 답사로 신충일을 누르하치성에 보냈다. 그 해 12월 만포진에서 압록강을 건너 누루하치가 머무는 건주까지 가면서 경유한 산천과 지명, 촌락의 다소, 군비의 유무를 기록한 지도를 작성하였으며, 이듬해 1월 귀국하여 『건주기정도기建州紀程圖記』를 작성하여 올렸다.

을 정색하고 읽지 않았기 때문에 막연히 금나라 황제비라고만 알려지게 되었던 것이다.

17세기에 들어 집안 일대에는 갑자기 사람들이 자취를 감추게 된다. 만주족이 청나라를 세우고 중국을 차지하게 된 후, 이곳을 시조의 탄생지라고 하여 사람을 살지 못하게 하는 이른바 봉금(封禁)정책을 취하였기 때문이다. 이제 비의 존재는 완전히 잊혀지게 되었다. 이런 봉금정책은 2백년 이상이나 계속되었다.

그러나 농경지를 찾아 압록강 일대로 이주해오는 가난한 농민들을 막을 수는 없었다. 그 수가 점점 늘어나자 마침내 청나라 정부도 1876년에 봉금을 해제하고 회인현(懷仁縣)을 설치하여 주민들을 다스렸다. 사람들이 밀려들어오면서 비도 다시 세상에 알려지는 것은 시간문제였다. 1880년 무렵에 개간을 하던 한 농부에 의하여 비가 발견되었는데, 당시 지사였던 장월(章樾)이 막료 관월산(關月山)을 시켜 비를 조사하게 하였다. 발견 당시 비는 온통 이끼와 넝쿨로 뒤덮여 있어서 일부 이끼를 제거하고 탁본을 한 뒤에야 겨우 알아볼 수 있었다고 한다. 이 비의 부분 탁본이 북경의 금석학계(金石學界)에 소개됨으로써 비로소 광개토왕비는 다시금 세상에 알려지게 된 것이다. 그러나 이때만 해도 비는 단지 세상에 자신을 선보인 것에 불과하였다. 이 비가 장차 두고두고 국제적인 논쟁의 소용돌이가 되리라고는 아무도 예상하지 못하였다.

4
비문은 변조되었나

1972년 10월. 재일교포 사학자 이진희씨는 "일본 육군 참모본부가 광개토왕비를 변조하였다"고 충격적인 주장을 하였다. 그가 『광개토왕릉비의 연구』란 책에서 밝힌 변조의 전말은 이렇다. 1880년 가을 일본 육군참모본부는 사카오(酒勾景信) 중위를 중국에 파견하여 북중국과 만주 일대에서 밀정의 임무를 수행케 하였다. 그는 1883년 4-7월 무렵에 집안 일대에 들어가 광개토왕비를 보게 되고, 비의 이용 가치가 큰 것을 알고는 탁본을 만들었는데, 이때 일본에 유리하도록 신묘년조 기사 등 25자를 변조하였다. 1883년 10월에 귀국하여 131장이나 되는 쌍구가묵본(雙鉤加墨本)을 육군참모본부에 제출하였다.

이 탁본을 토대로 비밀리에 연구를 진행하던 육군참모본부는 1889년에 『회여록(會餘錄)』 5집을 '고구려고비(高句麗古碑)' 특집호로 발간하였는데, 여기서 비문의 이른바 '신묘년(辛卯年)조' 기사가 임나일본부설의 근거로 주장되었다. 그 사이 육군참모본부는 여러 차례 스파이를 파견하여 능비를 조사하였으며, 1899년 이전 어느 해에 사카오의 변조를 은폐하기 위하여 비면에 석회를 발라 변조하였다. 따라서 현재 남아있는 모든 탁본은 석회 변조 이후에 제작된 것이므로 가치가 없다는 것이 이진희의 주장이다.

사실 변조 여부의 타당성을 떠나서 이진희의 연구는 광개토왕릉비 연구의 새로운 전환점이 되었다. 비문에 대한 새로운 관심을 촉발한 것은 물론, 근대 일본 역사학의 제국주의적 양태에 대해 반성을 촉구한 점이 무엇보다 중요하다.

이진희에 의해 환기되었듯이, 일제 관학은 초기의 탁본 과정에서 변조된 비문의 신묘년 기사를 일본의 백제, 신라, 가야에 대한 정복으로 해석하고, 이를 『일본서기』 신공황후의 삼한정벌론과 결합하여 이른바 '임나일본부(任那日本府)'라는 고대 일본의 한반도 진출설의 근거로 삼았다. 임나일본부설은 일제가 한국 침략을 정당화하는 정한론(征韓論)의 역사적 근거가 된 것이다. 정한론은 『일본서기(日本書紀)』에 보이는 삼한정벌, 임나경영 등에 근거를 두고 있는데, 『일본서기』 기사는 신뢰도가 떨어진 사료라서 이를 보완할 필요가 절실하던 차에, 광개토왕비가 발견되었던 것이다. 그리하여 일본 관학파들은 처음부터 광개토왕비를 『일본서기』의 사료적 가치를 보완하는 논거로 적극 활용하였으니, 광개토왕비문은 처음부터 역사 왜곡과 결합하여 그 연구가 출발하였던 것이다. 그리고 이러한 왜곡된 인식이 내내 지속되다가 1972년에 이진희에 의해 비로소 이에 대한 진지한 반성의 촉구가 제기되었던 것이다.

이진희의 연구가 광개토왕비에 대한 과학적이고 실증적인 접근을 촉발하는 계기가 되었지만, 광개토왕비에 대한 현지 연구가 진행되기 어려운 상황에서 비문 연구는 여전히

쌍구가묵본

주운태 탁본 1면

답보 상태였다. 그러다가 1981년 중국의 왕건군(王健群)이 현지 조사를 통해 얻은 결과를 『호태왕비연구(好太王碑硏究)』란 책으로 발간하였다. 그는 현지의 중국인 탁본공이 탁본을 쉽게 하기 위하여 비문의 여기저기에 회칠을 하여 보강한 적은 있으나 비문 발견 초기부터 조직적인 비문 변조가 있었던 흔적은 없다고 하여, 이진희의 육군참모본부 변조설을 부정하였다. 그러나 누구에 의해서든지 비문이 석회칠을 통하여 변조되었다면, 비문의 본래 글자를 확인해야 하는 과제가 현안으로 부각되었다.

사실 비가 알려진 초기에는 오랜 세월 이끼가 끼어 있는 등 비면의 상태가 나빠 단편적인 탁본이나 쌍구가묵본(雙鉤加墨本)이 유행하였을 뿐이다. 쌍구가묵본은 탁본이 아니라 비문에 종이를 대고 문자의 둘레에 선을 그린 다음, 그 여백에 묵을 넣어 탁본처럼 보이게 만든 것으로, 제작과정에서 원 글자를 잘못 판독하여 오류가 생길 가능성이 높다. 1887년 경부터야 비로소 제대로 된 정교한 탁본이 만들어지기 시작하였는데, 그 뒤 비문에 석회가 발라지고

탁본이 만들어졌다. 이렇게 석회로 비문이 변조되기 이전에 만들어진 탁본을 원석(原石)탁본이라고 하는데, 오늘날 비문 연구의 주 자료로 주목되고 있다. 그러나 원석탁본 자체가 얼마 남아있지 않고 또 원석탁본이라고 해도 초기 비문의 상태가 나쁜 탓으로 글자의 판독에 어려움이 많은 실정이다.

5
신묘년(辛卯年) 기사의 이해

　광개토왕비문 중에서 집중적인 논란의 대상은 이른바 '신묘년(辛卯年)'기사 이다. 비문 변조설도 이 구절에 집중되어 있다. 왜냐하면 고구려와 백제·신 라 및 왜가 맺고 있는 국제적인 관계가 21字란 아주 짧은 문장에 담겨 있기 때문이었다. 게다가 이 문장을 어떻게 해석하느냐에 따라 고대의 한일관계가 아주 달라져버리기 때문이었다.

　매우 짧은 문장이지만 이에 대한 해석도 가지가지이다. 단락을 어떻게 끊 어 읽을 것인가, 보이지 않는 글자를 무슨 자로 볼 것인가, 변조된 글자의 존 재를 인정할 것인가 아닌가에 따라 몇 가지로 나뉜다. 우선 변조설이 등장하 기 이전에 일단 이 신묘년 문장은 이렇게 판독되었다.

　　而倭以辛卯年來渡海破百殘□□□[斤]羅以爲臣民

일제시기에 일본 관학자들은 이 문장을 이렇게 해석하였다.

　　"왜가 신묘년에 바다를 건너와서 백잔(백제)과 □□□[斤]羅(가라, 신라)를 격파하고 신민(臣民)으로 삼았다."

내용상으로 볼 때 당연히 임나일본부설의 근거가 되었다. 더욱 『일본서기』처럼 후대에 일본인에 의해서 만들어진 역사서가 아니라, 5세기초에 고구려인에 의해서 만들어진 자료라는 점에서, 그 어느 누구도 결코 부인할 수 없는 객관적이고도 결정적인 근거로 활용되었다.

한편 정인보는 1930년 말에 이런 일본의 해석을 비판하는 견해를 제기하였으나 공표하지는 못하였고, 1955년에야 비로소 발표되었다. 정인보는 신묘년 문장의 주어는 고구려인데, 주어가 생략된 것으로 보고 다음과 같이 해석하였다.

> "왜가 신묘년에 오니, (고구려가) 바다를 건너가 (왜를) 격파하였다. 백잔이
> (왜와 연결하여) 신라를 (침략하였다. 신라는 고구려의) 신민이었기에, [영
> 락6년 병신에 왕이 군대를 이끌고 백잔을 토벌하였다.]"

정인보는 당대 한학의 최고 대가였다. 그럼에도 불구하고 위의 해석은 좀 궁색해 보인다. 짧은 문장에서 주어가 너무 자주 바뀌어 문맥이 자연스럽지 못하다. 하지만 일본측 학설에 대한 최초의 문제제기였으며, 그 뒤 북한의 박시형과 김석형의 해석에 영향을 주었다.

김석형은 "왜가 신묘년에 건너왔다. (고구려가) 바다(패수)를 건너 백잔 □□ 신라를 격파하여 臣民으로 삼았다."라고 해석하였는데, 문맥과 뜻이 순조로와 많은 지지를 얻었다. 그 뒤를 이어 한국 학자인 정두희, 이기백들도 또다른 해석법을 제시하였나. "(고구려가) 왜를 신묘년 이래로 바다를 건너가 격파하였다. 그런데 백제가 (왜를 불러들여) 신라를 침공하여 신민으로 삼았다." 즉 문장 서두의 왜를 목적어로 보고 또 '以辛卯年來'를 '신묘년 이래'로 해석한 것이다. 이런 해석은 앞뒤 문장의 논리적 연결이란 점에서 문맥이 잘 통하지만, '渡海破'의 주어를 고구려로 보고 그 목적어가 문장 서두에 도치되어 다소 작위적인 문장이 된다.

이른바 고구려 주어설이라고 할 수 있는 이러한 견해들은 당시 상황에서 볼 때 결코 왜가 백제나 신라를 신민으로 삼을 수 없었음을 전제로 한다. 그러나 비문의 내용이 반드시 '사실'만을 말하고 있다는 보장은 없다. 비문에서는 백제와 신라가 고구려의 오랜 속민(屬民)이라고 기록하고 있지만, 결코 백제는 고구려의 속민이 된 적이 없었으며, 신라도 광개토왕대에 들어 고구려에 신속하는 수준이었다. 어차피 비문 내용이 전부 사실만을 말하고 있지 않다면, 상황론에 입각한 위와 같은 해석은 또다른 선입관을 드러낸다.

어쨌든 앞 두 견해는 모두 위 판독문이 옳다는 것을 전제로 한 해석이다. 그러나 이진희의 비문 변조설이 제기된 이후에는 위 판독문 자체를 인정하기 힘들기 때문에 해석을 유보하거나 또는 새로운 판독에 입각한 해석도 시도되고 있다.

특히 신묘년 글자 중에서도 기왕에 '海'字로 판독되었던 글자는 변조되었을 가능성이 높다고 본다. 1982년에 중국 주운대(周雲台)가 찍은 탁본에서도 다른 글자와 칸이 맞지 않고 지나치게 왼쪽으로 치우쳐 'ㆍ' 자가 비문에서 세로로 그은 선에 겹쳐 있다. 그리고 원석탁본에서도 이 글자는 불분명하다. 그래서 '海' 자는 '每', '泗', '湏' 등 여러 글자로 판독하고 있다. 또 문맥에 따라 몇 자를 달리 고쳐서 보고 또 빈칸을 채워서 해석한 견해들도 제출되고 있다. 이런 견해들은 글자 보입이 자의적이어서 비문 해석이라기 보다는 새로운 비문의 창작이라고 해도 지나치지 않을 정도이다.

고구려를 주어로 하는 해석이든 혹은 새로운 판독에 따른 해석이든 여전히 문제는 남아있다. 그래서 기왕의 판독문을 인정하고, 또 문장 해석도 왜가 백제와 신라를 신민으로 삼았다고 해석하지만, 이는 고구려

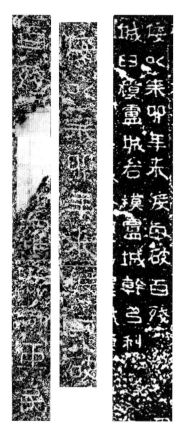

원석탁본 신묘년조 　　주운태탁본 신묘년조

측에서 백제 정벌의 명분으로 내세우기 위하여 과장한 것이라는 견해도 제시되었다. 즉 신묘년 기사는 '사실'이 아니라 당대 고구려인의 비문의 필법에 따른 허구적인 내용이라는 것이다.

이상에서 보듯이 신묘년 기사는 일부 문자의 변조 여부를 의심받고 있으며, 그 문장 해석이나 역사상에 대한 이해도 매우 다양하다. 신묘년 기사의 올바른 해명을 위해서는 무엇보다 원석탁본이나 비에 대한 현지 연구를 통하여 정확한 판독이 선행되어야 할 것이다. 현재 원석탁본만으로는 한계가 뚜렷하며, 앞으로 레이져 스캔 등 새로운 과학기술을 활용하는 방안이 필요하다. 그러나 무엇보다 비문을 당대 고구려인의 관념에서 접근하려는 시각이 필요하다. 그러기 위해서는 신묘년 기사에만 매달릴 것이 아니라 비문 전체 기사에 대한 종합적인 접근이 전제되어야 한다.

6
비문에 담긴 역사들

광개토왕비문은 내용상으로 보아 크게 3부로 나누어볼 수 있다. 1부[1면 1행~1면 6행]에서는 건국신화를 간략하게 기록하고 이어서 시조 추모왕(鄒牟王)으로부터 유류왕(儒留王), 대주류왕(大朱留王)에 이르는 3왕의 왕위계승, 17세손인 광개토왕의 즉위 및 훈적 요약, 비의 건립 경위 등을 기술하고 있다. 2부[1면 7행~3면 8행]에서는 광개토왕이 즉위한 후 수행했던 군사활동의 내용과 성과를 연대기로 기술하고 있는데, 8개 기년 기사와 2개의 종합 기사로 구분할 수 있다. 분량상 가장 많은 비중을 차지하고 있는 부분으로 비문의 중심을 이룬다. 3부[3면 8행~4면 9행]에서는 수묘인연호(守墓人烟戶) 330가의 출신지와 연호 수, 그리고 기존 수묘인제도의 문제점 및 광개토왕에 의한 수묘제 개혁, 수묘인과 관련된 관리 법령 등이 기술되어 있다.

이와 같이 비문이 여러 내용을 담고 있으므로 비의 성격이나 건립 목적을 둘러싸고 논란이 적지 않다. 이 비를 2부의 내용에 주목하여 광개토왕의 훈적비라는 설, 3부에 주목하여 수묘비로서의 성격이 두드러진다는 설, 또는 묘비나 신도비라는 설, 이러한 여러 요소를 두루 갖춘 독자적 성격의 비문이라는 견해 등이 있다.

비문의 1부에 해당되는 맨마지막 문장은 "이에 비를 세워 그 공훈을 기록하여 후세에 전한다."라고 하고 있기 때문에, 이 비문의 성격을 훈적비라고 보는 견해가 가장 타당하다. 그렇지만 수묘인연호 관련 서술 비중도 무시할 수 없기 때문에 종합적인 성격을 갖고 있는 비문으로 보는 견해 역시 설득력이 있다. 그렇다고 해서 문제가 다 해결되었다고 볼 수는 없다. 왜 광개토왕 비문 내용이 이와같이 복합적인 성격을 갖게 되었는가에 대해서는 아직 적절한 답을 갖고 있지 못하기 때문이다. 사실 비문의 성격 문제와 관련해서도 앞으로 깊은 관심을 기울여야할 부분이다.

비문에 많은 내용이 담겨 있으며, 또 이에 근거한 역사상의 구성에서도 다양하고 논쟁적인 견해들이 많이 제출되어 있기 때문에 비문은 5세기 고구려사를 해명하는 가장 중요한 자료이면서, 동시에 아직 많은 부분이 해명되지 않은 블랙박스 같은 존재이다.

워낙 비문에 논쟁적 내용이 많아서 여기서 일일이 이를 거론할 수는 없고, 그동안 주로 광개토왕의 정복활동에 관심의 초점이 맞추어져 있기 때문에, 그 보다는 비문에서 찾아볼 수 있는 5세기의 역사상에 대해서만 간략하게 소개하도록 하겠다.

먼저 1부 기사를 보면 맨 앞에 고구려 건국신화를 간략하게 기술하고 있는데, 시조 추모왕의 출자지를 북부여(北扶餘)라고 하였다. 장수왕대 만들어진 모두루묘지도 마찬가지로 북부여 출자가 기술되어 있다. 그런데 『삼국사기』 등 문헌 기록은 주몽이 동부여(東扶餘)에서 출자한 것으로 기술되어 있다. 즉 북부여출자설과 동부여출자설로 나뉘어져 있다. 비문이 가장 오래된 건국신화 기록임을 고려하면, 5세기 초까지 유지된 북부여출자 전승이 그 뒤 어느 시기에 동부여출자로 바뀌었음을 짐작할 수 있다. 이 점에서 비문은 고구려 건국설화의 형성 과정을 이해할 수 있는 중요한 단서를 제공하고 있다.

또 광개토왕이 17세손이라고 하였는데, 대무신왕으로부터 17대 뒤의 왕이라고 보면 『삼국사기』의 왕계와 일치하고 있다. 그러나 '17세손'에 대한 해석은 기준 왕대를 추모왕으로 보느냐 아니면 대주류왕[대무신왕]으로 보느냐, 세대 수로 보느냐, 왕대 수로 보느냐에 따라 여러 견해가 나오고 있다. 즉 고구려 초기 왕계의 성립과정을 추적할 수 있는 중요한 자료가 되는 것이다.

2부에서는 모두 7건의 군사활동을 담은 기사가 기록되어 있는데, 그 정벌의 대상이 어디냐에 대한 논란도 적지 않다. 이를 일일이 살펴보기는 지면이 제한되어 있기 때문에 생략하고, 광개토왕의 정복활동에 따른 천하관의 성립 문제만 언급하기로 한다.

2부의 정복 기사에는 태왕의 은덕이 베풀어지는 경우가 종종 나타난다. 즉 태왕은 정토만이 아니라 아울러 덕화를 겸하는 존재인 것이다. 그것은 광개토왕대에 정립된 새로운 태왕관을 보여준다. 광개토왕 왕호에 보이는 '태왕(太王)'은 곧 광개토왕 왕권의 궁극적인 모습이다. 태왕은 중국의 천자(天子) 또는 황제(皇帝)에 해당하는 고구려 독자의 칭호로서, 고구려의 천하를 다스리는 최고의 존재이다. 즉 '태왕'의 칭호에는 고구려 독자의 천하관이 자리하고 있다. 이러한 고구려적 천하관은 이미 그 이전부터 서서히 싹트고 있었겠지만, 그러한 고구려의 천하를 영역으로 확보하고 군사력으로 뒷받침하며 실제로 구현한 인물은 바로 광개토왕이었다. 그러한 점에서 그는 고구려를 고구려답게 만든 장본인이라 할 수 있겠다.

3부 수묘인 연호조에 대한 연구에서도 여러 논쟁점들이 제기되고 있다. 수묘인연호 중 국연과 간연의 성격, 수묘조의 구성, 330가의 수묘 대상 왕릉 문제, 구민과 신래한예의 차별성 등등 많은 논점들에 대해 현재 연구가 진행 중이다. 수묘인연호 기사는 고구려의 대민지배와 관련된 귀한 연구 자료이다. 특히 최근에 집안고구려비가 발견되어 광개토왕비의 수묘인연호조와 대교할 수 있기 때문에 앞으로 새로운 연구가 진전될 수 있으리라 기대된다.

이와 같이 간략하게 살펴보아도 광개토왕비문은 고구려 역사에 대한 다양한 접근을 가능케하는 많은 자료가 담겨있다. 광개토왕비가 5세기 고구려 역사를 담고 있는 광맥이라고 할 수 있다. 우리가 무엇을 얼마나 캐낼 수 있느냐는 전적으로 우리 자신에게 달려있다.

〈참고문헌〉

고구려연구회, 『광개토호태왕비 연구 100년』, 학연문화사, 1996.

김현숙, 「광개토왕비를 통해 본 고구려수묘인의 사회적 성격」, 『한국사연구』65, 1989.

노태돈, 「5세기 금석문에 보이는 고구려인의 천하관」, 『한국사론』19, 1989.

_____, 「광개토왕릉비」, 『역주 한국고대금석문』1, 1992.

동북아역사재단, 『광개토왕비의 재조명』, 동북아역사재단, 2013.

박시형, 『광개토왕릉비』, 사회과학원출판사, 1966 : 『광개토왕릉비문연구』, 중심, 2001.

여호규, 「광개토왕릉비의 문장구성과 서사구조」, 『영남학』25, 2014.

王健群, 『好太王碑研究』, 1984; 임동석 번역, 『광개토왕비연구』, 역민사, 1985.

이기동 외, 『한국사시민강좌 3집 – 특집 광개토왕릉비』, 일조각, 1988.

이성시, 「광개토대왕비의 건립 목적에 관한 시론」, 『한국고대사연구』50, 2008.

이성제, 「광개토왕비의 성격과 입비의 의의」, 『선사와 고대』39, 2013.

이진희, 『광개토왕비의 탐구』, 일조각, 1982.

임기환, 「광개토왕비의 건립과정 및 비문 구성에 대한 재검토」, 『한국고대사 연구의 자료와 해석』, 2014.

정두희, 「광개토왕릉비문 신묘년조기사의 재검토」, 『역사학보』82, 1979.

정호섭, 「광개토왕비의 성격과 5세기 고구려의 수묘제 개편」, 『선사와 고대』37, 2012.

주보돈, 「고구려 남진의 성격과 그 영향-광개토왕 남정의 실상과 그 의미」, 『대구사학』82, 2005.

천관우, 「광개토왕능비재론」, 『전해종화갑기념논총』, 1979.

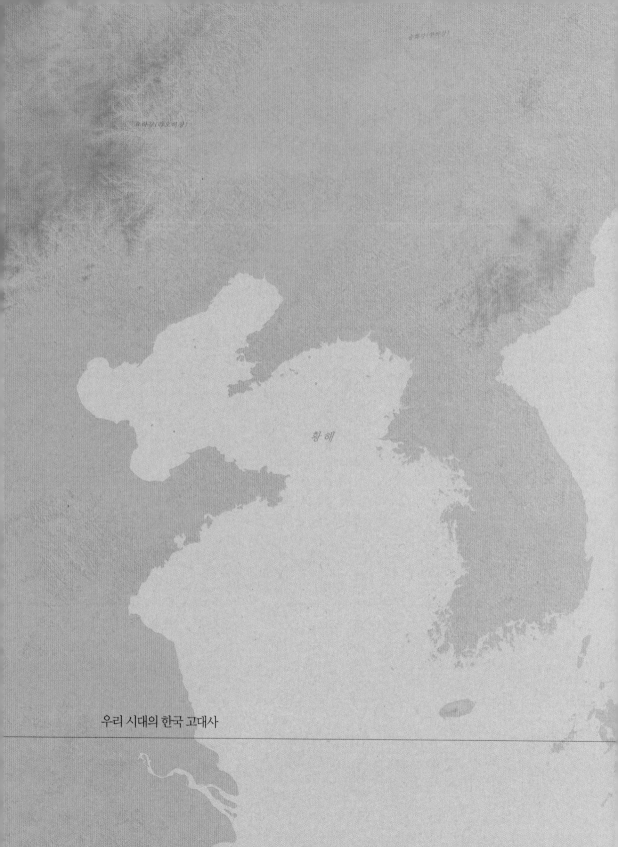

요하강(랴오허강)

운하강(훈허강)

황 해

우리 시대의 한국 고대사

미륵사 금제사리봉안기의 출현과 선화공주의 수수께끼

박현숙(고려대 역사교육과 교수)

1

문제의 출발
: 금제사리봉안기의 발견

 2007년 10월 24일 부여 왕흥사지에서 사리장엄구가 출토되었다. 왕흥사는 사비성에서 북서쪽으로 백마강을 건너 약 1Km 거리에 위치한 백제의 사찰로 보인다. 2007년 발굴조사에서 명문이 있는 청동사리함이 나왔고, 그 주위에서 관모, 귀걸이, 팔찌, 유리구슬 등 8,000여점이 넘는 공양물이 출토되었다. 왕흥사지 사리장엄구가 공개된 지 1년이 조금 넘은 시점인 2009년 1월 14일 백제사 연구에 있어서 또 하나의 중요한 금석문이 발견되었다.

 바로 전라북도 익산시 금마면 기양리 미륵사지 석탑(국보 제11호) 해체조사 현장에서 사리를 비롯하여 사리를 봉안한 사리호 세트(金銅製 舍利 外壺, 金銅製 舍利 內壺, 유리병)와 사리의 봉안 내력을 새긴 금제사리봉안기(金製舍利奉安記)를 장엄하기 위해 함께 넣은 700여점의 각종 구슬 등 다양한 공양물이 출토된 것이다. 이번에 출토된 유물들은 "충남 공주 무령왕릉 발굴과 부여 능산리 절터 백제금동대향로 조사 이래 백제 지역 최대의 고고학적 성과"라는 평가를 받았다.

 익산 미륵사는 『삼국유사』 기이 무왕조에 기록이 있어서 백제 무왕대에 창건된 사찰로 여겨지고 있다. 창건설화에 의하면, "무왕이 부인(신라 선화공주)

과 함께 사자사(師子寺)로 가던 길에 용화산 밑 큰 연못에서 미륵삼존이 출현하자, 부인의 요청에 따라 그 곳을 메우고 세 곳에 법당과 탑 그리고 회랑 등을 세웠다."는 것이다. 또한 『삼국사기』, 혜거국사비문(惠居國師碑文), 『신증동국여지승람』, 붕괴된 석탑의 모습을 기록한 강후진(康候晋)의 『와유록(臥遊錄)』등의 문헌에도 관련기록이 전해지고 있다.

이번에 출토된 미륵사 석탑(서탑) 사리장엄은 1층 심주석 중앙에 위치한 방형의 사리공(한변 24.8cm, 깊이 27cm) 안에 대략 4개 층위로 놓여 있었다. 맨 아래에는 사리공에 맞게 특별히 제작된 판유리(23×23cm, 두께 1cm 내외)가 깔려 있었다. 그 위에 6개의 원형합을 두었고, 이들 합 사이를 녹색의 유리구슬(지름 1~3cm)로 채웠다. 그 위 남쪽에 금제 소형판과 은제관식을, 북쪽에는 직물로 싼 5자루의 도자를 두었다. 그리고 서쪽에는 2자루의 도자를 배치하였다. 마지막으로 사리봉안기를 넣고 사리호를 봉안한 형태로 출토되었던 것이다. 이러한 유물의 구성은 능산리사지 목탑지(567년), 왕흥사지 목탑지(577년), 황룡사지 목탑지(643년 이후), 송림사 전탑(7세기 후반경) 등 6~7세기 백제와 신라의 사리공양품 구성과 유사한 모습을 보여주었다.

이번 발굴을 통해 무엇보다도 화제가 된 것은 미륵사지 석탑 1층 심주(心柱) 윗면 중앙의 사리공에서 발견된 금제사리봉안기(가로 15.3cm, 세로 10.3cm)이다. 그 명문에 '좌평(백제 16관등 중 제1품) 사택적덕(沙乇(宅)積德)의 딸인 백제

해체 전 미륵사 서탑   미륵사 서탑 해체 장면

미륵사 서탑에서 출토된 사리장엄의 모습

왕후가 재물을 희사해 가람을 창건하고, 기해년(639년)에 왕실의 안녕을 기원하며 사리를 봉안했다'는 내용이 나왔기 때문이다. 미륵사 창건이 선화공주가 아닌 백제 사택적덕의 딸인 왕후의 발원에 의해 되었다는 금제사리봉안기의 내용은 선화공주의 실존 및 백제 무왕, 그리고 이를 둘러 싼 7세기 무왕대의 백제사에 대한 논의에 불씨를 점화시켰다.

2
금제사리봉안기의 내용

「금제사리봉안기」는 앞·뒷면 모두 11행으로, 앞면 1행에 9자씩 모두 99자, 뒷면에 94자 등 총 193자의 글자를 음각으로 새기고, 앞면 명문에는 주칠(朱漆)을 하였다. 그 가운데 90자의 필획을 분석한 결과, 북조의 필획에 가까운 글자가 44자, 북조와 남조의 필획이 섞여 있는 글자가 11자, 남조의 필획에 가까운 자가 35자였다. 금제사리봉안기의 구체적인 내용은 다음과 같다.

가만히 생각하건대, 法王(부처님)께서 세상에 나오셔서 根機에 따라 感應하시고, 중 생에 응하여 몸을 드러내신 것은 물 속에 비치는 달과 같았다. 이 때문에 王宮에 의 탁해 태어나 娑羅雙樹 아래에서 열반에 드시면서 8斛의 舍利를 남겨 3千大天世界를 이익되게 하셨다. 마침내 찬란히 빛나는 伍色(사리)으로 일곱 번을 돌게 하였으니 그 신통변화는 불가사의하였다.

우리 백제왕후께서는 佐平 沙乇積德의 딸로서 오랜 세월 동안 善因을 심어 현생에 뛰어난 과보(勝報)를 받으셨다. (왕후께서는) 萬民을 어루만져 기르시고 三寶의 棟梁이 되셨기에 능히 淨財를 희사하여 가람을 세우고, 기해년 정월 29일에 사리를 받들어 맞이하셨다.

원하옵건대, 世世토록 공양하고 영원토록 다함이 없어서 이 善根으로 大王陛下의 수명은 산악과 나란히 견고하고 王位[寶曆]는 천지와 함께 영구하여, 위로는 正法을 넓히고 아래로는 蒼生을 교화하게 하소서.

또 원하옵건대, 왕후께서는 마음은 水鏡과 같아서 法界를 항상 밝게 비추시고, 몸은 金剛과 같아서 허공과 같이 不滅하시어 七世를 영원토록 다 함께 복되고 이롭게 하시 고, 모든 중생들이 다 함께 佛道를 이루게 하소서.

竊以法王出世隨機赴
感應物現身如水中月
是以託生王宮示滅雙
樹遺形八斛利益三千
遂使光曜五色行遶七
遍神通變化不可思議
我百濟王后佐平沙乇
積德女種善因於曠劫
受勝報於今生撫育萬
象棟梁三寶故能謹捨
淨財造立伽藍以己亥

年正月廿九日奉迎舍利
顯使世世供養劫劫無
盡用此善根仰資
陛下年壽與山岳齊固
寶曆共天地同久上弘
正法下化蒼生又願王
后即身心同水鏡照法
界而恒明身若金剛等
虛空而不滅七世久遠
並蒙福利凡是有心
俱成佛道

사리봉안기 명문

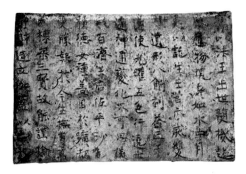

사리봉안기 앞면(위)과 뒷면(아래)

위의 4~6행이 사리봉안기의 핵심부분이라고 할 수 있다. 발원자인 백제 왕후와 간지가 기해년(639년)으로 구체적으로 제시되어 있기 때문이다. 그러나 이 부분 때문에 미륵사 건립 주체와 시기 문제를 두고 그 해석에 대한 다양한 논란이 발생하고 있다. 또한 여기서의 가람을 서탑 조성으로 한정할 것인지, 아니면 미륵사 전체 조성으로 해석할 것인지. 그리고 시기를 서탑에 사리를 봉안한 시기로만 볼 것인지, 미륵사 전체가 조영된 시기로 볼 건인지 등을 두고 논쟁이 이어지게 되었다.

3
금제사리봉안기의
주요 쟁점

1) 『삼국유사』 무왕조와 미륵사 관련 기록

　금제사리봉안기의 출현은 기존에 미륵사 탄생의 배경 기록인 『삼국유사』 기이편 무강왕(武(康)王) 조의 신뢰성에 의문을 가져오게 되었다. 『삼국유사』 기이편 무왕조의 내용은 아래와 같이 크게 네 부분으로 구성되어 있다.

　A-1) 백제 30대 무왕의 이름은 장(璋)이다. 어머니가 과부로 경사(京師)의 남쪽 못가에 집을 짓고 살면서 못 속의 용과 교통하여 그를 낳았다. 어릴 때 이름은 서동이니, 그의 재능과 도량은 헤아릴 수 없었다. 마를 캐어 그것을 팔아서 생활하였으므로 사람들은 그를 서동(薯童)이라고 불렀다는 것이다.

　A-2) 그때 신라 진평왕의 셋째 공주 선화(善花)가 비길데 없이 예쁘다는 소문을 듣게 된 서동은 머리를 깎고 신라 서울로 와서, 거기서 마을 아이들에게 마를 나눠 먹였더니 아이들이 그를 가까이 따르게 되었다. 동요를 지어 아이들로 하여금 부르게 하였는데, 그 노래 뜻은 "선화공주님은 남몰래 시집가서 서동이를 밤이면 안고 잔다네"라는 것이었다.

　이 동요가 어느새 신라 서울에 다 퍼지게 되어 왕궁에까지 들리게 되었다. 이에 백관들이 간언하여 공주는 결국 먼 곳으로 귀양을 가게 되었다. 떠나기에 앞서 진평왕의 왕후가 그 딸에게 순금 한말을 주어 보냈다. 공주가 귀양길을 가는 도중에 서동이 나타나서 모시고 함께 가겠다고 하므로 공주는 비록 낯선 사이였으나, 그를 믿음직하게 여겼으므로 수행을 할 수가 있었다. 둘이서 정을 통하게 된 뒤에야 공주는 비로소 서동이란 이름을 알고서, 동요의 효험을 믿게 되었다.

A-3) 서동과 함께 백제로 온 공주는 그 어머니로부터 받은 금을 내어 놓고 앞으로 살아갈 일을 의논하였다. 그것을 본 서동은 크게 웃으면서 "이게 무엇이요"하고 물었다. 공주가 "이것은 황금인데, 이것만 가지면 백 년 동안의 부를 누릴 수가 있을 것이요"라고 하였다. 그러자 서동은 "내가 어릴 적부터 마를 캐는 땅에 이런 것이 흙처럼 쌓여 있는 것을 보았다"고 하였다. 공주는 크게 놀라며, "그것이야말로 천하에 다시금 없는 보물입니다. 그대가 지금 그 금이 있는 곳을 안다면, 그 보배를 우리 부모님의 궁전으로 좀 보내 드리면 어떻겠소"라고 하니, 서동이 "좋소"하고는 곧 금이 있는 곳으로 가서 금을 모으니 구릉처럼 쌓이게 되었다.

이리하여 용화산 사자사의 지명법사(知命法師)에게 가서 신라왕궁에 금을 보낼 계책을 물으니, 법사는 "내가 신력(神力)으로 보내 드릴 테니 금을 이리로 가져 오시오"하였다. 공주는 편지와 함께 금을 사자사 앞에 가져다 놓았다. 그러자 지명법사는 신력으로서 하룻밤 사이에 그 금을 신라왕궁으로 보내 주었다. 신라 진평왕은 그 신변(神變)을 놀랍게 여겨 더욱 존경하여 자주 글을 보내어 안부를 물었더니, 그 까닭으로 인심을 얻어 왕위에 올랐다.

A-4) 하루는 왕이 부인과 함께 사자사에 지명법사를 만나러 행차하였다. 그들이 용화산 밑 큰 못가에 이르렀을 때 그 못 속에서 미륵삼존불이 출현하였다. 그것을 보고 왕이 수레를 멈추고 경배하였는데, 그때 왕후가 왕에게 "이곳에 큰절을 세웠으면 하는 것이 저의 소원입니다"라고 하자, 왕이 이를 수락하였다. 그리하여 지명법사에게로 가서 못을 메울 일을 물음에 법사는 신력으로써 하룻밤 사이에 못을 메우고 평지로 만들어 버렸다. 이에 그곳에 미륵삼회전(彌勒三會殿)과 탑과 랑무(廊廡)를 각각 세 곳에 세우고 미륵사(국사에는 왕흥사라 하였다)라고 이름하였다. 이 절을 지을 때 신라의 진평왕이 백공(百工)을 보내어 도와주었으니, 지금도 그 절이 남아있다(삼국사기에 이르기를 법왕의 아들이라고 했는데, 여기서 전하기를 홀어머니의 자식이라고 했으니 모를 일이다).

백제 무왕과 관련된 기록은 『삼국사기』 백제본기 무왕대의 기록과 『삼국유사』 기이 무왕조의 기사를 대표적으로 들 수 있다. 그런데 관련 기록들은 무왕의 계통에 대해서 서로 다른 사실들을 전하고 있다. 『삼국사기』와 『삼국유사』 흥법 '법왕금살(法王禁殺)' 조에서는 '법왕 선(宣)'의 아들이라고 되어 있으나, 『삼국유사』 무왕조의 기사와 '법왕금살' 조의 세주에서는 '가난한 어미가 연못의 용과 통교하여 낳은 아들'이라고 전하고 있다. 한편 중국의 『북사』 백제전에는 '여창(餘昌)의 아들 여장(餘璋)'으로 기록되어 있어서, 위덕왕의 아들로 본 경우도 있다. 법왕의 죽음을 정변으로 볼 것인지, 노환으로 인한 자연사로 볼 것인지는 무왕의 출자를 설명하는데 중요한 단서가 된다.

　　그런데, 『삼국유사』 무왕조에서는 서동설화의 주인공인 서동은 무왕의 어릴 때 이름이었고, 무왕의 다른 표기가 무강왕(武康王)·무광왕(武廣王)이었으며, 때로는 말통대왕(末通大王)으로 호칭되었음을 알려 준다. 『삼국유사』 무왕조의 서동설화에 보이는 선화공주와의 결혼, 미륵사의 창건과 같은 내용은 모두 무왕과 관련된 사실이라고 할 수 있다. 즉, 『삼국유사』 무왕조 사료 A-1)은 서동의 출생과 성장, A-2)는 서동과 선화공주의 만남, A-3)는 지명법사의 신이(神異)와 무왕의 즉위, 그리고 A-4)는 미륵사 창건의 내용을 담고 있다.

　　사료 A-1)인 서동의 출생과 성장 부분을 보면, 출생이 불확실하고 어려운 생활을 영위한 듯이 보인다. 그러나 서동이 법왕과 관련이 없는 미천한 사람이었다면, 왕위계승은 불가능하였을 것이다. 무왕의 혈통에 대해서 '고대에 있어서 왕이 될 수 있는 것은 왕족의 혈통이 아니면 불가능하기 때문에, 무왕은 왕족출신'이라고 보고 있다. 그러나 서동의 아버지를 법왕으로 보기 어렵다며, '법왕의 아들로 볼 경우 그가 익산에서 마를 캐며 빈한하게 살아야 했던 생활을 설명할 수 없으므로 무왕은 법왕의 직계가 아닌 방계의 다른 왕족 가문 출신'이라고 본 연구가 있다.

　　그러나 무왕을 법왕의 아들로 보는 것이 더 설득력 있어 보인다. 고대 국가에서 왕위계승은 왕족으로써 부자상속이나 형제상속의 원리 속에 진행되었기 때문에, 무왕이 왕족의 혈통이 아니고서는 왕위에 즉위하기 어려웠을 것이다. 익산에서 마를 캐며 빈한하게 살았던 서동이 왕이 될 수 있었던 것은 법왕의 아들 이외의 다른 이유로는 설명이 불가능하다. 비상시의 정국이 아니었다면 법왕이 죽기 전에 서동에게 왕위를 계승한 것으로 보인다. 무왕이 방계의 왕족이었다면, 위덕왕의 왕자인 아좌가 있었기 때문에 무왕이 왕위에 오르기는 어려웠을 것이다.

『삼국유사』무왕조의 '빈모가 지룡(池龍)과 통교해서 낳은 아들이 무왕'이라고 한 내용에서 알 수 있듯이, 무왕의 어머니가 정실의 왕비는 아니었던 것 같다. 빈모(貧母)는 정비가 아닌 후궁이나 여타 신분의 여성을 상징하는 것으로 보인다.『삼국사기』에도 무왕 원년조에 "이름은 장(璋)이니, 법왕의 아들이다. 풍채가 영특하고 체격이 컸으며, 뜻과 기운이 호방하고 기상이 걸출하였다"고 특기한 것으로 보아서,『삼국유사』무왕조의 지룡은 법왕의 은유적 표현이라고 생각된다. 무왕은 법왕의 아들이었기 때문에 어머니가 정비가 아니었음에도 불구하고 왕위에 오를 수 있었을 것이다.

그런데 금제사리봉안기의 출현으로『삼국유사』무왕조의 무왕과 신라의 선화공주와 혼인하게 된다는 서동설화가 재조명되고 있다.『삼국유사』기이편의 목차를 보면, '문무왕 법민(法敏)'으로부터 '김부대왕(金傅大王)'까지 적고 있어서 신라사 중심의 주제들로 구성되어 있다. 그런데『삼국유사』기이편에서 백제의 왕 가운데 유독 무왕의 이야기만을 싣고 있다. 신라에 대해 공세적이었던 무왕에 대해서 신라인들은 왜 기록을 남겼을까?

사료 A)의 내용들을 통해 알 수 있듯이,『삼국유사』무왕조는 백제 무왕에 관한 이야기라는 제목을 달고 있음에도 불구하고 신라 진평왕과 선화공주의 내용이 중요하게 다루어지고 있다. 따라서 신라와의 관련성, 즉 선화공주와의 결혼이야기 때문에『삼국유사』기이편에서 백제 왕 가운데 유일하게 무왕에 대한 기록을 남긴 것이 아닌가 한다. 따라서 무왕과 선화공주의 이야기는 그 당시 적대적이었던 신라와 백제의 관계를 생각해 볼 때, 특기할 만한 사건으로 역사로 남게 된 것이라고 파악해 볼 수 있다.

다음의 사료들을 참고해 본다면, 적대국과의 왕실결혼은 그리 불가능한 일은 아니었던 것 같다. 성왕 31년 가을 7월 신라가 동북변경을 빼앗아 신주(新

州)를 설치함으로써, 성왕은 한강유역을 다시 빼앗기게 된다. 그럼에도 불구하고 그 해 겨울 10월에 성왕은 자신의 딸을 신라에 소비(小妃)로 시집보내고 있다. 그리고 다음해 32년 가을 7월에는 딸이 신라에 시집가 있음에도 불구하고, 성왕은 다시 신라를 공격하다가 독산성에서 최후를 맞이하게 된다. 따라서 무왕대와 시기상 근접해 있는 성왕대의 사료들은 전쟁 상황 속에서도 백제와 신라 양국 왕실의 결혼이 정략적인 목적에서 이루어지고 있었다는 것을 보여 준다.

『삼국사기』를 비롯한 사서에서는 백제와 신라 사이에 578년부터 무왕이 즉위하는 600년까지 22년간 전쟁 기록이 보이지 않는다. 따라서 무왕이 선화공주와 결혼할 수 있었던 것은 이러한 분위기가 배경에 있었기 때문에 가능하지 않았을까 한다. 아무튼 어린 시절을 익산에서 보내며 마를 캤던 무왕은 열악한 상황들을 극복하고 왕이 되었고, 진평왕의 딸인 선화공주를 부인으로 맞아들여 선화공주의 발원에 의해 미륵사를 창건하였음을 『삼국유사』 무왕조는 전하고 있다. 금제사리봉안기가 발견되기 전에는 『삼국유사』 무왕조의 이러한 내용이 미륵사 창건의 진실을 말해준다고 생각하였다.

2) 미륵사 건립의 주체

그런데 앞서 살펴 본 『삼국유사』 무왕조와 달리, 미륵사지에서 출토된 금제사리봉안기에는 미륵사(전체 혹은 서탑)가 선화공주가 아닌 백제 사택적덕의 딸인 왕후의 발원에 의해 창건되었다고 기록되어 있다. 기해년(639년)은 미륵사 사리의 안치 시점이고, 그 때의 백제 왕비는 사택왕후가 된다. 즉, 금제사리봉안기에 따라 당시 백제 왕후는 사택왕후이므로, 신라 진평왕의 딸인 선화공주의 요청에 의해 미륵사가 창건되었다는 설화는 부정될 수밖에 없고 선화공주는 설화 상의 인물이 될 수밖에 없는 상황이 되었다.

그래서 사리봉안기와 『삼국유사』 기록의 차이를 인정하면서, 전자는 미륵사를 창건하던 당시에 그 불사를 주도했던 사람들에 의해 작성된 기록임에 비해, 후자는 13세기에 기록됨으로써 후대적인 인식과 설화적 윤색이 가해진 것으로 보는 연구들이 진행되었다. 선화공주의 이름은 백제나 신라에서 미륵신앙과 관련된 보통명사이므로, 백제가 망하면서 백제 유민정책의 일환으로서 양국 간의 우호적인 관계를 부각시키기 위해 선화공주 설화가 신라에 의해 추가되고 강조된 것이라고 본 것이다.

반면, 서동설화가 백제 무왕과 신라 공주의 결혼에서 보이는 민족적 통합, 그리고 미륵사 창건과 익산 천도를 통해 백제 중흥의 꿈을 실현하고자 한 무왕대의 일이라는 것이다. 설화가 이러한 역사적 교훈을 본받아 고려 후기에 민족적 고난을 극복하고자 했던 시대적인 절실함을 담고 있으므로, 서동설화를 사실로 인정할 수 있다는 견해도 있다. 그리고 금제사리봉안기 명문에서 사택왕후가 보인다고 하더라도, 선화공주의 기록을 부정할 필요는 없다고 보는 견해들도 나왔다.

『삼국유사』에서 백제 관련 기록이 미비한 편인데 반해 무왕조가 기록된 것은 '선화공주'와의 관련성 때문이고, 무왕과 선화공주 이야기는 그 당시 특기할 만한 사건이었기에 역사적 기록으로 남게 된 것이라 생각된다. 선화공주가 무왕의 정비가 아니라고 하더라도 무왕의 소비(小妃)였을 가능성은 남게 된다. 금제사리봉안기 명문의 사택씨 왕비의 등장으로, 무왕의 왕비는 적어도 3명(의자왕의 어머니, 선화공주, 교기와 관련된 여인)이 찾아지게 된다. 『삼국유사』 서동설화는 선화공주의 이야기가 핵심이며, 무왕과 선화공주와 관련된 일들이 익산지역을 중심으로 일어난 것이다. 따라서 금제사리봉안기와 『삼국유사』 서동설화를 상반되는 것으로 해석할 필요는 없을 것이다.

따라서 미륵사 건립의 주체와 관련해서 3명을 염두에 둘 수 있다. 첫째는 선화공주이다. 『삼국유사』의 기록대로 선화공주가 미륵사 건립의 주체일 수 있다. 미륵사의 규모를 감안할 때, 그 공사 시기는 오랜 시간이 소요되었을 것이다. 또한 무왕의 오랜 재위 기간(42년)을 감안한다면, 왕후를 여러 명 두었을 가능성도 배제할 수 없다. 즉 사택왕후가 정비이고 선화공주가 후비이거나, 사택왕후가 선화공주 사후의 왕비일 가능성도 있기 때문이다. 또한 금제사리봉안기는 서탑에서 확인된 것이므로 또 다른 내용의 기록이 동탑이나 중앙의 탑에 있었을 가능성도 배제할 수 없다. 금제사리봉안기가 출토되었지만, 미륵사 건립의 주체와 관련해서 『삼국유사』 무왕조의 선화공주는 여전히 의미를 가진다고 생각된다.

둘째는 사택왕후이다. 사리봉안기의 골자는 미륵사가 선화공주가 아닌 백제 사택적덕의 따님인 왕후의 발원에 의해 창건되었다는 것이다. 따라서 신라 진평왕의 딸인 선화공주가 미륵사를 창건한 것은 부인될 수밖에 없고, 639년 시점에 사택왕후가 미륵사를 완성하면서 사찰 전체를 창건한 것으로 자처하고 있는 사실에서 논의를 시작해야 한다는 것이다. 즉 미륵사의 3원 병립식 가람배치는 국내에서 유일하며 가람이란 도량 전체를 의미하지, 하나의 건물을 독립해서 부르는 호칭이 아니란 점을 들었다. 따라서 미륵사 창건은 처음부터 기획되고 조영된 것이지, 3원 가람의 각각의 창건 시기가 달랐다거나 혹은 발원자가 달랐다고 보기 어렵다며 미륵사 건립의 주체로 사택왕후를 들었다.

사택씨(沙宅氏)가 백제 정국운영에서 중심적인 역할을 하게 된 것은 웅진시기 이후이다. 사비시기에 들어서 사택씨는 『일본서기』 흠명 4년 12월 상좌평(上佐平) 사택기루(沙宅己婁)에서도 확인되듯이, 최고의 정치적 위상을 확보하고 있었다. 기존에 사택씨의 세력기반에 대해서는 부여지역으로 보는 경향이 강했으나, 금제사리봉안기가 발견됨에 따라 사택씨의 세력 기반을 익산으로 보려는 입장도 있다. 사리봉안기에는 왕비의 재산을 헌납해 미륵사를 만들었다고 하지만, 실제로는 친정 사택씨의 경제적 기반이 토대가 되었을 것이라고 본 것이다. 사리봉안기의 기록만으로는 왜 미륵사가 익산에 세워지게 되었는지 전혀 알 수 없지만, 사택왕후의 집안이 오래 전부터 '선인(善因)'을 심어왔다는 표현으로 보아 익산지역이 사택씨와 관련되어 있음을 추정할 수 있다.

셋째는 무왕, 선화공주, 사택왕후 모두 미륵사 건립의 주체로 보는 것이다. 익산에 창건된 미륵사의 경우, 황룡사에서 알 수 있듯이 여러 과정을 거치면서 오랜 시일 속에서 완공되었다. 따라서 미륵사 창건의 발원 주체도 단계를 나누어 볼 수 있다는 것이다. 『삼국유사』 무왕조를 본다면, 미륵사 창건의 실질적인 주체는 선화공주라기보다는 무왕이라고 할 수 있다. 미륵사 창건이 선화공주의 발원에 의해 시작되었더라도 무왕이 추진하였으므로, 국가적 차원에서 진행될 수 있었을 것이다.

그리고 금제사리봉안기의 백제 왕후 역시 건립 주체로 이야기 할 수 있다. 미륵사 창건과정에서 백제 왕후가 왕의 무병장수를 위해 서탑을 세웠기 때문이다. 미륵사 중원은 미륵신앙, 동·서원은 법화신앙을 토대로 건립한 점을 근거로 무왕과 선화공주에 의해 중원이 창건되고 사택왕후에 의해 동, 서원이 조성됐을 가능성이 있다. 서탑에서 발견된 사리봉안기는 미륵사 전체 사원의 창건을 이야기하는 것이 아니라, 서원의 조성만을 말하고 있다고 본 것이다. 또한 사리기 명문에 "法王出世 隨機赴感 應物現身 如水中月"은 『법화경』과 관련이 있어 왕후는 법화신앙자이므로 미륵사는 창건과정에서 미륵신앙에서 법화신앙으로 전환되었을 것이며, 이에 중원과 동원의 창건은 선화공주가 발원했을 것이라는 견해도 있다.

동서에 각각 탑이 있는 사찰의 두 탑 모두에서 사리기가 출토되는 경우(감은사지, 금릉 갈항사지, 보림사)도 있었다. 따라서 사리기와 『삼국유사』 무왕조의 역사성을 모두 인정하여 선화공주를 창건의 발원자로, 사택왕비를 서탑 사리봉안의 발원자로 볼 가능성도 있다. 즉, 미륵사 창건은 무왕, 선화공주·사택왕후 모두가 관계되어 진행된 역사라고 할 수 있을 것이다.

3) 미륵사 건립의 목적

『삼국유사』 무왕조에 의하면, 선화공주의 요청에 의해 미륵사를 건립하는 것으로 전하고 있다. 『삼국유사』 무왕조 기록에서는 미륵사의 건립과 관련해서 다음과 같은 구체적인 내용을 전하고 있다.

"하루는 왕(무왕)이 부인(선화공주)과 함께 사자사에 가려고 용화산 아래 큰 못가에 이르자 미륵삼존이 못 가운데서 나타나므로 수레를 멈추고 경배하였다. 부인이 왕께 이르기를, "이곳에 꼭 큰 가람을 세우는 것이 저의 소원입니다"고 하니, 왕이 이를 허락하였다. 지명법사에게 가서 못을 메울 일을 의논하니, 신력으로 하룻밤 사이에 산을 헐어 못을 메우고 평지로 만들었다. 이에

미륵삼회를 본받아 법당·탑·회랑을 각각 세 곳에 세우고, 절 이름을 미륵사
(『국사(國史)』에는 王興寺라고 하였다.)라고 하였다. 진평왕은 백공을 보내 이
를 도왔다. 지금도 그 절이 남아 있다."고 하여 『삼국유사』 무왕조에서는 미
륵사 건립 목적을 선화공주와 연결시키고 있다.

　미륵사가 익산에 세워진 것은 교통과 군사적인 점에서 익산이 가진 장점
때문일 것이다. 익산은 충청도와 전라도를 잇는 교통로상의 중심지에 위치하
고 있었다. 또 익산은 이 지역의 중심지였던 금마(金馬)를 중심으로 남쪽으로
는 만경강이, 서북쪽으로는 금강이 흐르고 있었다. 북쪽에 둘러쳐진 미륵산
방면을 잘 막는다면, 이 지역은 천혜의 요새지로서의 조건을 갖추고 있다고
할 수 있다. 익산은 군사적인 요충지였고, 넓은 평야를 가진 경제적인 기반이
풍부한 곳이었다. 이러한 경제적인 이유로도 익산이 백제 중앙의 중요한 관
심의 대상이 되었을 것이다.

　그러나 익산은 무엇보다도 무왕에게 있어서는 즉위 이전까지 생활한 삶의
터전이었기 때문에 의미가 있는 지역이었을 것이다. 그리고 서동시절에 마를
캐면서 황금을 언덕처럼 쌓아놓았다고 한데서 추측한다면, 무왕은 이 지역에
상당한 물적 기반을 마련해 둔 것으로 보인다. 따라서 무왕이 이궁(離宮)이나
천도를 생각했다면 제일 후보지로써 익산을 떠올린 것은 당연하며, 미륵사
창건은 천도의 준비과정으로 볼 여지도 있다. 또한 익산은 『삼국유사』 무왕
조에 의하면, 어머니가 거처하였던 곳이기도 하다. 무왕은 집권 초기부터 신
라와의 전쟁을 강조하면서 익산의 중요성을 부각시켰다. 익산은 마한의 상징
적인 지역이었고, 금강 이남의 마한계 세력을 포섭해 왕권 강화와 백제 중흥
을 도모하기에 중요한 곳이었기 때문이다.

　그러나 금제사리봉안기의 출현으로 사택씨와 익산지역의 관련 가능성이
제기되고 있다. 익산을 사택씨의 근거지로 본 것이다. 또는 익산 천도 계획에
차질이 생기면서 정국을 주도할 수 있는 새로운 방향에서 무왕이 사택씨 세
력을 그의 강력한 후원자로 끌어들였다고 보았다. 익산 지역에 수도를 이전
하는 민감한 사안을 포기하는 대신 대규모 사찰을 건립했다는 것이다. 사택
사걸이 무왕 28년 대신라전을 주도하는 등 이 무렵부터 사택씨의 활약이 가

시화되고 있다. 사택왕후가 정국의 주도권을 쥐고 미륵사 건립을 수용하여, 익산 세력의 반발을 무마하고 이들을 포용한 것은 무왕과 사택씨의 공조 결과라는 것이다.

미륵사 창건의 사상적 배경에 대해서도 다양한 의견이 나왔다. 『삼국유사』의 기록에 의하면 미륵사상을 배경으로 한다. 이에 대해 사리봉안기의 내용이 『법화경』가 관련이 있다며, 미륵사 창건과정에서 미륵신앙에서 법화신앙으로 전환되었다고 보기도 하였다. 그러나 석가불신앙과 미륵신앙을 구별하여 이해하는 것은 곤란하며, 절의 이름이 미륵사이므로 여타의 신앙을 미륵신앙만큼 강조하기는 어렵다고 보인다.

백제의 미륵사 9층 목탑과 신라의 황룡사 9층 목탑은 묘한 대조를 이루고 있다. 백제와 신라 둘 다 자국을 중심으로 불교의 힘을 빌어 삼국을 통일하여 이웃나라를 복속시키겠다는 염원으로 조영이 시작되었기 때문이다. 무왕은 익산에 이궁인 새로운 궁궐과 미륵사를 창건함으로써, 오랜 기간 동안 신라와의 전쟁에서 시달려 온 백성들에게 새로운 사상이 도래하였음을 전하는 희망의 징표로써 역할 할 것을 의도하였을 것이다. 그리고 이와 더불어 미륵신앙에 내재되어 있는 전륜성왕을 자신과 동격화시킴으로써, 무왕의 권위를 격상시키고자 하였을 것이다.

4
금제사리봉안기 출현이
가지는 의미

금제사리봉안기의 출현은 기존의 정설로 자리 잡은 『삼국유사』 무왕조 설화를 진위여부에 휩싸이게 하였다. 사리봉안기 출토를 계기로 백제 30대 무왕의 시기(재위 600~641년)와 익산 미륵사는 다시금 한국 고대사 연구의 주요한 주제로 부각되었고, 익산 역시 백제사의 중요한 공간으로서 조명받게 되었다.

사리봉안기가 출토됨에 따라 그 동안 전설처럼 '익산의 미륵사가 백제 왕후에 의해 창건된 것'은 맞는 사실이 되었다. 그러나 이 백제 왕후가 신라 진평왕의 셋째 딸인 선화공주가 아니라, 백제 귀족인 좌평 사택적덕의 딸이라는 것이다. 이에 따라 기존의 백제사 인식에 대한 재고의 필요성이 대두되었다. '서동요'로 대표되는 무왕과 신라 선화공주의 러브 스토리도 후대의 가공일 가능성이 제기되었다. 사리봉안기가 출토됨으로써 무왕과 서동설화를 둘러 싼 의문이 해소될 줄 알았던 학계의 기대와는 달리, 기존의 역사적 사실과 다른 내용의 금석문이 출현함으로써 논의의 양상은 더욱 복잡해졌다.

역사학계에서는 서동과 선화공주의 러브 스토리가 후대에 가공된 설화일 가능성 못지않게 무왕이 여러 명의 왕후를 두었을 가능성을 제기하였다. 무왕의 오랜 재위기간(41년)으로 볼 때, 선화공주가 죽은 뒤 사택씨가 왕후가 되었다는 것이다. 미륵사가 현재는 서쪽 석탑만 남아 있지만, 원래는 『삼국유사』 무왕조의 기록과 같이 동·서원에 석탑을 두고 중원에는 목탑을 둔 3탑 3금당으로 이뤄진 것이 발굴조사에서 확인되었다. 이에 따라 이번 미륵사지 석탑 사리봉안기에 새겨진 '조립가람(造立伽藍)'이란 용어를 사찰 전체로 보지 않고 서원에 한정시켜서, 중원이나 동원은 선화공주 등이 발원해서 세웠을 것이라는 해석이 나오기도 하였다.

선화공주의 실존과 관련하여 익산의 쌍릉도 다시금 주목받게 되었다. 쌍릉은 두 기의 봉토분으로 구성되었는데, 직경 30m 높이 5m인 북쪽의 고분을 보통 대왕묘, 직경 24m 높이 3.5m의 남쪽 고분을 소왕묘라고 불렀다. 쌍릉은 『제왕운기』와 『고려사』 등의 기록 이후, 후조선왕릉 또는 무강왕릉으로 알려지게 되었다. 1917년 일제에 의해 쌍릉에 대한 고고학적 접근이 이루어졌고, 조사자 谷井濟一은 '백제시대 말기 왕족의 능'으로 결론 내렸다. 쌍릉의 대왕묘 안에서 출토된 목관의 관재(棺材)도 금송(金松)이다. 대왕묘에서 나온

관묘(棺臺)의 규모 역시 쌍릉이 왕릉일 가능성을 높게 하고 있다. 석실의 구조가 단면 6각형 형태임을 근거로 그 조성시기를 7세기 중반경으로 보게 됨으로써, 대왕묘의 주인공을 무왕(武王)으로 소왕묘의 주인공을 무왕비(武王妃)로 보아야 한다는 견해들이 많았다.

특히 최근에는 대왕묘의 목관 내부에서 출토된 여성 치아와 목관 앞에 놓인 적갈색 토기가 신라에서 출토되는 7세기 전반의 토기와 유사하다며 선화공주는 실존인물이고 쌍릉 대왕묘에 묻혔을 가능성이 높다는 견해가 나오기도 하였다. 그러나 이에 대해 출토된 토기는 익산 왕궁리 유적에서 출토된 등잔과 형태가 유사하다며 신라계 토기로 단정하기 어렵다는 반대 의견도 나왔다. 아무튼 금제사리봉안기의 발견으로 그 존재에 대해 의문시 되고 있는 선화공주가 허구의 인물이 아님을 증명하려는 노력들이 이어지고 있다.

미륵사에서 출토된 금제사리봉안기는 백제 왕실의 안녕을 기원하는 내용과 미륵사의 창건 목적, 시주(施主), 석탑의 건립연대(639년) 등을 정확히 밝혀주고 있다. 또한 이를 통해 사택씨인 백제 왕후의 존재, 미륵사의 조영에 사택씨와 백제 왕후가 관련되어 있다는 것, 무왕대 사택씨의 위상 등을 알게 해주었다. 그리고 사리봉안기는 백제 서체연구에도 도움을 줄 것으로 보인다. 금제사리봉안기에는 중국 연호를 사용하지 않은 백제 금석문의 특징이 드러나고 있다. 그리고 무왕을 '大王陛下'로 호칭한 점 등을 보아 중국과의 관계 속에서 백제가 독자성을 지키려 했음을 알려 준다. 또한 백제 관련 국내 기록 가운데 왕비에 관한 금석문이라는 점에서도 희소성을 갖는다.

그러나 미륵사 사리봉안기만으로는 '무왕의 익산 경영과 미륵사'의 실체를 복원하기에 아직 많은 한계점이 있다. 사리봉안기의 주체가 사택씨의 백제 왕후라서 무왕과 관련된 기록은 자세하지 않다. 따라서 무왕의 출자는 어떻게 되는지, 선화공주는 실존 인물인지, 무왕은 익산을 왜 경영하려고 했는지, 조립가람(造立伽藍)의 범위와 주체를 어떻게 볼 것인지 등의 문제는 여전히 남아 있다. 이를 해결하기 위해서는 다시금 『삼국유사』 무왕조의 해석으로 돌아가게 되는 아이러니에 부딪치게 된다. 이와 같이 백제 무왕 시기 및 익산 미륵사와 관련된 숙제를 풀어줄 줄 알았던 금제사리봉안기의 출현은 백제사

의 새로운 진실을 밝혀 준 동시에 백제사 연구에 있어서 새로운 과제를 학계
에 던져 주었다.

〈참고문헌〉

국립문화재연구소, 「미륵사지 사리장엄 현장 설명회 자료집」, 2009.

국립문화재연구소 · 전라북도, 『彌勒寺址 石塔 舍利莊嚴』, 2009.

국립부여박물관 · 국립부여문화재연구소, 『百濟王興寺』, 2008.

국립전주박물관, 『益山 雙陵』, 2015.

김상현, 「백제 무왕대 불교계의 동향과 미륵사」, 『한국사학보』 37, 2009.

金壽泰, 「百濟 武王代의 政治勢力」, 『馬韓百濟文化』 14, 1999.

길기태, 「미륵사 창건의 신앙적 성격」, 『한국사상사학』 30, 2009.

김주성, 「백제 사비시대의 익산」, 『韓國古代史研究』 21, 2001.

김주성, 「미륵사지 서탑 사리봉안기를 출토에 따른 제설의 검토」, 『동국사학』 47, 2009.

노중국, 「三國遺事 武王條의 再檢討」, 『韓國傳統文化研究』 2, 1986.

_____, 「무왕 및 의자왕의 정치개혁」, 『百濟政治史研究』, 일조각, 1988.

_____, 「백제사상의 무왕」, 『백제문화』 34, 2005.

박현숙, 「백제 무왕의 익산 경영과 미륵사」, 『한국사학보』 36, 2009.

_____, 「무왕과 선화공주의 미스테리, 미륵사지 출토 금제사리봉안기」, 『금석문으로 백제를 읽다』, 학연문화사, 2014.

서정석, 「益山 雙陵에 대한 斷想」, 『역사와 역사교육』 11, 2006.

신종원 외 5인, 『익산 미륵사와 백제 : 서탑 사리봉안기 출현의 의의』, 일지사, 2011.

원광대학교 마한백제문화연구소, 『益山 彌勒寺址 -東塔址 및 西塔調査報告書-』, 1974.

李道學, 「百濟 武王代 益山 遷都說의 再檢討」, 『慶州史學』 22, 2003.

_____, 「미륵사지 서탑 '사리봉안기'의 분석」, 『백산학보』 83, 2009.

李丙燾, 「薯童說話에 대한 新考察」, 『韓國古代史研究』, 博榮社, 1976.

이한상, 「미륵사지 석탑 출토 은제관식에 대한 검토」, 『신라사학보』 16, 2009.

조경철, 「백제 익산 미륵사 창건의 신앙적 배경 -미륵신앙과 법화신앙을 중심으로-」, 『한국 사상사학』 32, 2009.

송화강(쑹화강)

요하강(랴오허강)

황 해

우리 시대의 한국 고대사

4강

백제는 해외식민지를 경영하였을까

백제의 요서경략설

김기섭(한성백제박물관 전시기획과장)

1
영토와 식민지

　근대사회에서 국가의 3요소를 흔히 영토·국민·주권으로 정의한다. 영토는 넓게 보아 한 나라의 주권(통치력)이 미치는 공간적 범위, 곧 바다·육지·하늘을 모두 가리키지만, 좁게는 육지만 가리킨다. 고대 동아시아에서는 대개 좁은 의미에서 영토를 이해하고 국가의 기준으로 삼았다.

　영토는 시대를 거슬러 올라갈수록 기준이 모호해진다. 인구밀도가 낮았으므로 땅보다 사람에 대한 지배가 더 큰 관심사였기 때문이다. 더욱이 사람과 사람 사이의 지배·피지배 관계는 분명하지 않은 경우도 적지 않아서 관점에 따라 상황판단이 달라진다. 고대사회의 직접지배와 간접지배가 대표적인 사례이다. 무력으로 제압한 지역을 직접 지배했느냐 아니면 토착세력을 통해 간접 지배했느냐 하는 문제는 그 지역이 영토냐 아니냐를 판단하는 중요한 기준이 되기도 한다.

　식민지는 고대 그리스·로마에서 기원한 말이다. 그리스와 로마의 일부 국민이 본국을 떠나 새로운 지역에 이주해서 만든 도시를 colonia라고 불렀는데, 이것을 근대 유럽의 열강들이 제각기 아프리카·아메리카·아시아 대륙에 정치·경제적 지배력을 확장하면서 영어 colony, 독일어·네덜란드어

kolonie, 스페인어 colonia 등으로 널리 사용하였고, 그것을 근대 일본에서 식민지(植民地)라는 한자로 번역한 것이다. 그러므로 '식민지'는 고대 지중해-근대 유럽-근대 일본의 역사적 경험을 반영한 말이며, 특히 유럽에서 대항해(大航海)시대라고 부르는 16세기 이래의 아메리카·아프리카 대륙 수탈 역사를 배경으로 한 말이다.

그런데 동아시아의 고대사회는 중국을 중심으로 한 책봉(冊封)체계 속에서 국제관계를 맺었으며, 조공(朝貢)이라는 특수한 외교 의례행위를 통해 국제질서를 유지하였다. 조공은 중국 주변의 나라들이 외교사절을 정기적으로 중국에 보내 예물을 바쳤던 정치외교행위로서, 6세기 후반 이후 수(隋)·당(唐)나라 때 크게 확립되었지만, 그 이전 남북조시대에도 이미 중국 중심의 천하관(天下觀)과 선진기술문화를 바탕으로 널리 행해졌다. 그러므로 중국의 정통왕조를 중심으로 이루어진 조공의례는 사대교린(事大交隣)의 이데올로기에 따라 큰 나라와 작은 나라가 평화롭게 공존하는 국제질서의 기준이자 외교의례였기에 수탈 또는 이주를 전제로 한 서양의 식민지와는 크게 다른 개념이다.

2

백제의
요서경략 기록과 논쟁

백제는 기원전(BCE) 18년에 건국해서 기원후(CE) 660년에 멸망한 것으로 알려진다. 678년 동안 31명의 왕이 즉위했으며, 왕도는 위례성(慰禮城)→한성(漢城)→웅진(熊津)→사비(泗沘) 순으로 바뀌었다. 왕실 성씨는 부여(扶餘)씨라고 한다. 이러한 내용은 모두 『삼국사기』에 실린 것이다. 비슷한 기록이 『삼국유사』와 조선시대 각종 역사서에도 있다.

『삼국사기』는 고려시대 인종 23년(1145)에 김부식 등 11명의 관료들이 함께 편찬한 기전체 역사서이다. 전체 50권이며, 본기 28권, 연표 3권, 잡지 9권, 열전 10권으로 구성되었는데, 「백제본기」는 권23~28에 해당한다. 신라본기 12권, 고구려본기 10권에 비하면 백제본기 6권은 서술 분량이 매우 적은 편이지만, 백제왕을 중심으로 정치·경제·군사·제도는 물론 홍수, 가뭄, 일식 등 자연현상까지 깔끔한 문체로 소박하게 적어놓았으므로 백제사에 관한 한 현존 최고의 사료라고 할 수 있다. 그러나 백제가 멸망하고 5백년 뒤에 편찬된 책이기에 빠뜨린 내용이 적지 않으며, 잘못 적은 부분도 꽤 있다. 『삼국사기』 「지리지」에는 백제 왕성이었던 위례성의 위치조차 지금의 어디인지 모른다고 적혀 있다.

1) 『송서』와 『양서』

사료 공백이 많은 백제 역사를 재구성하는 일은 어렵고 위험하다. 건국시기와 세력기반, 왕위계승과 통치체제, 강역과 대외관계 등 논란거리도 많은 편이다. 이에 많은 연구자들이 『삼국지』를 비롯한 중국사서로 보정하려 하지만, 중국 기록이 워낙 단편적이고 일방적이어서 또 다른 논란을 일으킨다. 대표적인 예가 『송서』와 『양서』의 기록이다. 『송서』 「이만전」(백제국)에는 다음과 같은 기사가 있다.

> ① 백제국은 본래 고려와 함께 요동의 동쪽 천여리 밖에 있었다. 그후 고려가 요동을 공략해 차지하자, 백제는 요서를 차지하였다. 백제가 다스리는 곳을 진평군 진평현이라 한다. 의희 12년에 백제왕 여영을 '사지절 도독백제제군사 진동장군 백제왕'으로 삼았으며, (송)고조가 즉위하여서는 작호를 '진동대장군'으로 올려주었다.

위의 인용문에서 요서는 요하(遼河) 서쪽을 가리키며, 의희 12년은 서기

416년, 백제왕 여영은 전지왕이다. 그러니까 백제가 늦어도 전지왕 12년(416) 이전에 요하 서쪽지역을 공격해 차지하고 진평군 진평현이라 불렀다는 뜻이다. 같은 내용이 『양서』 「제이전」(백제)에는 다음과 같이 적혀 있다.

> ② 그 나라는 본래 구려와 함께 요동의 동쪽에 있었다. 진나라 때 (고)구려가 이윽고 요동을 공략해 차지하자, 백제도 요서·진평 2군의 땅을 점거하고 스스로 백제군을 설치하였다. 진나라의 태원(376~396)중에는 백제왕 수(須)가, 의희(405~418)중에는 백제왕 여영이, 송나라의 원가(424~453)중에는 백제왕 여비가 각각 사람을 바쳤다.

위의 인용문과 거의 같은 내용이 『남사』, 『통전』, 『태평환우기』, 『통지』, 『문헌통고』 등에도 실려 있다. 그런데 『삼국사기』·『삼국유사』 등 국내사서에는 이런 내용이 전혀 없다. 다만, 『삼국사기』 「열전」에 최치원(857~?)이 쓴 「당나라 태사시중께 올리는 글」이 인용되어 있는데, 그 속에 "고려와 백제는 전성시기에 강한 군사가 백만이어서 남쪽으로 오·월을 침범하고 북쪽으로 유주와 연·제·노를 어지럽혀 중국의 큰 걱정거리가 되었습니다"라는 대목이 있다. 이를 근거로 조선 후기의 역사학자 신경준(1712~1781)은 "백제는 바다를 건너 북쪽으로 요서를 경략하고 남쪽으로 월주를 경계로 삼던 시절이 있었는데, 특히 우리나라의 역사가 소략하여 그 일을 빠뜨렸을 것"이라고 추정하였다.

조선 후기에는 효종대 이후의 북벌론과 숙종대의 백두산정계비 사건 등을 거치면서 자국 영토에 대한 의식이 강화되고 『요사』·『대명일통지』·『성경통지』처럼 옛 조선과 한사군 및 고구려 강역을 만주일대에 비정하는 역사서가 국내에 도입됨으로써 유형원·남구만·이세구·이이명·허목·이종휘 등이 고조선 영역을 요동까지 확장시키는 관점을 형성하였으며, 그것이 신경준에 이르러 가장 정밀하게 정리되었다. 그러나 북벌론이 어느 정도 가라앉고 청나라에 대해 조금 더 긍정적인 관점을 가지게 되자 이러한 영역관이 오히려 우리 상고사를 중국의 요동지역에 편입시킬 위험성이 대두하면서 정약용·한진서 단계에는 상고사의 중심무대를 한반도 중심으로 다시 환원시켰다. 한진서 (1777~?)는 "바다 만리를 건너 요서의 여러 군을 차지했다는 것은 사리에 맞지 않으며, 『송서』 기록에는 착오가 있고 『양서』와 『통고』는 단지 『송서』를 따랐던 것이니 증명하기 어렵다"면서 요서경략설을 부정하였다.

기록 착오를 조금 더 구체적으로 추정해 부여와 연결지은 학자도 있다. 안정복은 "백제가 원래 부여에서 나왔으므로 중국사람들이 자주 혼동한다"고 하였으며, 정약용은 "백제가 원래 부여에서 나왔고 또 부여를 성씨로 삼았으므로 중국사서는 부여와 백제를 자주 혼동하였다. 『남사』의 백제도 부여국을 가리킨다"고 하였다.

이처럼 백제의 요서경략에 대한 조선 후기 학자들의 관점은 긍정론, 부정론, 부정론에 입각한 수정론 등 3가지로 정리할 수 있다. 이러한 관점은 일제시기에도 그대로 이어졌지만, 한국사를 일본사에 편입시킨 일본학자들은 『일본서기』에 근거하여 4~5세기 한반도 정세를 고구려와 왜(倭)의 대립으로 이해하는 시각에서 부정론을 폈다. 반면, 한국의 민족주의 사학자들은 근구수왕(375~384) 초기에 요서를 경략했다거나 3세기에 이미 군사를 보냈으며 370년대에 2개의 군(郡)을 설치했다고 긍정적으로 해석하였다.

해방 이후 4~5세기 요서지역 및 국제 정세에 대한 관심이 깊어졌다. 그리하여 4세기부터 요서지역은 강력한 군사력을 보유한 전연(337~370), 전진(334~394), 후연(384~408), 북연(409~436), 북위(386~534) 등의 근거지 또는 영토였기에 백제가 바다를 건너 대적하기 어려웠을 것이라는 견해가 늘어났다. 이에 한반도의 낙랑·대방군 지역을 백제가 차지하자 중국의 남조국가들이 이미 모용씨에게 귀속된 요서지방의 낙랑군을 백제 세력으로 잘못 인식했다는 견해, 백제가 낙랑·대방 유민을 통해 요서지역의 낙랑교군과 소통한 흔적이라는 견해, 후연의 부여유민 여암(餘巖)이 385년 7월에 요서지역에서 독립했던 반란사건을 중국 남조의 사관들이 착각했다는 견해 등이 제출되었다.

한편, 긍정론은 백제가 3세기말에 요동지역의 마한과 연계하며 요서로 진출하여 6세기 초중엽까지 긴 기간 지배했다는 견해, 근초고왕(346~375) 때 요서로 진출해서 5세기말까지 군을 유지했다는 견해, 근초고왕 때부터 6세기 초중엽까지 화북 연안지역에 백제군이 주둔했다는 견해, 4세기중엽에 요서지역으로 진출하였고 5세기초까지 상업기지로 활용했다는 견해, 370년에 전연이 전진에게 멸망한 뒤 고구려가 요동을 지배하자 백제가 요서지역과 정치적 제휴를 맺었거나 일부를 지배했다는 견해, 385년 6월부터 11월까지 아주 짧은 기간에 후연의 장군이었다가 반란을 일으켜 난하유역에 자리잡은 부여 출신 여암과 연합하며 요서지역을 지배했다는 견해, 근초고왕 재위 후반기에 백제가 요서지역의 부여계 유민들과 연계하며 동진-요서-한반도를 잇는 해상교역의 주도권을 10여년간 장악한 것이라는 견해, 백제라는 나라 이름이 중국사서에 처음 보이는 344년 이전에 백제가 요서지역을 경략하였으며 이후 나라 이름이 바뀌었기 때문에 기록에 혼선을 빚었다는 견해 등 다양한 해석을 낳았다. 그 사이 각종 논리와 함께 몇몇 방증 자료가 보태졌다.

2) 『진서』와 『자치통감』의 백제

③ 모용황의 기실참군 봉유가 간언하였다. "… (고)구려·백제와 우문부·단부 사람들은 모두 전쟁으로 옮겨온 것이지 중국 사람처럼 의로움을 좇아온 것이 아닙니다. 모두 돌아가고 싶은 마음이 있는데, 지금 가구 수가 10만에 달하여 도성으로 가깝게 모여드니 장차 나라에 큰 해를 미치지 않을까 걱정됩니다."

④ 처음에 부여는 녹산에 자리잡고 있었는데 백제의 침략을 받아 부락이 약해지고 흩어져 서쪽 연나라 가까이로 옮겼으나 방비를 갖추지 못하였다. 연나라 왕 황(皝)이 세자 준을 보내 모용군·모용각·모용근 3장군의 1만 7천 기병을 이끌고 부여를 습격하게 하니 준은 가운데 앉아 지시만 하고 군사는 모두 각에게 맡겼다. 마침내 부여를 무너뜨리고 그 왕 현(玄)과 부락 5만여명을 사로잡아 돌아왔다. 황은 현을 진군장군으로 삼고 딸을 시집보냈다.

인용문 ③은 서기 345년경 선비족 모용부의 기실참군 봉유가 그 왕 모용황에게 시정 개혁을 주장하며 상소한 내용의 일부이다. 몽골고원에서 활동하던 선비족은 3세기 후반부터 남하하기 시작해 294년경 요서지역의 극성(棘城)에 도읍을 정하고 319년에 같은 선비족의 우문부(宇文部)를 제압하며 요동지방의 강자로 부상하였다. 지도자인 모용외(慕容廆)는 스스로 선비대선우(鮮卑大單于)라고 칭하며 동진(東晉)에 조공해 321년 요동공(遼東公) 작호를 받았다. 그의 아들 모용황은 337년에 스스로 연왕(燕王)이라 부르고는 동진의 승인까지 얻었다. 이 나라를 전연(前燕)이라고 한다. 모용황은 342년에 4만 대군으로 고구려 수도 환도성을 함락시키고 미천왕 시신과 고국원왕의 어머니, 왕비 등을 인질로 잡아갔다. 이에 고구려의 고국원왕은 이듬해인 343년부터 왕의 어머니가 돌아오는 355년까지 전연에 신하를 자처하며 조공·책봉관계를 맺게 된다. 따라서 봉유의 상소에서 거론된 "고구려·백제·우문부·단부의 사람들"이란 345년 이전에 전연에 끌려온 전쟁포로를 가리킨다. 그런데 당시 내몽고·요서·요동지역에서 활동하던 선비족 모용부가 한반도 중서부에 위치한 백제를 공격한 적은 없으므로 바다를 건너 요서지역에 와있던 백제사람들을 사로잡은 것이라고 해석하였다.

인용문 ④는 346년에 전연이 부여를 공격해 멸망시킨 일을 정리한 것이다. 그런데 부여가 전연의 공격을 받게 된 것은 원래 근거지에서 백제의 침략을 받아 서쪽으로 이동했기 때문이라고 하였으니, 적어도 4세기 전반기에는 전연 동쪽에 부여, 부여 동쪽에 백제가 위치했던 셈이 된다. 이에 백제가 4세기 초까지는 만주지역에 있었으며 나중에 한강유역으로 이동했다는 견해도 제출되었다.

그러나 전연이 백제와 싸웠다는 기록은 전혀 찾을 수 없다. 대신 전연이 우문부·단부·고구려·부여를 공격해 포로를 잡아온 기록이 있다. 전연은 325년에 우문부를 공격해 수만호를 옮겨 살게 하고, 338년에는 단부를 공격해 5천여호를 사로잡았다. 342년에는 고구려의 5만여명, 344년에는 우문부의 5만여 락(落)을 이주시켰다. 그리고 인용문 ④에서와 같이 346년에 부여를 멸망시키고 5만여명을 사로잡아온 것이다.

2세기경까지 부여는 강성한 국력을 자랑했다. 전통적으로 중국 왕조와 관계가 좋았던 부여는 121년에 고구려가 현토군을 공격하자 현토군을 구원해주었으며 이듬해에는 요동을 공격한 고구려를 대신 물리쳤다. 167년경에는 부여왕이 직접 2만여명의 군사를 거느리고 현토군을 공격하기도 했다. 그러나 3세기에 부여의 국력이 약해져 그동안 부여에 신속해온 읍루(挹婁)에 대한 지배권을 잃어버렸으며, 위(魏)나라와 고구려가 부여의 정치적 연대세력인 공손씨(公孫氏) 정권을 협공할 때에도 큰 도움을 주지 못했다. 285년 선비족 모용부가 부여를 침략했을 때에는 싸움에서 크게 진 뒤 부여왕 의려가 자살하고 아들 의라가 옥저로 달아났다가 서진의 도움으로 나라를 되찾았으나, 이후에도 모용부(전연)의 침략에 시달렸다고 한다.

346년에는 근거지인 길림(吉林) 일대를 떠나 그 서북쪽의 농안(農安) 부근 또는 서남쪽의 서풍(西豊) 일대로 중심지를 옮겼다가 인용문 ④에서와 같이 전연의 공격을 받은 것이다. 부여왕 현(玄)이 전연으로 끌려가 장군에 임명되었으니 이로써 부여가 멸망했다고 보기도 하지만, 370년에 전진의 군대가 전연의 수도 업(鄴)으로 쳐들어왔을 때 서울(徐蔚)이 부여·고구려의 인질들과 함께 성문을 열어주었다는 『진서』 기록과 서기 475년에 부여국이 사신을 보내 북위에 조공했다는 『위서』 기록에 따라 부여 주민과 영토가 전연과 전진에 신속된 상태로나마 유지되었다고 보는 것이 일반적이다. 『진서』의 서울은 『자치통감』의 여울(餘蔚)과 같은 인물인데, 호삼성(胡三省)의 주석에 따르면 부여의 왕자였다고 한다. 『자치통감』에는 384년에 여울이 후연의 모용수로부터 부여왕에 봉해졌다는 기록이 있다.

그러므로 인용문 ③에서 전연에 잡혀온 다른 나라 사람들을 거론할 때 부여를 언급하지 않은 점은 매우 이상한 일이며, 인용문 ④에서도 부여지역을 두고 전연과 각축을 벌인 고구려를 언급하지 않은 점은 이상한 일이다. 이에 인용문 ③의 백제는 '부여'를 잘못 쓴 것이며, 인용문 ④의 백제는 '고구려'를 잘못 쓴 것이라고 본다.

3) 『양직공도』의 낙랑

양나라의 원제(元帝;552~554) 소역(蕭繹)이 형주자사(荊州刺史)로 재임하던 왕자시절(526~536)에 작성한 것으로 알려진 『양직공도』 「백제국사」 조에는 다음과 같은 글이 실려 있다.

⑤ 백제는 옛날 동이 마한에 속하던 나라이다. 진나라 말기에 (고)구려가 요동을 공략해 차지하자, 낙랑도 요서 진평현을 차지하였다. 진나라 이래로 항상 오랑캐 공물을 바쳤는데, 의희 중에는 그 나라 왕 여전이, 송나라의 원가 중에는 그 나라 왕 여비가, 제나라의 영명(483~493)중에는 그 나라 왕 여태가 각각 중국 벼슬을 받았다.

『양서』 백제전의 기록과 거의 같은 인용문 ⑤는 소역이 백제 사신의 초상 옆에 덧붙여 쓴 것이므로 사신의 말을 옮겨 적었을 개연성이 있다. 소역의 『양직공도』가 앞선 시기의 『방국사도(方國使圖)』를 증보한 것일 가능성도 있는데, 그렇더라도 글 내용은 백제 사신의 말을 정리한 것일 개연성이 있다. 이처럼 신뢰도가 높은 기록에서 백제가 아니라 '낙랑이 요서를 차지하였다'고 했으므로 상대적으로 오류가 많은 『송서』와 『양서』의 기록에 의문을 갖게 된다. 더욱이 『양직공도』는 그 시기를 '진나라 말기'라고 하여 상대적으로 더 분명한 인식 태도를 보여준다.

그런데 『양직공도』의 「백제국사」 조는 백제를 소개하는 부분인데 왜 낙랑 이야기를 적어 넣었을까? 이 물음에 답하기 위해 "진나라 말기에 고구려가 요동과 낙랑을 공략해 차지하자, (백제)도 요서 진평현을 차지하였다(晉末駒麗 略有遼東樂浪 亦有遼西晋平縣)"로 구두점을 다르게 찍는 견해도 있지만, 굳이 백제라는 주어가 생략됐다는 해석은 더 어색하다. 그러면 '낙랑'은 '백제'를 잘못 쓴 것일까? 그렇게 보기도 어렵다.

중국 남조의 기록은 북조에 비해 고구려·백제 및 요서지역에 대한 정보가 구체적이지 못한 약점이 있다. '백제가 요서지역을 차지했다'는 기록도 남조

계통 역사서에만 나올 뿐, 북조계통 역사서에는 비슷한 단어조차 없다. 그렇기 때문에 『송서』와 『양서』의 요서관련 기록을 자세히 논증하기가 어려운 것이다. 백제가 요서지역을 차지한 일이 사실이라면, 처음 군사를 보낸 시기도 중요하지만 백제 군현을 설치한 지역, 그곳에서의 활동상, 후퇴한 시기 등 연관된 행적이 조금이나마 포착될 만한데, 어떠한 사서에서도 그런 기록은 찾을 수 없다. 385년 7월부터 11월까지 4~5개월만 백제가 요서지역을 지배했기 때문에 기억의 희미한 흔적만 남게 되었다는 해석도 있으나, 그런 짧은 기간에 군현을 설치하고 운영했다는 기록이 남을 수 있는지 의문이다. 진평군(晉平郡), 백제군(百濟郡)은 나라 이름이 들어가면서도 출처를 알기 어려운 매우 특이한 지명이다.

3
요서의 낙랑교군과
백제의 외교활동

313년 겨울, 고구려 미천왕이 낙랑군을 침범해 남녀 2천여명을 사로잡았다. 이듬해 가을에는 남쪽의 대방군을 침범하였다. 이것이 『삼국사기』에서 낙랑군과 대방군에 관한 마지막 기록이다. 당시 낙랑군의 치소(治所) 곧 중심지는 지금의 평양시 락랑구역에 위치한 낙랑토성, 대방군의 치소는 황해도 봉산군 문정면에 위치한 지탑리토성으로 알려진다. 압록강 유역이 근거지인 고구려가 황해도 지역의 대방군을 공격하려면 낙랑군을 지나야 하므로, 313년 기사는 단순한 전투 승리가 아니라 낙랑군 멸망을 의미한다는 것이 학계의 정설이다. 낙랑군의 지휘를 받고 있던 대방군도 고구려의 공격을 받고 곧 멸망했을 것이라고 추정한다.

마침 『자치통감』에는 313년경 요동사람 장통이 낙랑·대방군을 이끌고 고구려에 대적하다가 더 이상 견디지 못해 백성 천여가(家)를 이끌고 요동의 모용외 휘하로 들어가 낙랑군 태수가 되었다는 기사가 있다. 이때 모용외가 새로이 설치한 낙랑군은 지금의 요령성 조양(朝陽)시 부근에 있었다고 한다. 낙랑군을 한반도 대동강유역에서 요서 대릉하(大凌河) 유역으로 옮긴 것이다. 이후 낙랑교군은 전연-전진-후연-북연으로 왕조가 바뀌는 중에도 변함없이 존속하다가 432년 북위(北魏)의 공격으로 북연의 영구·성주·요동·낙랑·대방·현토 군이 함락되면서 유주(幽州)로 옮겨졌다. 이때 낙랑군 소속의 조선현(朝鮮縣)은 신창현(新昌縣)과 함께 난하유역에 있던 북평군(北平郡) 소속으로 바뀌었으며, 556년 북제(北齊)가 지방 행정체제를 정비할 때 신창현에 편입되며 소멸하였다. 그리고 지금의 북경 근처로 옮겨간 낙랑군은 설치와 폐지를 거듭하면서 겨우 명맥만 유지하다가 역시 같은 시기에 소멸했다고 한다.

이처럼 '낙랑'이라는 이름은 낙랑군이 멸망한 뒤에도 널리 사용되었다. 북위의 문명태후 어머니와 북주(北周)의 사실상의 건국자인 우문태(宇文泰)의 어머니는 모두 낙랑 왕씨(王氏)였는데, 우문태 어머니의 조상이 전연에서 벼슬한 사실로 미루어보아 아마도 장통과 함께 요동으로 이주한 낙랑계 왕씨일 것이다. 중국사회에서 낙랑은 자신을 다른 지역 출신과 구별하는 본향(本鄕)으로 사용할 정도였으며, 나아가 넓게는 '조선(朝鮮)'을 의미하기도 했다. 이는 곧 대동강유역의 낙랑군이 멸망한 뒤에도 낙랑출신들은 한동안 대동강 유역과 연계되었음을 뜻한다.

한편, 낙랑군이 옮겨간 뒤에도 황해도 신천군 일대에서는 벽돌무

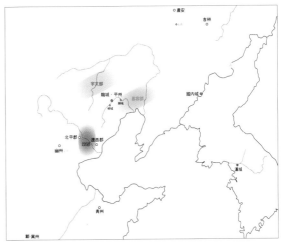

요서지역의 주요도시와 종족 (4세기)

덤[博築墳]이 4세기 중엽까지 꾸준히 조영되었다. 낙랑군의 일부 세력이 요서지역으로 건너갔다고 해도 여전히 많은 사람들이 옛 낙랑·대방지역에 남았기 때문이다. 『속일본기』에는 대방군 유민이 고구려와 백제 사이에서 갈피를 잡지 못하다가 일부가 일본열도로 향했다는 기록이 있는데, 4세기 전반 경에도 고구려가 아직 황해도 일대를 제대로 장악하지 못했음을 알려준다.

『삼국사기』에 따르면, 343년 가을에 고구려 고국원왕이 평양으로 거처를 옮겼다. 모용황이 이끄는 전연의 4만 대군에게 고구려 왕도 환도성이 함락된 다음 해의 일이다. 평양은 낙랑군 치소였으므로 각종 인프라가 잘 갖춰져 고국원왕이 임시수도로 삼기 좋았겠지만, 무엇보다 낙랑·대방지역에 대한 지배력을 높이고 낙랑·대방 유민들의 연계망을 활용해 전연과의 관계를 적절히 해결하려는 의도가 컸을 것이다. 그리하여 355년에 고국원왕이 전연으로부터 '정동대장군 영주자사 낙랑공(征東大將軍營州刺史樂浪公)'에 책봉되었으며, 왕의 어머니도 마침내 인질에서 풀려나 고구려로 돌아왔다.

고국원왕이 전연에게서 받은 '낙랑공' 벼슬은 요서지방 유성현(柳城縣) 인근에 있던 낙랑교군에 근거한 것이지만, 대동강 유역의 영유권이라는 현실적인 이유도 있었다. 고구려 입장에서는 백제와 옛 낙랑·대방 영유권을 두고 치열하게 다투는 마당에 낙랑교군을 운영하는 전연으로부터 받은 '낙랑공'이 주민 회유에 다소 도움이 되었을 것이다. 그리고 전연 입장에서는 고구려가 옛 낙랑 땅을 소유한 현실을 바탕으로 자기 나라가 경영하는 낙랑군 이름을 벼슬 이름에 이용함으로써 군신관계를 더욱 뚜렷하게 드러낸 것이다.

372년에는 백제 근초고왕도 동진(東晉)으로부터 '낙랑태수' 벼슬을 받았다. 북쪽으로 고구려를 공격해 371년 평양성에서 고국원왕을 전사시킨 직후이다. 옛 낙랑·대방지역의 주민 중에는 여전히 중국의 정통왕조 동진의 연호(年號)를 사용하는 사람이 적지 않았으므로 근초고왕이 동진에게서 받은 '낙랑태수'는 주민을 회유하는 데 효과적이었을 것이다. 실제로 백제는 고구려·신라에 비해 제도와 문화면에서 중국의 영향이 매우 컸던 것으로 알려지는데, 여기에는 낙랑계 유민의 역할이 컸다. 백제의 낙랑계 유민은 고(高)·양(楊)·왕(王)·장(張)·진(陳) 등의 성씨를 유지하면서 외교업무를 비롯한 중앙정치에 참여하였다.

그런데 백제의 요서·진평군과 전연의 낙랑교군은 지역이 겹친다. 『통전』은 진평군이 유성과 북평 사이에 있었다고 했는데, 낙랑교군이 처음 설치되고 이동한 경로와 거의 일치한다. 그렇다면 『송서』·『양서』와 『양직공도』는 같은 사실을 서로 다르게 표현한 것일 가능성이 높아진다. 요서지역을 공략한 시기에 대해서 각각 '그 후'(『송서』), '진나라 때'(『양서』), '진나라 말기'(『양직공도』) 등으로 다르게 적었고, 행정구역 이름도 진평군 진평현(『송서』), 요서·진평 2군과 백제군(『양서』), 요서 진평현(『양직공도』) 등 차이를 보인다. 이는 절대 근거를 확보한 자료가 없었으며 각 사서 편찬자의 주관적 판단이 어느 정도 개입하였음을 시사한다.

왜 이런 현상이 생긴 것일까? 낙랑교군 설치에서 비롯된 일이라고 생각한다. 때로는 조선(朝鮮)과 같은 뜻을 지니는 낙랑(樂浪)이 자진해서 모용부에 귀속된 뒤 요서지역에 기존 틀을 유지한 교군(僑郡)이 만들어진 사실이 일단 주목된다. 더욱이 4세기 초 대동강유역의 낙랑군과 대방군이 고구려 공격을 받고 멸망한 뒤 상당수의 유민은 백제에 흡수되었을 터인데, 이들과 대릉하 지역의 낙랑교군 사이에 작용하는 일종의 심리적·혈연적 연대감을 백제가 외교·무역 활동에 적극 이용할 경우 매우 모호한 상황이 되는 것이다.

즉, '낙랑태수'호를 고구려에 대한 억지력과 낙랑유민에 대한 친화력으로 활용한 백제측의 외교활동이 후대의 남조계통 사관들에게는 낙랑교군에 대한 영유권으로까지 인식되었고, 이를 통해 백제의 요서경략설이 등장하였을 개연성이 있다. 특히 낙랑계 백제 관료가 대중국 외교의 전면에 나선 상황은 남조 사관들에게 낙랑을 본향으로 삼은 몇몇 북조 인사들의 존재와 겹치면서 혼동을 일으켰을 것이다. '백제군'이라는 생소하고도 어색한 지명은 바로 그런 혼동 속에 근초고왕의 '태수'호가 연계되면서 나타난 것이라고 본다. 이러한 혼동이 의도한 것인지는 알 수 없으나, 만약 그렇다면 해상활동을 통해 낙랑교군과 활발히 교류하며 연계를 과시하는 백제의 과장된 제스처가 남조측에 크게 각인되었다고 볼 수 있다.

4
백제사 연구의 의미

근초고왕이 재위하던 4세기 후반 백제의 전체 인구는 약 70~80만명이었다. 당시 백제는 국가의 안위가 걸린 단기간의 전쟁에 군사 3~4만명을 동원하였다. 이는 고구려도 크게 다르지 않았다. 그런데 370년 전진의 공격을 받고 전연이 멸망할 때 인구는 990만 명이었다고 한다(『자치통감』). 기록이 부정확할 가능성을 감안하더라도 백제와 전연의 국가 규모 차이가 상당했음을 알 수 있다.

357년에 전연은 수도를 용성(龍城)에서 업(鄴)으로 옮겼다. 업성은 조조의 위(魏)나라를 비롯해 후조(後趙), 염위(冉魏), 전연, 동위(東魏), 북제(北齊) 등 6왕조의 도성이었는데, 6세기 초 동위의 효정제가 낙양의 40만여호를 이주시키면서 업남성을 더 짓기 전에는 업북성만 있었다. 당시 업북성은 동서 길이 2,400~2,620m, 남북 너비 1,700m의 장방형 평면이었으며, 성문은 남쪽의 중앙문을 비롯해 7개, 중앙문대로 폭은 17m였다고 한다. 4세기 후반 백제 왕성이던 서울 풍납동토성의 성벽 둘레 약 3,500m와 비교하면 상당한 국력 차이가 있다.

4세기 무렵에는 백제에서 중국으로 직접 바다를 건너는 항로가 아직 없었으며, 한반도-요동반도-산동반도 순으로 항해하는 연안항로를 이용했다는 것이 학계의 통설이다. 배 크기에 대해서는 자료가 분명하지 않지만 지금까지의 발굴 결과에 따르면 돛대는 1개만 사용했다. 8세기 무렵 견당사의 사신단이 타고 다니던 배의 길이는 약 30m였는데, 1척당 승선 인원은 대략 100명이었고 대개 2척이 짝을 이뤄 황해를 오갔다고 한다. 백제가 멸망한 뒤인 663년에 왜의 구원군 2만7천명이 선발대와 본대로 나뉘어 바다를 건너왔다. 이때 배 1천여척을 동원했다고 한다. 같은 해 가을에 백강구에서 왜군과 당군이 전투를 벌일 때 당 수군의 병선은 170척이었다. 『삼국사기』에 따르면 4번 싸워 당군이 모두 이겼으며 배 400척을 불태웠다고 한다.

이러한 지식은 모두 최근의 연구성과에 의한 것이다. 그런데 4세기 무렵 백제의 인구가 어느 정도였는지, 해상 교통로는 어떤 상태였는지, 요서지역은 어떤

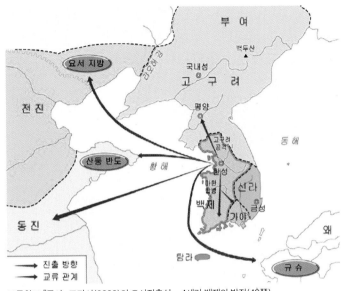
고등학교 『국사』 교과서(2002)의 요서진출설 – 4세기 백제의 발전(49쪽)

상황이었는지가 아직 밝혀지지도 않았는데, 1974년 「백제의 요서진출」이 국정 국사교과서에 수록되었다. 사실이냐 아니냐의 문제만이 아니라 그것이 지닌 역사교육적 가치에 대해서도 아직 충분히 논의하지 못한 상태였다.

백제 땅의 주민은 북쪽에서 내려온 예족(濊族)과 맥족(貊族), 한강유역에 먼저 터잡은 한족(韓族) 등 다양했다. 게다가 동해안 옥저·동예지역에서 살다가 백제로 귀순한 사람들, 대동강 유역 낙랑·대방에서 살다가 남쪽으로 피난 온 중국계 백제인, 백제의 선진 기술문화를 배우려 바다를 건너온 왜(倭)계 백제인도 적지 않았다. 그리하여 백제는 출신지역과 문화 배경이 다른 사람들이 모여 사는 다문화(多文化) 사회를 이루었다. 모래알처럼 흩어질 수 있는 사람들을 근초고왕처럼 위대한 이들이 하나로 묶어냈다. 중국출신 인재들을 등용해서 기술·문예를 발전시키고 외교에 활용하였다. 이웃나라 가야·신라와 사이좋게 지내 한족 주민들의 물리적, 정신적 고통을 없애고 바다 건너 왜로 향하는 길을 안전하게 만들었다. 왜왕에게는 칠지도(七支刀)를 만들어 보내고 학자·기술자를 파견해 선진문물을 전해주며 우호를 다졌다. 이후 왜국은 상대

를 가리지 않고 백제의 요청에 따라 군사를 파견하는 맹방이 되었다. 그리하여 4세기 후반 백제는 동진-가야-신라-왜국의 남방국가연합을 구성해 고구려-전연의 북방국가연합에 대응하였다. 서해 바다를 적극적으로 활용하며 조상이 다르고, 말이 다르고, 사연과 문화가 서로 다른 사람들을 하나의 깃발 아래 모이게 한 것이다. 그들은 「통합의 리더」였다. 냉엄한 국제사회에서 남북으로 갈린 우리에게 시사하는 바가 큰 백제 역사를 제대로 배우려면 먼저 유산에 담긴 속뜻부터 알아야 한다.

〈참고문헌〉

강종원, 『4세기 백제사연구』, 서경문화사, 2002.

강종훈, 「4세기 백제의 遼西지역 진출과 그 배경」, 『한국고대사연구』30, 2003.

권덕영, 『신라의 바다 황해』, 일조각, 2012.

김기섭, 『백제와 근초고왕』, 학연문화사, 2000.

박인호, 『조선시기 역사가와 역사지리인식』, 이회문화사, 2003.

宋知娟, 「帶方郡의 盛衰에 대한 연구」, 『사학연구』74, 2004.

申采浩, 『조선상고사』, 비봉출판사, 2006.

余昊奎, 「백제의 요서진출설 재검토」, 『진단학보』91, 2001.

窪添慶文, 「樂浪郡と帶方郡の推移」, 『日本古代史講座3-倭國の形成と古文獻-』, 學生社, 1981.

兪元載, 「百濟略有遼西」기사의 분석」, 『백제연구』20, 1989.

尹龍九, 「현존『梁職貢圖』百濟國記 三例」, 『백제문화』46, 2012.

李弘稙, 『한국고대사의 연구』, 신구문화사, 1971.

井上秀雄, 『古代朝鮮』, 日本放送出版協會, 1972.

鄭寅普, 『朝鮮史硏究』下, 서울신문사, 1947.

정재윤, 「中國史書에 보이는 百濟의 遼西進出에 대한 고찰」, 『한성백제 사료 연구』, 기전문화재연구원, 2005.

千寬宇, 「灤河 下流의 朝鮮」, 『史叢』21·22합집, 1977.

한성백제박물관 편, 『백제와 요서지역』, 2015.

_____, 『백제의 성장과 중국』, 2015.

황 해

우리 시대의 한국 고대사

고분벽화를 통해 본
고구려 사람의 일상

박아림(숙명여대 회화과·미술사학과 교수)

1

죽음의 예술에서
고구려인의 일상을 되살리다

고분 안에 그려진 벽화는 주제면에서 고분에 묻힌 이의 죽음을 추모하고 그의 삶과 죽음을 관조하는 목적에서 제작되어 당시의 삶과 죽음에 대한 성찰을 담고 있다. 벽화란 건축물의 벽과 천장을 장식하는 그림으로 쉽게 휴대가 가능한 종이나 비단에 그려진 그림에 비해 제작이 이루어진 한 장소에 영구적으로 머물러 있는 그림이다. 세월의 흐름에 따라 벽화가 그려진 장소가 노출이 되면 색이 바래지거나 벽면에서 떨어지기 때문에 덧없이 쉽게 사라질 수 있는 그림이기도 하다.

백회가 마르기 전에 그리는 프레스코 기법과 마른 후에 그리는 세코 기법이 있는데 고구려 벽화의 기법은 조사방법에 따라 차이는 있으나 두 가지 기법이 다 사용된 것으로 여겨진다. 벽화는 주로 건축과 고분과 관련되어 발전해왔고, 회화의 가장 오래된 형태로서 구석기시대 후기의 동굴벽화에서 시작해 거의 모든 시대와 지역에 걸쳐 널리 분포되어있다. 고분벽화는 단순한 장식문양에서부터 인간의 생활풍속, 그리고 상상과 신화까지 다양한 주제를 다룬다. 한국에서는 고대로부터 조선 초기까지 고분 안을 벽화로 장식하는 사례가 발견되며 특히 화려한 벽화고분이 축조된 것은 4세기부터 7세기까지의 고구려시대이다.

죽은 사람을 위해 그림으로서 고분 안을 장식하는 것은 고대 이집트 고분이나 이탈리아의 에트루리아 고분, 그리고 중국 전국시대의 호남성 장사지역 고분에서부터 기원을 찾아볼 수 있다. 죽은 이를 기억하기 위한 기념비성 건축을 세우고 그 내부를 장식하기 위하여 고대 이집트에서는 피라미드를 세우고 벽화를 그렸으며, 고대 에트루리아 고분은 묘주의 초상을 조각으로 만들어 관의 덮개에 올리고 신화와 일상 장면을 관의 옆면에 조각하였다. 또한 무덤 주인공의 일상의 연회 장면을 그리거나 실내의 각종 가구나 그릇들을 벽면에 부조로 새겨 넣었다. 이들 자료들을 통하여 당시 사람들의 삶을 이해하고 그들의 사회상과 문화상을 복원해낼 수 있다. 고분 안에 남은 죽음의 예술은 죽은 이를 추모하는 방법이면서 당시의 사회 생활상을 타임캡슐과 같은 밀폐된 공간에 보존해서 후대에 전해준다는 점에서 중요하다.

동아시아 고분에서 벽화를 그리는 것은 중국 전한의 하남 영성 망탕산 벽화묘가 가장 이른 시기의 것으로 여겨지는데 이러한 벽화의 기원을 고분의 관을 덮거나 관의 측면에 거는 비단그림(백화)에서 찾기도 한다. 중국 서주시기 고분에는 벽면에 붉은 색의 직물을 둘러 고분 안을 보호, 장식하기도 하였다. 전국시대부터는 여러 개의 방으로 이루어진 복잡한 구조의 고분을 축조하고 그 안을 생전의 묘주가 쓰던 여러 가지 생활용구에서부터 청동기, 옥기, 악기, 금루옥의 등으로 채워 넣었다. 여러 겹의 관에는 고분을 지키는 벽사의 수호신과 신령한 동물들을 그렸다. 호북성 수현의 증후을묘가 그 예이다. 전국시대 호남 장사 진가대산의 고분은 비단에 묘주의 모습을 그려 관을 덮었다. 이러한 전통은 전한대에도 이어져 같은 지역의 장사 마왕퇴 제1호묘와 제3호묘에는 비단에 그림을 그린 백화를 관의 윗면에 덮거나 관의 벽면에 걸어 묘주의 초상, 제의, 행렬, 천상 세계 등의 주제로 묘실 안을 꾸몄다. 또한 전한대부터는 고분의 벽면을 벽화와 화상석으로 장식하였다. 특히 고구려인의 일상을 보여주는 고구려 초기와 중기의 벽화와 같은 일상생활을 묘사하는 주제가 나타나는 것은 후한부터이다.

2
벽화고분에 담긴
고구려인의 삶과 죽음

고구려 벽화고분은 현재 고구려의 수도였던 중국 요녕 환인, 길림 집안, 북한 평양과 안악 주변에 100기가 넘는 수가 전해지고 있고 앞으로 새롭게 발견될 벽화고분들도 있을 것으로 보인다. 고구려의 건국 초기부터 약 3-4세기까지는 고분의 구조적 특징상 벽화로 무덤 내부를 장식하는 사례가 많지 않아 벽화를 통해서 이 시기의 고구려인의 모습을 살피기는 어렵다. 대체로 4세기부터 6세기까지의 고구려 벽화고분이 고구려인의 생활풍속을 많이 담고 있다. 한편 고구려 벽화의 발달에서 후기에 해당되는 6세기 후반부터 고구려의 멸망까지의 시기도 고구려 고분벽화의 주제가 일상을 다룬 생활풍속이 아닌 동서남북 방위신으로서 청룡, 백호, 주작, 현무의 사신을 택하고 현실상을 다룬 주제가 소멸하기 때문에 후기의 일상생활 모습 역시 찾아보기 어렵다.

벽화고분은 기본적으로 죽은 이가 묻히는 공간이자 그의 생애와 죽음을 기념하는 공간인 동시에 잊히는 장소이기도 하다. 벽화고분이란 삶과 죽음이 만나는 곳이기 때문에 한 시대의 생활문화와 장의문화가 공존하는 곳이기도 하다. 고분벽화는 우리에게 당대의 음식문화, 주거문화, 복식문화에 대한 정보를 제공한다. 당시의 생활문화가 고분 축조에 반영되어 벽면에 그려진 건축 양식, 건축의 내부 장식, 인물들이 입고 있는 복식이나 그들이 사용하는 가구, 기물 등을 통하여 전해진다.

한편 당시의 장의문화는 한 사람의 죽음과 그를 묻는 장소인 고분을 둘러싸고 벌어지는 제의와 그에 따른 사후관, 내세관의 상징성을 통하여 표현된다. 고구려 벽화는 단순한 고구려 생활 문화의 도해나 사진식 기록의 재현이 아니다. 고구려 벽화고분의 모든 장식과 건축이 고구려인들이 가졌던 장의문화를 2차원적으로 그려내어 3차원적인 건축에 구현함으로써 입체적인 장의 공간을 형성한다. 이에 고구려 벽화는 단순한 그림 자료가 아니라 고구려의 장의문화에 담긴 그들의 문화를 읽는 도구가 된다.

어떠한 식으로 한 사람의 일생을 추모하는가는 고분의 공간 안에 설계되어 담겨진 내용에 따라서 달라진다. 고분미술은 당대의 생활상을 재현하면서 시기와 지역에 따라 다양한 변화상을 보인다. 고구려 고분벽화는 미술사, 고고학, 문화사 등 다양한 분야에서 접근되어 주제별, 시기별, 그리고 양식적 변천에 대하여 연구되어 왔다. 고구려 벽화에 담긴 다양한 문화 요소들은 동아시아의 고분미술의 전통을 따르면서도 고구려 고유의 전통에 당시의 불교문화, 중앙아시아문화, 북방문화가 혼합되어 형성된 것이다.

고구려 벽화고분을 미술사에서 다룰 때에는 통상 미술사의 연구분야가 건축, 회화, 조각, 공예로 나뉘어져 살펴본다는 점에서 건축적, 회화적 특징을 주로 고찰한다. 문화사나 생활사의 입장에서는 당대의 일상생활을 담은 시각 자료로서 의식주문화로 나누어 무엇을 먹는가, 무엇을 입는가, 어디에 사는가를 중심으로 살피기도 한다. 생활사의 시각자료로서의 벽화를 고고학적 발굴 자료와 비교 고찰하여 고구려인의 생활상을 복원하는 방법도 있다. 또한 외국의 각종 고분 미술의 사례와 비교하면서 고분미술이라는 장르 안에서의 공통적인 주제와 표현을 찾아볼 수도 있다.

고분과 벽화라는 프레임에 담긴, 고분미술이라는 렌즈를 통해서 걸러진 고구려인의 일상은 어떤 것일까. 고분미술의 특성상 죽은 이를 기리는 장식주제가 일반 회화에 비하여 상당히 한정되어 표현되기 때문에 우리가 고구려인의 평소의 모습을 살피는데 있어서 고분벽화라는 장르는 어느 정도 제한된 범위 내에서 그 당시 생활상, 문화상을 살피게 된다는 점이 있다.

벽화고분이 드물게 남아있는 백제나 신라에 비하면 고구려의 고분벽화는 그 수량이 상당하지만 고대 이집트, 그리스, 로마, 중국 한나라 등 전 세계 남아있는 고분미술에 공통적으로 표현되는 주제란 의외로 한정되어있다. 또한 회화란 실제와 환영, 사실과 상상을 모두 반영하므로 고분에 그려진 회화로 일상을 복원하는 데에는 조심스러운 면이 있다.

3
죽은 이를 추모하는 방법
– 그의 일상과 일생의 기록

고구려의 수도였던 환인, 집안, 평양에 약 120기가 남은 고구려의 벽화고분은 한국회화의 시원으로 당대를 살았던 사람들의 일상을 보여주는 시각자료이다. 고구려인들의 일상은 정지된 화면으로 각 벽면에 표현된 다양한 주제의 그림을 통하여 우리에게 전해지고 있다.

영어로 한 사람의 경력을 담은 이력서를 커리큘럼 비테(curriculum vitae)라고 한다. 이를 한글로 인생경로라고 한다면 고분 안의 벽화는 고분에 묻힌 인물의 인생 경로를 담고 있다고 할 수 있다. 이러한 인생경로는 개개인이 모두 다르기 때문에 고구려 벽화고분 100기 가운데 100퍼센트 똑같은 그림으로 장식한 고분은 드물다. 한 사람의 일생이 담긴 기록화로 고구려 벽화의 성격을 본다면 인생 경로의 시각적 표현이 고구려 벽화고분일 것이다. 이 때문에 각각의 벽화고분은 모두 다른 벽화 주제 구성을 갖고 있다. 개별성과 일반성은 묘주 개개인의 다른 인생 경로라는 특성과 동시대를 살아간 고구려인의 일반적인 생활상이라는 특성을 모두 담고 있다.

고구려인의 일상을 묘주의 일상과 인생 경로, 경력의 시각적 서술인 벽화를 통해서 본다면 어떤 모습일까. 약 120기가 넘는 벽화고분 가운데에서 20-30여기만 어느 정도 전체적인 벽화 구성과 주제가 파악될 정도로 남아있고 나머지는 박락이 된 부분이 많아 고구려인의 일상을 살펴보기에 한계가 있다. 따라서 우리가 시각자료로 많이 이용하는 고구려 벽화고분의 수는 상당히 한정되어있다.

20-30여기의 벽화고분에 담긴 고구려인의 일상은 그들이 남긴 고분의 주인공에 대한 여러 가지 생활 묘사에서 찾아볼 수 있다. 각각의 벽화고분에 그

려진 것들로 고분 주인공의 일상을 복원해 낸다면 어떤 모습일까. 묘주가 누구였는가는 안악3호분(357년)이나 덕흥리벽화분(408년)과 같은 묵서명이 있는 특수한 예를 제외하고는 알기 어렵다.

4
고구려 벽화에 담긴 건축적 공간

　고분이란 내부에 세워지고 그려진 모든 건축과 회화의 주제가 한 사람, 곧 죽은 이를 위해 계획되고 준비되고 만들어지고 그려진 곳이다. 묘주를 위해 죽은 이를 위해 고구려인들은 무엇을 하였는가.

　벽화고분이란 3차원의 구조물 안에 2차원의 회화를 채워 넣는 형식이다. 고분벽화나 화상석은 고분이라는 방형의 공간 안에 남겨진 회화로서 해당 공간의 동서남북 방위와 벽면과 천장의 상하 구별, 또는 벽면 안에서의 상하 구별, 그리고 좌우의 방향 구별에 따라서 일정한 구성 방식이 적용된다. 묘주도의 경우 정형화된 정면초상인가 또는 일상생활에서의 행렬인가 등등에 따라 그 표현방식, 위치, 기능, 크기, 비중이 변화한다.

　고구려인들의 일상에서 거주했던 장소, 또는 자주 방문했던 장소가 2차원적 벽화와 3차원적 건축부재로 고분 안에 남아있다. 고분의 주인공이 방문한 장소의 의식적 기록화로 벽화나 화상석이 꾸며진 사례는 중국의 하북 안평 녹가장벽화묘, 내몽고 화림격이 신점자벽화묘, 섬서 서안 안가묘 등이 있다.

　고구려 고분의 발달에서 벽화 장식은 돌로 쌓은 적석총이나 벽돌로 지은 전축분에서도 볼 수 있지만 대다수는 봉토석실분(흙무지돌방무덤)에서 발견된다. 삼실총과 같이 세 개의 방이 이어진 고분도 있고 안악3호분과 같이 동서 측실, 회랑, 후실 등 다양한 방으로 구성된 고분도 있다[그림 1]. 대개의 경우는 방 하나로 이루어진 단실이거나 방 두 개가 앞뒤로 연결된 이실 고분이다. 방이 여러 개 있을수록 장식할 벽면이 많아져 다양한 장면을 담게 되는데 안악3호분이 그 예이다. 고구려 벽화고분 가운데 가장 다채로운 일상생활 장면을 담고 있는 고분이다. 삼실총은 방은 여러 개이나 첫 번째 방만 현실의 생활풍속을 그리고 있고 두 번째와 세 번째 방은 묘주의 죽음의 공간을 지키는 문지기와 역사로 채워져 있어 공간에 비해 담겨진 생활풍속 장면은 많지 않다.

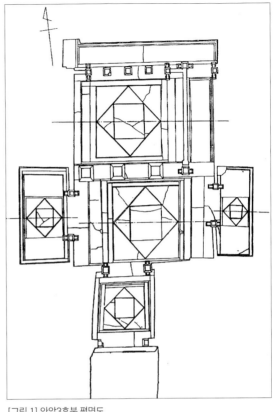

[그림 1] 안악3호분 평면도

　동아시아에서 벽화가 고분에 그려진 초기에는 일정 부분만 장식문양을 넣거나 천상세계를 상징하는 천장 일부에만 벽화를 그렸다. 중국의 후한대에 오게 되면 횡혈식 전축분에 백회를 바르고 묘실 전체에 벽화를 그려 넣게 된다. 주제도 천상세계에서 일상생활로 확대되면서 일상의 다양한 장면을 그려 당시의 생활상을 전하고 있다.

　고구려 벽화고분은 대개 하나 또는 두 개의 방이 있는 고분 공간을 목조가옥을 재현하는 것으로 여겨 벽면 위와 모서리에 들보와 기둥을 적색으로 그려 넣었다. 고분 전체를 일상의 공간으로 변화시키는 장식법인데 묘주도에서 묘주가 일상을 보낸 가옥을 기와지붕과 양쪽에 선 기둥으로 재현해서 고분 안에서 이중으로 목조가옥을 구현한다. 고분 안에 2차원의 그림이 아닌 3차원의 실제 기둥을 고분의 가운데에 양쪽으로 세워 석굴암의 쌍팔각기둥과 같은 불교석굴사원의 장엄을 연상시키는 쌍영총의 예도 있다.

고구려인들이 세운 목조건축이 2차원적 벽화만이 아닌 3차원으로 튀어나온 부조처럼 장식된 2차원과 3차원의 결합 방식으로 만들어진 고구려 벽화고분으로는 천왕지신총과 대안리1호분이 있다.

[그림 2] 약수리벽화분 전실 북벽 성곽도

고분벽화에 담긴 고구려인의 일상의 공간은 주로 묘주가 거주하던 공적, 사적 공간으로 구성되는데 몇 기의 고분에서는 범위를 넓혀 성곽이 표현된 예가 있다. 요동성총, 약수리벽화분, 삼실총이 그 예이다. 고구려인들이 살던 성이나 가옥은 당시의 건축 표현법인 지그재그식 또는 부감도식으로 그려졌다. 요동성총은 전실의 한 벽면에 그려져 있는데 내성과 외성으로 이루어진 평지성이다. 각 모서리에는 각루가 세워져 있고 외성의 동문과 서문에는 2층의 문루, 내성에는 기와를 얹은 2층 건물과 3층 목탑이 있다. 약수리벽화분은 묘주의 대형 행렬도가 끝나는 벽면에 방형의 성곽이 그려져 있다[그림 2]. 삼실총은 성 앞에서 전투를 벌이는 무사들이 있는 공성도의 형식이다. 지그재그식으로 그린 성의 내부의 모습까지 볼 수 있는데 돈황석굴 벽화에서 흔히 사용되는 묘사법이다.

묘주가 관직을 지낸 여러 지역의 건축을 부감도식으로 고분벽면에 표현한 예로는 중국 내몽고 화림격이 신점자벽화분이 있다. 안악3호분과 유사한 정면묘주초상으로 유명한 하북 안평 녹가장벽화묘에도 부감도식으로 높은 궐이 세워진 도시를 그린 장면이 있다.

묘주의 공적인 공간을 담은 예로는 덕흥리벽화분, 안악3호분, 약수리벽화분 등이 있다. 안악3호분 묘주가 앉은 서측실 바깥쪽에는 그의 부하인 장하독이 대기하고 있으며 묘주가 바라보는 동쪽 벽면과 회랑에는 그가 거느리는 시종들과 악사, 대형 행렬이 그려져 있다.

덕흥리벽화분의 전실의 묘주초상은 안악3호분, 감신총과 같은 엄격한 정면초상의 형식이다. 묘주의 앞에 공손하게 배례하고 서있는 13군 태수의 모습을 그려 묘주가 공적인 업무를 보는 공간을 형상화하고 있다. 덕흥리벽화분, 약수리벽화분, 감신총은 묘주의 초상이 전실과 후실에 이중으로 출현하는데 전실은 단독으로 표현되어 아마도 공적인 공간의 재현으로, 후실의 묘주는 부인과 같이 하는 또는 같이 하고자 한 사적인 공간으로 보인다.

고구려 벽화에는 고구려인의 일하는 장면은 많지 않아 생산활동의 묘사가 드물다. 보산리벽화분의 우경도가 드문 예인데 고구려에서는 주식으로 조와 콩. 밀 보리 수수 기장 등 곡물류를 먹었으며, 콩, 보리, 조, 기장이 집안지역 유적에서 탄화되어 발견되었다. 그 외에 여인이 길쌈을 하거나 부엌일 등 집안일을 하는 모습이 묘사되었다. 일하는 고구려 여인은 대안리1호분의 길쌈을 하는 여인과 부엌일을 하는 무용총, 각저총, 안악3호분 등에 있다. 후한에서 위진대 화상석과 벽화에도 우경도, 채상도가 묘사되었다.

고구려인이 일상에서 살았던 주거건축의 모습 중에서 가옥 전체를 부감도식으로 그린 예는 안악1호분 주실 북벽이다. 원래 가옥 안에 앉은 묘주의 초상이 그려져야 할 자리에 삼실총의 성곽처럼 위에서 내려다본 부감도식으로 지그재그형태로 가옥을 그렸다. 이층의 건물이 화면 중앙에 있고 치미를 장식한 기와지붕을 얹은 문을 여러 개 그렸다. 역삼각형 형태로 가옥의 윗부분을 묘사한 것은 감신총과 쌍영총 인물초상의 병풍 묘사에서 역삼각형으로 역원근법을 적용한 예와 유사하다. 안악1호분의 담장과 문을 강조해 그린 가옥 내부에는 몇 명의 인물의 얼굴과 상반신이 드러날 뿐 묘주의 모습이나 안채, 사랑채와 같은 건물의 묘사는 생략되었다. 묘주의 묘사 없이 가옥만으로 묘주가 거하는 공간의 상징성을 표현한 예로는 쌍영총 후실 서벽의 예가 있다. 인물의 표현이 희미하게 바랜 것일 수도 있으나 벽면 중앙에 휘장이 말아 올려진 사각형의 가옥만 그려 넣어 묘주의 공간을 인물 없이 상징적으로 표현하고 있다.

집안의 부속건물과 같은 단독의 건물들을 고분 안에 여러 채 그린 예는 안악3호분, 덕흥리벽화분, 각저총, 무용총, 마선구1호분 등이 있다. 마구간, 외양간, 차고, 부엌, 고깃간, 곡식창고, 방앗간, 우물 등이 있다.

무용총과 각저총은 모두 주실 동벽에 부엌이 있다. 각저총은 부엌 안에서 도마에 음식을 썰고 있는 여시종이 보이고, 무용총은 부엌에서 음식을 쟁반에 들고 나와 손님을 접대하는 북벽을 향한 여자 시종들이 묘사되었다. 안악3호분은 묘주 부부가 앉은 서측실 맞은편 동측실에 부엌이 있다. 안악3호분 부엌에는 부뚜막 위 녹색의 시루에서 국자를 들고 요리를 하는 시녀, 부뚜막 앞에서 불을 보고 있는 시녀, 상위에 여러 겹으로 그릇을 쌓고 있는 시녀, 그리고 부엌 앞에서 어슬렁거리는 두 마리 검은 개가 보인다. 부엌 앞에 고깃간에는 돼지 등 여러 종류의 동물이 통째로 큰 갈고리에 걸려 있다. 고구려인들은 육식으로 소, 돼지, 닭, 개, 멧돼지, 노루, 꿩 등을 먹었다.

고구려 벽화에서 대개 건물들은 집안이 들여다보이도록 벽면을 생략하고 기와나 초가지붕을 네 개의 간단한 기둥 위에 얹은 형태로 표현된다. 이는 묘주가 앉은 안채나 요리를 하는 부엌이나 모두 비슷하다. 마당의 연못을 그린 예도 있는데 덕흥리벽화분 주실 동벽의 연못에는 커다란 연꽃이 피어나고 있고 진파리4호분 연도에는 바위로 둘러싸인 연못 안에 여러 연꽃과 함께 십자형의 금색 장식문양을 같이 그려 넣어 아름답게 표현하였다. 『삼국지』「위지 동이전」에서 집집마다 작은 창고를 가진 것을 부경이라 하였는데 이러한 고상창고 건물을 덕흥리벽화분과 마선구1호분에서 볼 수 있다.

5
고구려인의 일상의 공간

　건축적 공간에서 세부적으로 들어가 고구려인들이 실내에서 부인과 생활하거나 손님을 접대하던 일상공간의 풍경을 살펴본다. 고구려인의 일상 공간은 초기와 중기의 대부분의 벽화고분에서 목조가옥의 내부를 2차원의 벽화로 구현한 묘주도에서 볼 수 있다. 고구려인이 일상생활을 한 가옥의 실내 구조나 가구, 복식에 대한 정보를 풍부하게 제공하는 것이 고분 주인공의 초상이다. 묘주도의 묘사는 가장 이른 것으로는 안악3호분이 있다. 묘주도는 시간이 흐름에 따라 변천하여 약수리벽화분과 매산리사신총과 같이 점차 크기가 축소되면서 사라진다. 고구려 묘주도는 중심인물의 묘사에 주관화사의 능력이 최대한 발휘되어 묘주의 복식과 그를 둘러싼 가구나 기물이 자세하게 묘사되어 생전 묘주의 생활상을 그대로 재현하려고 한 노력을 볼 수 있다.

　백라관을 쓰고 삼족빙궤와 주미를 사용하고 있는 안악3호분의 고분 주인공의 묘사는 비슷한 예가 중국의 동한의 하북 안평 녹가장벽화분, 위진의 요녕 요양 상왕가촌 벽화분과 요녕 조양 원대자벽화분에 전하고 있어 하나의 모본을 따른 정형화된 인물초상 형식이다.

　삼실총의 성곽도와 안악1호분의 가옥도가 부감도식으로 고구려인의 성과 가옥을 전체를 조망하며 그렸다면, 무용총, 각저총, 쌍영총, 덕흥리벽화분은 가옥 내부를 줌인하여 무대장면처럼 일상의 생활공간을 형상화하였다. 모두 휘장이 쳐진 장방 안에 묘주가 앉은 모습으로 그려져 일상에서 귀족들의 생활공간을 상상할 수 있다. 고구려 벽화에 보이는 평상과 장방과 유사한 예가 한대 고분벽화의 묘주도나 중국 동진 고개지의 〈여사잠도〉에 그려져 있다.

　일상의 공간을 장식한 휘장의 문양으로는 안악3호분 여자묘주도의 것이 가장 섬세하다. 옥도리벽화분, 감신총, 안악2호분, 쌍영총에 보이는 왕자유운

[그림 3] 각저총 주실 북벽 묘주도(池內宏 외, 『통구』, 권하, 도판38, 1940)

[그림 4] 무용총 주실 북벽 묘주도(池內宏 외, 『통구』, 권하, 도판3, 1940)

문은 고구려에서 자주 사용된 장식문양으로 중국 신강지역 출토 문자금에도 유사한 예가 있다. 고구려의 장식문양도 고분은 고구려에서 사용한 휘장 장식을 2차원의 그림으로 표현한 것으로 생각된다.

고구려 묘주도에 그려진 유장의 실제 형태는 중국 하남 낙양 정시팔년명 묘의 유장가와 하북 만성 유승묘의 유장가를 통해 추정할 수 있다. 고구려 태왕릉에서 금동제 만장 걸이장식(길이 2.68m)이 안족, 마구, 청동 화덕과 함께 출토되었다.

각저총과 무용총의 묘주도에 대해서는 안악3호분과 덕흥리벽화분의 묘주도에 비교하여 초상화적인 성격이 줄어들고 대신 일상에서의 모습이 강조된 것으로 해석된다. [그림 3, 4] 무용총과 각저총은 크게 말아 젖힌 휘장 아래에 묘주가 여러 명의 부인 또는 손님들과 주변의 가구들과 함께 표현되었다. 쌍영총의 경우 이중의 건축물 안에 묘주 부부를 그려 넣고 주변에 고분미술에서 자주 출현하는 열린 문과 시종의 표현을 곁들였다. 수산리벽화분은 화면 중앙이 지워져 묘주는 알아볼 수 없으나 묘주가 사용하는 주미가 그려져 있으며 집의 좌우에 두 단으로 공간을 나눠 남녀시종들을 세워놓았다.

각저총의 묘주는 삼실총의 공성도와 갑옷을 입은 무사형 문지기의 표현이나 통구12호분의 적장참수도와 같은 직접적인 전투의 표현이 없는 대신 묘주의 우측 뒤에 활과 화살을 탁자 위에 올려놓고 있고 왼쪽 다리 옆으로 긴 칼을 차고 있다. 긴 칼을 들고 다리가 긴 의자에 다리를 벌리고 앉은 교각자세는 중국 불교석굴 벽화의 미륵보살이나 이란 사산조 왕의 부조에서 찾아볼 수 있어 독특한 자세이다.

무용총 묘주도는 각저총과 같이 거대한 장막이 위로 젖혀진 실내 공간에 그려졌다. 무용총 묘주는 안악3호분의 백라관이나 덕흥리벽화분의 청라관과 다른 절풍을 쓰고 있어 앞의 두 고분보다는 등급이 낮다. 연회도나 접객도는 에트루리아와 로마, 페르시아의 벽화와 부조 및 은기, 중국 한대 벽화와 화상석에서 자주 표현된다. 서양의 고분에서는 대개 묘주가 옆으로 비스듬히 누운 채 한 손에 잔을 들고 연회를 즐기는 장면으로 종종 묘사된다.

무용총 묘주가 가장 중요한 주실 북벽에 그린 접객도에 등장하는 손님이 얼굴이 검은 긴 두루마기와 치마를 입은 인물들이라는 점이 주목된다. 외국계 승려와 마주 앉은 무용총의 묘주도는 묘주 일생의 한 장면을 묘사한 것일 수 있으므로 기록화적 성격도 가지고 있으면서 당시 일상에서 종교인을 집으로 초대해 강연을 듣는 장면을 보여주고 있어 고구려인들의 종교생활을 엿볼 수 있다. 장천1호분의 묘주 부부가 평소에 불교사원을 자주 방문하던 일상을 전실 북벽 천장에 표현한 데 비하면 무용총의 묘주는 자신의 사적인 공간인 집에 승려들을 초대하여 설법을 듣던 일상을 표현한 인물이라는 점에 주목된다.

무용총의 묘주는 호상이라고 불리는 다리가 높은 의자에 비스듬히 걸터앉았다. 중국 신강성 니야에서 유사한 형태의 의자가 발견되었으며, 몽골 노인울라의 흉노묘 출토 직물에 그려진 인물상에서도 이른 시기의 호상의 표현사례를 볼 수 있다. 이러한 호상이 중앙아시아를 통해 전래된 가구임을 고려할 때 무용총 묘주는 적극적으로 외래 문물을 받아들이고 자신의 일상에 사용한 인물임을 알 수 있다.

평양 안악지역에서는 다리가 짧은 평상이 많이 사용되었고 의자생활은 무용총과 각저총에서 볼 수 있다. 각저총의 묘주도 다리가 높은 의자에 정면으로 앉아 있다. 정형화된 묘주초상은 대개 낮은 평상에 앉는 것이 보통이다. 덕흥리벽화분은 전실과 후실 후벽 두 곳에 모두 묘주의 좌상이 있는데 두 곳 다 평상에 앉아있다.

각저총과 무용총의 묘주도는 다양한 크기의 탁자들을 음식을 놓거나 중요한 기물들을 올려놓는데 사용한 것을 알 수 있다. 무용총의 접객도에는 여러 개의 작은 탁자 위에 칠기로 추정되는 검은 그릇들 안에 음식이 가득 담겼다. 묘주와 손님이 각각 다른 음식상을 받고 있고 동벽의 부엌에서 여자시종들이 북벽의 접객도를 향해 계속 음식을 나르고 있다.

고구려에서는 유리그릇도 사용된 것으로 추정되는데 안악3호분 부엌도가 그 예이다. 안악3호분의 후실 벽면에는 다리를 꼰 소그드의 호선무 또는 인도계 춤을 추는 인물이 악대와 함께 그려져 있다.

무용총의 손님들은 외국에서 온 승려들로 흔히 파악하는데 묘주의 초상에 외국계 승려들을 넣었다는 것은 동아시아 고분미술에서도 상당히 드문 사례로서 고구려인이 일상에서 외국인과의 접촉이 드물지 않았음을 알려준다. 외국인의 고구려 유입은 안악3호분, 덕흥리벽화분 등 외래 망명객의 존재들을 통해서도 알 수 있다. 또한 벽화에 그려진 여러 외국계 인물들도 고구려에 들어와 활동한 외국인들의 존재를 알려준다. 오늘날 번화한 서울 거리에서 외국인들을 접하는 것이 낯설지 않은 것처럼 고구려인의 일상에서도 당시 중국이나 초원로를 통해서 들어온 외국인들이 적지 않았을 것으로 생각된다.

고구려 벽화에 그려진 고구려 여인의 일상은 먼저 남편과 함께 묘사된 묘주도에서 찾아볼 수 있다. 고구려 벽화에서는 부부가 함께 여러 가지 활동을 하는 장면이 묘사되어있다. 각저총, 옥도리벽화분, 매산리사신총 등에는 한 명 이상의 부인이 같이 그려졌다. 고구려 묘주도에서 여인은 대개 남편과 나란히 앉거나 남편을 바라보는 자세로 묘사되었다. 안악3호분에서는 남편과 다른 벽면에 단독의 장방 아래에 앉아 묘사되었다. 부인 앞에는 박산향로를 들고 바치는 여자시종이 있다. 유사한 장면은 삼실총으로 제1실에 네 채의 건물이 각각 따로 그려지고 각각의 건물 안에 인물이 한명씩 앉아있다.

부인을 같이 그리지 않은 경우는 무용총과 덕흥리벽화분이 있다. 무용총은 처음부터 부인을 포함하지 않은 벽화 구성인 반면 덕흥리벽화분은 하나의 장방 아래 부인의 자리도 만들고 부인이 탈 수레도 준비하였으나 부인의 초상은 빈 공간으로 남았다.

여인의 나들이 장면은 수산리벽화분, 쌍영총, 삼실총, 장천1호분이 대표적이다. 쌍영총은 후실 동벽과 연도 동벽에 인물행렬이 있다. 후실 동벽에는 여묘주가 승려를 앞세우고 행렬하고 있다. 맨 앞에 여자시종이 머리에 향로를 이고 앞장서고 있다.

장천1호분은 산개를 쓴 여인이 남편과 함께 불상이 모셔진 절을 방문하고서 오체투지로 불상에게 경배를 하고 있다. 또한 전실 남벽에는 남편과 같이 팔각정 안에 앉아 무용 관람을 하고 있다.

고구려인의 옷차림은 남자는 저고리와 바지, 여자는 저고리, 바지, 치마로 구성되었으며 귀족은 화려한 무늬가 장식된 비단옷을 입었다. 고구려의 자지힐문금, 오색금, 운포금 등의 비단이 잘 알려져 있다. 마선구1호분에는 직기(織機) 기구가 묘사되었으며 대안리1호분은 직기 앞에 천을 짜는 여인상이 있다. 저고리 여밈 방식은 좌임, 우임의 두 가지가 있다. 저고리는 엉덩이를 덮을 정도로 긴 경우도 있으며 소매 끝과 깃, 도련에 선을 달았다. 장신구류는 출토유물로 띠고리, 띠꾸미개, 귀걸이, 팔찌와 반지 등이 있다.

안악3호분 여묘주와 수산리벽화분의 여묘주의 복식이 고구려 여인의 아름다운 복식을 잘 보여주는 예이다. 안악3호분 여자묘주와 시녀는 화려한 머리장식을 하고 있다. 색동 주름치마를 입은 여인이 덕흥리벽화분과 수산리벽화분의 행렬도에 나타나 일본 고송총 고분의 여인상과 비교된다. 삼실총 제1실 남벽의 행렬도의 애교머리를 한 여인도 잘 알려져 있다. 수산리벽화분, 쌍영총, 장천1호분, 동암리벽화분, 옥도리벽화분, 천왕지신총의 여인들은 입술연지와 불연지를 하고 얼굴에 희거나 붉은 분칠을 하였다.

6
고구려인의 유희의 시간

　장의미술은 현세의 시간, 사후의 시간, 제의의 시간, 유희의 시간을 묘사한다. 중국 하북 안평 녹가장벽화묘는 묘주의 관직의 상승에 따라 말과 마차의 수가 증가하는 행렬도를 통하여, 그리고 내몽고 화림격이 신점자벽화묘는 본인의 일생의 공간을 관직생활을 한 장소들로 서술식 내러티브로 묘사하였다. 북조의 안가묘, 우홍묘, 사군묘는 병풍 구획 안에 일생의 시간과 장소를 묘사하였다.

　고구려인이 즐기던 일상의 여가는 수렵, 무용, 활쏘기 등 여러 가지 놀이를 통하여 형상화되어있는데 이러한 고구려 벽화의 주제는 한국 고대 풍속화의 효시로 김홍도나 김준근의 풍속화의 주제로 연결되기도 한다.

　수렵은 체력단련 및 군사훈련 성격을 갖고 있으며 다양한 수렵 장면이 묘사되었다. 고구려의 수렵은 대부분 여러 명이 함께 행한다. 장천1호분에 보이는 도보수렵은 창을 이용한다. 무용총, 매산리사신총, 덕흥리벽화분, 약수리벽화분과 같이 활을 이용한 기마수렵이 있고, 장천1호분, 삼실총에는 매를 이용한 수렵도 있다. 수렵동물은 주로 호랑이, 멧돼지, 사슴, 고라니, 꿩이다. 고구려에서 개는 죽은 이의 영혼을 인도하는 수호견으로 각저총에 그려지기도 하고 무용총에서처럼 사냥에 나서 주인을 돕기도 한다.

　덕흥리벽화분의 마사희는 수렵의 유희적 성격이 강조된 것이다. 한편 전실의 천장에 그려진 수렵은 여러 신기한 동물들이나 전설상의 견우와 직녀와 같은 공간에 그려져 천상세계에서의 수렵활동을 표현했다.

　가무 연회는 세계 장의 미술에서 공통적으로 나타나는 주제이다. 묘사 방법은 각 지역에서 사용된 악기와 무용의 종류에 따라 다른데 고구려 벽화에서 표현된 악기와 무용을 보면 고구려 사람들이 일상에서 즐긴 또는 장송의

[그림 5] 장천1호분 전실 북벽 연회도와 수렵도(길림성문물고고연구소 외, 『통구고묘군 1997년조사측회보고』, p.336, 2002)

례에서 행한 예들을 볼 수 있다.

고구려의 가무는 야외 또는 실내 등 공연 장소가 다양하고, 가무의 구성도 다르나 기본적 구성은 공통적으로 나타난다. 동아시아의 벽화고분과 화상석묘에서는 고분이라는 특성상 가무를 즐기는 묘주의 관람이 화면의 중심을 차지하는데, 중국의 경우 대개 장방 아래 앉아 편안하게 가무를 즐기는 반면, 고구려에서 가무는 행렬과 같이 그려진 경우가 종종 있어 흥미롭다.

고구려의 무용은 독무, 2인무, 3인무가 있으며 군무는 5세기에 주로 보인다. 연주에는 거문고, 완함, 뿔나팔, 멜종, 멜북이 나타난다. 집안 환인 지역은 현악기 연주가 위주이다.

춤과 노래를 즐긴 고구려인은 다양한 장소에서 이러한 가무를 즐겼다. 장천1호분의 묘주는 부인과 함께 팔각형의 건물 안에 앉아 가무를 관람한다. 작은 전각 안에 앉아 가무를 관람하는 묘주를 묘사하는 예는 장천1호분과 주천 정가갑5호묘 등이 있다. 안악3호분은 묘주도가 없는 후실에 소그드인의 호선무와 같은 독특한 형식의 무용을 추는 인물이 그려진 가무도가 있다.

무용총 후실 동벽에는 묘주가 말을 타고 행렬하면서 가무를 감상한다. 기마인물로 묘주의 초상을 그리는 것은 사산조 페르시아의 낙쉐 루스탐과 터키 부스탄의 왕의 이상화된 부조도상이 유명하다. 무용총의 무용도는 6명의 무용수와 7명의 합창대로 구성되었다. 장천1호분은 전체적으로 벽화구성에 무용총의 주제가 반복되나 공간의 운용면에서 새로운 조합과 추가가 보인다[그림 5].

고구려인은 나들이를 하면서 고취악대를 즐겼는데 고취악대는 타악기(북, 멜종, 멜북)와 관악기(뿔나팔, 뿔피리)로 구성된 기악합주이다. 대행렬에 고취악대가 동반하는 경우는 평양역전벽화분, 안악3호분, 감신총, 약수리벽화분 등 평양·안악지역에 주로 나온다. 안악3호분의 고취악대는 가장 대규모로 64명으로 구성되었다.

고구려에는 약 20여 종의 악기가 있었는데 『삼국사기』와 『수서』의 기록과 대체로 일치한다. 현악기는 주로 무용의 반주에 사용되었다. 현악기는 거문고류와 완함으로 안악3호분, 삼실총, 오회분5호묘에 나온다. 요고(장고)는 중앙아시아 계통의 악기이다. 안악3호분 후실 가무도에 나오는 피리, 완함, 거문고의 악기 구성은 중국 감숙 주천 정가갑5호분의 피리, 완함, 거문고, 요고로 구성된 악대와 유사하다. 덕흥리벽화분은 묘주도의 병풍 뒤쪽에 악기를 연주하는 남녀시종이 작게 그려져서 공적인 일을 돌보는 도중에 음악을 즐기는 모습이 함께 표현되었다.

무용총에서는 현재는 벽화가 박락되어 확인하기 어려우나 무용도에 완함 연주자가 있다고 전해지며, 천장의 서쪽에 두 명의 천인이 거문고를 연주하는 모습이 보인다. 고구려 후기벽화에는 묘주의 일상의 모습이 사라지면서 천장의 천상세계에서 비천이나 천인이 악기를 연주하고 무용을 하여 묘주를 즐겁게 하고 있다.

고구려인이 즐기던 놀이로서 수박, 각저, 공과 막대기 던져받기, 나무다리 걷기, 마사희, 바퀴 던져받기 등이 있다. 기예단의 공연은 안악3호분 행렬도, 팔청리벽화분 행렬도, 장천1호분 야유회, 수산리벽화분 나들이, 약수리벽화분 행렬도에 잘 묘사되었다.

7

일상성의 소멸과
내세의 영원성

고구려인의 일상묘사는 후기에 가면 벽면으로 내려온 사신도에 의하여 점차 사라진다. 고구려 벽화에서 일상성의 약화 및 소멸은 인물 표현의 축소에서 두드러진다. 약수리벽화분의 후실에서 들보 위로 올라가 사신과 같은 위치에 있는 묘주부부도, 사신과 한 벽면을 공유하면서 사신의 윗단에 있는 대안리1호분의 행렬도, 쌍현무의 옆에 간략하게 그려진 매산리사신총의 묘주부부도, 같은 고분에서 묘실 안으로 향해 날고 있는 청룡을 뒤로 하고 말을 타고 묘실 밖으로 나가고 있는 기마인물도가 그 예이다. 죽음의 공간에서 생활풍속의 표현을 하지 않게 된 6-7세기 고구려인들의 일상은 어떻게 변화하였을까. 그들의 문화가 보다 세련되어지고 복잡 미묘해졌음은 통구사신총과 오회분 4, 5호묘의 천장 벽화에 그려진 다양한 천상의 인물상을 통해서 짐작할 수 있다.

강서대묘의 천장의 중앙에 그려진 산을 향해 새를 타고 날아가는 이른바 묘주의 모습은 이생의 일상을 벽화로 그려 현세의 영구한 기록으로 남기던 고구려인들이 일상성을 포기하고 내세의 영원성으로 향하고 있는 모습을 상징한다.

〈참고문헌〉

강현숙, 『고구려 고분 연구』, 진인진, 2013.

_____, 『고구려와 비교해본 중국 한·위·진의 벽화분』, 지식산업사, 2005.

박아림, 『고구려 고분벽화 유라시아 문화를 품다』, 학연문화사, 2015.

안휘준, 『고구려 회화』, 효형출판, 2007.

전호태, 『고구려 고분벽화 연구』, 사계절, 2000.

_____, 『고구려 고분벽화의 세계』, 서울대학교출판부, 2004.

_____, 『고구려 고분벽화 연구 여행』, 푸른역사, 2012.

鄭巖, 『魏晋南北朝壁畫墓研究』, 文物出版社, 2002.

정호섭, 『고구려 고분의 조영과 제의』, 서경문화사, 2011.

Wu Hung, Art of the Yellow Springs, Reaktion Books, 2015.

Nancy Shatzman Steinhardt, Chinese Architecture in an Age of Turmoil, 200–600,
        University of Hawaii Press, 2014.

임나일본부의 허상과 가야제국

이영식(인제대 역사고고학과 교수)

들어가는 말

임나일본부(任那日本府)의 논의는 고대한일관계사나 한국고대사 또는 일본 고대사에서 다루어져야 할 학술적 연구주제의 하나임에 틀림없으나, 현실적 으로는 그렇지 못하였다. 일본사교과서의 서술문제나 한일양국의 정치적 문 제와 같은 비학문적인 현안과 맞물리면서 여론상의 논쟁으로 비화된 바가 적 지 않았으며, 오히려 이러한 현실적 문제가 학문적 연구보다 선행되기도 하 였다. 임나일본부에 대한 한일양국의 학문적 해석이 어떠하였던가, 또는 어 떻게 변하고 있는가에 대해서는 자세히 살펴보지도 않으면서 비판만을 선행 시킨다든지, 이미 극복되어진 연구를 새삼스럽게 비판의 목표로 설정하는 것 과 같은 잘못을 범하기도 하였다.

그러나 근년에 한일양국의 관계가 그렇듯이 임나일본부에 관한 연구나 논 의가 더 이상 막연한 선입관에 의지하거나 감정적 반발로는 해결될 수 없는 시점에 와 있다고 생각한다. 임나일본부의 문제를 객관적으로 보기 위해서 는 과거에서 현재까지 한일양국의 학계가 어떠한 연구를 진행시켜왔으며, 이러한 종래의 연구에는 어떠한 문제점이 있는가를 먼저 짚어보지 않으면 안 된다.

다만 한일양국에서 진행되어 왔던 임나일본부에 관련된 연구는 아주 다양 하며, 그 수효 또한 적지 않아서 모든 연구를 일일이 다 거론할 수는 없다. 따 라서 임나일본부의 실체를 어떻게 보았던가를 중심으로 다음과 같이 다섯 종 류의 연구로 대별하여 한일학계의 연구동향을 정리하고, 종래의 연구에 대한 비판과 함께 임나일본부의 실체규명에 접근하여 보고자 한다.

1
한일학계의 연구

임나일본부의 실체를 어떻게 보았던가를 중심으로 현재까지의 연구동향을 분류하면, 마지막에 소개하는 '외교사절설'을 제외하고 '일본학계의 막연한 선입관과 한국학계의 감정적 반발'이란 특징으로 대변될 수 있다.

1) 출선기관설

'출선기관'이란 일본어적 표현으로 '출장소(出張所)' 또는 '출장기관(出張機關)'과 같은 뜻이다. 우리에게는 익숙지 않은 용어지만 얼마 전까지의 일본학계의 통설을 대변하는 용어로 그 연구경향을 특징적으로 표현하고 있다. 고대의 일본이 4~6세기의 2백년간에 걸쳐 한반도의 남부를 근대의 식민지와 같이 경영하였는데, 그 중심적 통치기관이 임나일본부였다고 해석하여, 이른바 고대 일본의 남선경영론(南鮮經營論)의 골자를 이루었던 견해였다.

이러한 해석의 시작은 『일본서기』가 편찬되던 8세기 경 또는 편찬 직후부터 야마토조정(大和朝廷)에서 시작되었던 『일본서기』의 강의에서 비롯되었다고 볼 수도 있겠으나, 1720년에 완성되어진 『대일본사』에서 그 최초의 전형을 찾아볼 수 있다. 『일본서기』의 임나관련기사를 무비판적으로 수용하여 "신공황후 때 삼한과 가라를 평정하여 임나에 '일본부'를 두고 삼한 또는 한국을 통제하였다"라고 기술하고 있다.

이러한 인식은 에도시대(江戸時代)의 모토오리 노리나가(本居宣長)와 같은 국학자들의 조선경영설을 거쳐, 근대의 일본이 천황주권국가를 표방하던 20세기 초에 스가 마사토모(菅政友) 쓰다 소우키치(津田左右吉) 이케우치 히로시(池內宏) 등에 의해 확립되고, 1949년에 발표된 스에마쓰 야스카즈(末松保和)의 『임나흥망사』에 의하여 완성되었다. 이러한 해석은 1945년 일본의 패전에도 불구하고 1960년대 말에 이르기까지 일본고대사 또는 고대한일관계사 연구의 통설적 위치를 확고히 하고 있었다.

그러나 1960년대 말~1970년대 초에 전개되었던 미일안보협약 반대투쟁을 계기로 전면적인 재검토를 받게 되었다. 이 시기에 붐을 이루었던 동아시아사에 대한 관심은 한국사연구의 재검토로 이어졌으며 출선기관설이 이용하였던 『일본서기』에 대한 비판은 물론 「광개토왕릉비문」과 「칠지도」에 대한 재검토 및 논쟁이 활발히 진행되었던 것도 일본고대사학계가 이 시기에 이룬 성과의 하나였다. 이러한 연구에 의하여 출선기관설은 더 이상 통설적인 위치를 가질 수 없게 되었으며, 중등학교 일본사교과서의 기술은 별도로 하더라도 현재 이러한 학설을 주장하거나 여기에 근거하는 전문연구자는 거의 사라지게 되었다.

2) 가야의 왜인설

일본 내의 출선기관설에 대한 재검토의 분위기와 뒤에 소개할 북한의 연구에 자극받아 일본연구자의 입장에서 제기되어진 수정론의 하나가 가야의 왜인설이다. 이노우에히데오(井上秀雄)는 임나일본부에 관련된 일련의 논고를 통하여 선사시대부터 가야지역과 일본열도의 교류는 활발하였으며, 그 결과 일본열도에 한반도의 주민이 이주하였던 것과 같이, 가야지역에도 일부의 왜인들이 집단적으로 거주하게 되었으며 임나일본부는 그러한 왜인들 내지는 왜인과 한인과의 혼혈인들을 통제하는 행정기관으로 성립하였다고 해석하였다. 임나일본부에 대해서는 근현대의 영사관(領事館)과 비슷한 성격으로 이해하였으나, '야마토정권(大和政權)'의 통제를 받는 '출선기관'으로 이해할 수는 없으며 가야지역에 거주하는 왜인들의 자치기관과 같은 성격으로 보아야 한다고 하였다.

그러나 이러한 해석은 가야지역에 있어서 왜인들의 집단적 거주가 문헌적으로나 고고학적으로 증명될 수 없다는 약점을 가지고 있다. 야마오 유키히사(山尾幸久)의 비판에 의하면 이노우에(井上)가 문헌적 증거로 사용하였던 『삼국지』 위서 동이전을 비롯한 중국사서에 대한 잘못된 해석에 말미암은 것이 확실하다.

3) 분국설

1963년에 북한의 김석형(金錫亨)에 의하여 제기된 이른바 분국설은 임나일본부의 문제뿐만 아니라, 고대한일관계사에 관련된 일본학계의 기본적인 발상을 완전히 뒤엎는 혁명적인 연구였다. 선사시대 이래 삼한 삼국의 주민들은 일본열도에 이주하여 각기 자신들의 출신지와 같은 나라를 건국하여 모국에 대하여 분국과 같은 위치에 있었다고 전제하고, 이들 분국들 중에는 가야인 들이 현재의 히로시마(廣島) 동부와 오카야마(岡山)에 걸치는 지역에 건국한 임나국(任那國)이 있다고 하였다. 이러한 임나국을 중심으로 서부에는 백제계의 분국이, 동북쪽에는 신라계의 분국이, 동쪽에는 고구려의 분국이 각각 위치하였으며, 또한 동쪽으로는

분국론에서 가야계 분국의 임나국을 일본 오카야마 일대로 비정한 근거가 된 풍토기(율령시대)의 가야군

대화정권(倭)이 위치하고 있었다.

『일본서기』에 보이는 임나일본부에 관련된 역사적 사실은 이 임나국을 중심으로 신라, 백제, 고구려, 왜가 서로 각축하였던 것으로 이해함으로써 임나일본부는 한반도의 가야지역과는 전혀 무관하며, 일본열도에 있었던 역사적 사실로서 규정지었다. 즉 야마토정권(大和政權)이 5세기 중 후엽에 서부일본을 통합하여 나가는 과정에서 가야계 분국인 임나국에 그 통치기관을 설치하였던 것이 임나일본부였다는 것이다.

고대 일본의 한반도 남부에 대한 진출론을 완전히 거꾸로 하여 고대 한국의 일본열도 진출론을 확립하고, 같은 맥락에서 임나일본부의 문제를 해석하였던 것이다. 이 연구결과의 옳고 그름에 대하여는 재론의 여지도 적지 않으나, 고대한일관계사의 연구에 커다란 자극제가 되었으며, 기본적인 발상에 대한 재검토를 촉구하였던 의미는 크게 평가하여 좋을 것이다.

4) 백제군사령부설

과거 일본의 출선기관설에 대한 북한학계의 비판이 분국론이라고 한다면, 한국학계의 본격적인 비판 및 대안의 제시가 천관우(千寬宇)에 의해 이루어 졌다. 천관우는 가야사의 복원을 염두에 두면서 『일본서기』에 대한 비판적 연구를 선행시켰다. 『일본서기』에 보이는 임나(가야) 관련사료 중에 '일본'이 주체로 묘사되어 있는 기사들 가운데에는 백제를 주체로 바꾸어 놓아 보면 사리에 맞게 되는 것들이 적지 않다고 전제하였다. 4세기 말 경에 왜가 '가라칠국(加羅七國)'을 점령하였다는 기술에서 보이는 역사적 사실이란 백제의 가야제국 정복이라고 해석하였으며, 6세기 중엽에 보이는 임나일본부란 다름 아닌 임나백제부(任那百濟府)와 같은 것이었으며, 임나백제부는 백제가 군사적 목적으로 가야지역에 설치하였던 군사령부와 같은 성격으로 해석하였다.

다만 이러한 해석에서 백제의 가야제국에 대한 군사적 행동이 이해될지는 모르겠으나, 백제의 군사행동에 보이는 왜병의 활동이라든지, 임나일본부의 관련기사에서 보이는 왜 계통의 인명은 어떻게 해석해야 좋을까 하는 의문이 남게 된다. 이러한 왜병의 존재와 왜 계통의 인명에 대하여 대안을 제시하였던 것이 김현구(金鉉球)의 연구였다. 김현구는 백제군과 같이 움직이는 왜병의 성격을 용병과 같은 성격으로 보고, 이러한 용병은 백제가 왜에 선진문물을 전수하였던 반대급부이며, 왜 계통의 인명은 일찍이 일본열도에서 백제에 이주하여 백제왕의 신하 노릇을 하고 있었던 왜 계통의 백제인으로 규정하였다.

5) 외교사절설

이상의 연구들은 임나일본부의 실체에 대해서 각기 다른 해석을 전개하고 있으면서도, 임나일본부를 왜의 통치기관이나 백제의 군정기관과 같은 관청이나 기관의 성격으로 이해했던 점에서 일치하고 있다. 그러나 『일본서기』에 보이는 임나일본부의 관련 사료에 의하는 한 통치나 군사적 역할을 찾아 볼만한 기술은 전혀 없다. 이러한 점에 주목하면서 주관적 시각의 연구를 지양하면서, 『일본서기』에 보이는 임나일본부에 관련되는 사료에 대한 비판적 연구를 바탕으로 보다 객관적인 실체규명의 연구가 제시되기에 이르렀다.

일본서기

즉, 부(府)라는 표기는 『일본서기』가 주장하고자 했던 역사관의 산물에 불과한 것으로, 부(府)의 원형이 미코토모치(御事持)임을 확인하고, 미코토모치의 실체가 기관이나 관청이 아닌, 사신(使臣)에 해당하는 것으로 해석하여 임나일본부를 임나에 파견되어진 왜의 사신들로 이해하였다.

이러한 견해는 1970년대부터 스즈키 야스타미(鈴木靖民), 우케다 마사유키(請田正幸), 오쿠다 쇼우(奧田尚), 키토우 키요아키(鬼頭淸明) 등에 의해 확립되었으며, 근년의 한일고대사학계에서 가장 주목받는 해석의 위치를 차지하게 되었다. 필자 역시 이러한 연구를 바탕으로 임나일본부에 대한 체계적인 분석을 제시한 바 있는데, 그 일부를 다음의 종래설에 대한 비판과 실체규명의 항목에서 소개하고자 한다.

2
종래 연구의 문제점

분국론은 별도로 하더라도 『일본서기』에 보이는 임나일본부의 문제는 한반도 남부의 가야지역에서 일어났던 역사적 사실임에 틀림없다. 그럼에도 불구하고 이상에서 살펴본 바와 같이 임나일본부의 실체에 대한 종래의 연구에서는 일본학계의 왜국에 의한 출선기관설이나 한국학계의 백제군사령부설 등에서 보이는 바와 같이, 가야지역에 대한 왜나 백제의 이해관계만이 강조되어져 왔을 뿐, 당사자였던 가야제국의 이해관계가 고려되어진 바는 전혀 없다. 이를테면 '임나(가야)부재의 임나일본부론'이 한일양국의 연구경향에서 주류를 이루었다고 할 수 있을 것이다. 그러나 이와 같은 한일양국의 종래의 연구들은 『일본서기』에 보이는 임나일본부의 관련기사를 일별하여 보는 것만으로도 얼마든지 비판될 수 있으며, 무엇보다도 가야제국의 이해관계를 먼저 고려하지 않으면 도저히 이해하기 힘든 것이 임나일본부의 문제임을 알게 될 것이다. 각각의 연구를 일일이 논평할 여유는 없기 때문에 요점만을 열거하면 다음과 같다.

⑴ 임나일본부의 표기와 그에 관련된 내용은 6세기를 서술하고 있는 『일본서기』 흠명기(欽明紀)에 국한되어 있으나, 출선기관설과 백제군사령부설에서는 임나일본부의 성립을 4세기로 서술하고 있는 『일본서기』 신공기

(神功紀)의 이른바 신라정토설화(新羅征討說話)나 가라칠국평정설화(加羅七國平定說話)에서 구하고 있다. 일본의 연구자들은 이러한 설화를 「광개토왕릉비」 신묘년 조의 내용과 결부시켜 왜가 4세기 말에 가야에 대한 지배권을 확보하고 그 중심적 통치기관으로 세웠던 것이 임나일본부였다고 해석하였으나, 임나일본부의 관련기사는 4세기(神功紀)가 아닌 6세기 중엽(欽明紀)의 기술에 한정되어 있다.

한국의 연구자들은 가라칠국평정설화에 대하여 가라칠국을 평정한 주체는 왜가 아니라 백제였다고 보고, 『일본서기』의 편찬자가 백제와 왜를 바꿔 써 놓았던 것이며, 임나일본부는 백제가 가야지역에 설치하였던 백제군사령부와 같은 것이었다고 해석하였다. 그러나 4세기 말에 가야지역의 일부를 평정하였던 백제가 6세기 중엽에 와서야 해당의 백제군사령부를 설치하였다고 하는 것은 도저히 이해할 수 없다. 따라서 백제가 가야지역에 관여하였던 것은 점령이나 군정과 같은 것이 아니라, 북쪽의 고구려에 대항하기 위하여 그리고 동쪽의 신라에 대한 방어선을 안정시키기 위하여 외교적으로 가야지역에 관여하고자 하였던 것으로 보지 않으면 안 된다. 실상 임나일본부의 관련기사에 의하면 백제의 성왕 스스로가 가야지역에 관여하고자 하는 이유에 대하여 '북적(北敵)을 막고 신라를 제어하기 위함'이라고 밝히고 있다. 여기서 북적이란 고구려를 가리키는 바, 백제는 외교적으로 가야제국과 임나일본부를 조종하여 동쪽의 신라에 대한 방어선의 안정을 꾀하면서 백제의 주력을 고구려전선에 집중시키고자 하였던 것으로 이해된다. 이러한 사실은 『삼국사기』 백제본기에 보이는 성왕대의 전쟁이 모두 고구려를 상대로 하고 있음에서 확인될 것이다.

(2) 임나일본부의 관련기사를 보면, 왜나 백제가 가야제국에 대해 조세(租稅)의 징수, 역역(力役) 및 군사(軍士)의 동원, 그리고 정치적 강제와 같은 사실을 행하였던 흔적은 전혀 찾아볼 수 없다. 관청이나 기관과 같은 부(府)의 존재를 나타내는 정치적 또는 군사적 지배에 관련되는 내용이란 도저히 찾아볼 수 없다. 임나일본부에 관련된 기사들 모두를 살펴보아도 가야

제국의 왕들과 보조를 맞춘 외교활동에 관련된 내용이 전부이며, 정치적 또는 군사적 지배를 보여 주는 구절은 전혀 찾아 볼 수 없는 것이다. 이러한 기사들로 부터 왜의 출선기관이라든지 백제의 군사령부와 같은 존재를 상정할 수 없음은 두말할 필요조차 없다.

(3) 『일본서기』나 『삼국사기』에 보이는 임나(가야제국)의 멸망기사를 보면, 신라에 의한 가야제국의 최종적 통합을 전하고 있을 뿐, 이에 대해 왜나 백제가 신라에 군사적 행동을 취하였다는 내용은 편린조차 찾아볼 수 없다. 만일 임나일본부의 실체가 왜의 통치기관이나 백제의 군사령부였다고 한다면 이러한 일은 있을 수 없을 것이다.

(4) 가야의 왜인설도 마찬가지이다. 만약 가야지역에 왜인이 집단적으로 거주하였고, 이들의 자치적 행정기구가 임나일본부였다면, 이들 왜인에 대한 통치행위가 기록되어야 하겠으나, 『일본서기』에 보이는 임나일본부의 활동이란 외교에 한정되고 있다. 더욱이 가야지역에 왜인이 집단적으로 거주하였다는 증거는 문헌이나 고고학 자료를 통해 볼 때 아무 것도 확인되지 않는다. 최근의 발굴조사에서 왜 계통의 문물로 보이는 유물이 가야지역에서 확인되고는 있으나, 그 수량이 매우 적고 전체적인 가야계통의 유물 속에 극히 일부로서의 출토가 확인될 뿐이며, 해당 유물이 출토되는 고분 역시 가야의 전통적인 묘제를 채용하고 있음이 확인될 뿐이다. 왜인의 집단적인 거주를 증명할 만한 것은 아무것도 없다.

(5) 분국론은 『일본서기』의 임나일본부에 관련되는 임나를 한반도가 아닌 일본열도로 비정하였던 것이 치명적 약점이 된다. 임나(任那)라는 용어가 『일본서기』에 주로 보이는 것은 사실이지만, 그렇다고 해서 『일본서기』가 조작한 용어는 아니다. 우리나라와 중국의 사료에서도 '임나'의 용례는 확인되기 때문이다. 『한원(翰苑)』에 인용된 중국의 인문지리지 「괄지지(括地志)」에 의하면 한반도 남부의 가야지역을 총괄하여 임나라고 하

고, 가라, 임나 등의 국명을 언급하고 있다. 「광개토왕릉비」에 의하면 400년에 고구려 군이 정벌했던 지역 명으로서 임나가라(任那加羅)가 보이는데, 연구자에 따라 고령 혹은 김해로 보는 차이는 있지만, 가야지역을 가리키는 것에는 다른 견해가 없다. 『삼국사기』 열전은 7세기 중엽의 신라 사람 강수(强首)를 임나가라(任那加良) 출신이라고 전하고 있다. 강수의 출신지가 충주(中原京)로 되어 있음을 상기한다면, 일본열도의 출신이라고는 도저히 생각할 수 없고, 대가야(고령)의 후예로서 그의 조상대에 신라에 의해 충주로 사민(徙民)되었던 인물로 보지 않으면 안 된다. 창원의 봉림사에 있었던 「진경대사탑비」(923년)에도 신라사람 진경대사(眞鏡大師)가 임나왕족(任那王族)의 후예였음을 밝히는 구절이 확인된다. 이 역시 가야지역을 가리키는 것으로 볼 수밖에 없다.

이렇게 볼 때 임나는 한반도의 가야지역을 가리키는 것이 분명하며, 일본열도의 어디를 가리키는 것이 아님을 알게 될 것이다. 일본열도에 가야계통의 분국이 존재하였을 가능성이 없다고는 할 수 없으나, 『일본서기』에 기록된 임나일본부의 관련 사료는 가야지역에서 전개되었던 역사적 사실이 반영된 것으로 보지 않으면 안 될 것이다.

3
임나일본부의 실체

1) 임나일본부의 어의

그렇다면 임나일본부란 무엇이었을까? 우선 그 어의(語意)에 대해 살펴보면 다음과 같다. 임나일본부는 임나(任那)+일본(日本)+부(府)의 합성어이다.

'임나(任那)'는 『일본서기』 이외에도 「광개토왕릉비」, 『삼국사기』 강수전, 「진경대사탑비」, 『한원』, 『통전(通典)』 등 한국과 중국의 문헌에서도 확인되며, 가야의 이칭으로 쓰였음은 위에서 논증한 바와 같다. 따라서 임나란 『일본서기』의 창작은 아니며, 가야지역을 가리키는 말임을 알 수 있다.

일본(日本)이란 국호는 7세기 이후에나 확인되는 것으로 임나일본부의 문제가 거론되는 6세기 중엽에는 존재하지 않았다. 『일본서기』 편찬 시에 왜(倭)를 일본(日本)으로 고쳐 쓴 것에 불과하다. 일본부의 관련사실을 전하는 『일본서기』 흠명기(欽明紀)조차 일본과 왜가 혼용되고 있음을 볼 수 있다.

부(府)는 중국의 한대(漢代)에서 비롯되어 장군(列將, 雜號將軍 이상)이 천자로부터 위임받은 군사권과 행정권을 행사하기 위해 일정한 지역에 설치하였던 막부(幕府)를 의미하며, 기관이나 관청의 용례로 쓰이는 것이 보통이었다. 그러나 고대의 일본에서 중국과 같은 막부제가 시행된 바는 없으며, 고대 일본

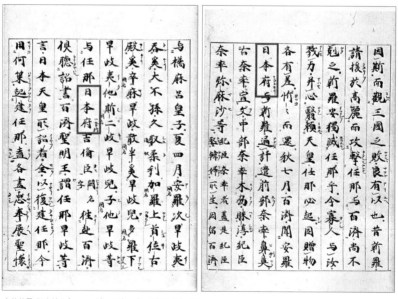

府(부)를 御事持(미코토모치)로 읽으라는 일본서기 필사본

에서 부(府)가 관청으로 확인되는 것은 츠쿠시도독부(筑紫都督府, 667년)와 츠쿠시태재부(筑紫太宰府, 671년)가 가장 오래된 예이다. 따라서 6세기에 부(府)가 존재하였음은 믿을 수 없다. 결국 『일본서기』 흠명기에 보이는 부(府)를 막부나 관청으로 생각할 수는 없으므로, 이에 대한 분석은 별도의 접근방법을 필요로 한다.

한편 『일본서기』의 여러 필사본과 주석서를 보면 일본부는 '야마토의 미코토모치'(倭의 御事持)로 훈독되어지고 있음이 확인된다. 즉, 부(府)는 원래의 '미코토모치(御事持)'를 한자(漢字)로 표기한 것에 불과하며, 그 실체는 미코토모치였다고 볼 수 있다. 그렇기 때문에 미코토모치가 어떠한 존재였던가를 추적하는 것이 곧 일본부의 실체를 파악하는 열쇠가 되는 것이다. 대화전대(大化前代, 645년 이전)의 미코토모치는 왕의 명령을 전달키 위해 지방에 파견되어 담당의 일이 끝나면 곧바로 왕에게 되돌아오는 '일회성의 사신'이었다. 이렇게 볼 때 일본부로 표기된 6세기 중엽 야마토의 미코토모치는 왜의 사신(倭使)이였으며, 임나일본부란 왜에서 임나(가야)에 파견된 사신이 그 실체였다. 이러한 해석은 최근 한일양국의 고대사 학계에서 많은 지지를 받고 있다.

2) 일본부, 곧 왜의 사신들

『일본서기』의 일본부에 관련된 인명을 들어 보면, 이키노오미(印岐彌), 코세노오미(許勢臣), 이쿠하노오미(的臣), 키비노오미(吉備臣), 카와치노아타히(河內直), 그리고 아현이나사(阿賢移那斯)와 좌로마도(佐魯麻都)가 전부이다. 아현이나사와 좌로마도는 『일본서기』에도 가야인으로 기술되어 있고, 이키노오미(印岐彌)와 코세노오미(許勢臣)는 단편적으로 보여, 이쿠하노오미(的臣) 키비노오미(吉備臣) 카와치노아타히(河內直)의 세 사람이 일본부의

임나일본부로 파견된 가야계 키비노오미吉備臣 씨족의 吉備津神社

吉備津神社에서 받들어지는 가야계 부뚜막 신체

실체라 할 수 있다.

더구나 『일본서기』 흠명 15년(554) 12월조는 아라일본부(安羅日本府)를 '아라(安羅, 함안)에 있는 여러 왜신(倭臣)들'로 표기하고 있다. 일본부란 왜의 사신 내지는 왜사(倭使)들의 집단이 그 실체였음이 다시 한 번 확인되는 셈이다. 또한 그 전부인 이쿠하노오미(的臣), 키비노오미(吉備臣), 카와치노아타히(河內直)의 세 사람 중에서 『일본서기』에 키비노오미(吉備臣)는 임나일본부(任那日本府)로서, 카와치노아타히(河內直)는 아라일본부(安羅日本府)로서 각각 기술되어져 양자의 조합이 엇갈리는 경우는 없다. 또한 흠명 2년(541)과 4년(543)조에서는 임나일본부와 아라일본부가 같은 시기에 아라국(安羅國, 함안 *당시의 국명은 아라국이었을 것이다)에 위치하고 있었음이 확인된다. 일본부가 왜의 통치기관이나 백제의 군사령부였다면 이러한 일은 있을 수 없을 것이다. 따라서 일본부란 왜의 통치기관이나 백제의 군사령부일 수는 없으며, 임나일본부길비신(任那日本府吉備臣)이란 임나(가야)에 파견된 왜의 사신 키비노오미(吉備臣)인 것이며, 아라일본부하내직(安羅日本府河內直)이란 아라에 파견된 왜의 사신 카와치노아타히(河內直)로 이해하는 것이 타당하다. 또한 이쿠하노오미(的臣)가 일본부경(日本府卿)으로 표현되어, 왜사들(일본부)을 통괄하고 있는 것처럼 묘사되어진 것은 각기 다른 목적으로 파견되었던 키비노오미(吉備臣)와 카와치노아타히(河內直)의 사이에서 각각의 의견을 조정하는 역할을 담당하였기 때문에 생겨난 전승이 그렇게 기록되어진 것으로 이해하여야 할 것이다.

3) 가야제국과 일본부들의 활동

그렇다고 할 때 이쿠하노오미(的臣), 키비노오미(吉備臣), 카와치노아타히(河內直) 등의 왜사들(일본부)이 실제로 어떤 활동을 했던가에 대해 살펴 볼 필요가 있다. 이로써 일본부의 실체가 보다 분명해질 수 있을 뿐 아니라, 이들과 가야제국과의 관계가 보다 확실하게 밝혀질 수 있을 것이다. 일본부들의 활동에 보이는 중요한 특징만을 간단히 열거하면 다음과 같다.

(1) 흠명 2년(541) 4월조와 7월조에 임나일본부인 키비노오미(任那日本府吉備臣)는 아라(함안)와 가라(고령) 등의 가야제국 왕들과 함께 백제를 상대로 하는 외교교섭에 참가하고 있으며, 아라일본부인 카와치노아타히(安羅日本府河內直)는 신라와의 외교교섭에 참가하고 있다. 또한 흠명 5년(544) 3월조에 이쿠하노오미(的臣)·키비노오미(吉備臣)·카와치노아타히(河內直) 등은 가야제국 왕 들의 편에 서서 신라와의 외교교섭에 참가하고 있음이 확인된다. 이와 같이 일본부에 관련되는 모든 사료는 외교기사에 국한되고 있어, 왜에 의한 일본부들의 파견이 가야나 한남부에 대한 정치적 통제를 위한 것이 아니라, 외교에 그 목적이 있었음을 확인할 수 있으며, 이러한 내용은 일본부의 실체가 왜의 사신(倭使)이었다는 분석과도 잘 합치된다.

(2) 일본부들은 언제나 가야제국의 왕들과 공동의 보조를 취하고 있으며, 왜왕이나 백제왕의 명령에 의하여 움직여지는 대목은 전혀 찾아 볼 수 없다. 이러한 일본부들의 외교활동은 다음과 같은 시기적 특징을 보인다. 전기에는 친백제·반신라적 외교를 전개하다가, 후기에는 친신라·반백제적 외교로 전환하고 있다. 이러한 시기적 변화는 일본부들의 활동이 왜나 백제의 이해관계를 대변하는 것이 아니라, 가야제국의 이해관계를 잘 반영하고 있다.

532년을 전후로 금관국(김해)을 비롯한 동부의 가야제국이 신라에 통합되면서 아라국과 대가야와 같은 남부와 서북부 가야제국은 백제와의 외교를 통하여 동부 가야제국의 부흥을 꾀하는 한편, 자국들의 독립을 유지하고자 노력하였다. 그러나 백제는 이를 기회로 남부가야에 군령성주(郡令城主)를 설치하는 등 가야에 대한 간섭을 노골화하였다. 이에 대해 가야제국은 다시 신라와의 외교를 통하여 백제의 간섭을 배제하려는 움직임을 취하게 된다. 가야제국은 신라와 백제의 침입에 대항하기 위하여 친백제·반신라정책에서 반백제·친신라정책으로 전환하였다. 이러한 정책의 변환은 일본부들의 외교활동에서 보이는 특징과 일치하는 것으로서, 일본부들의 행동이 왜나 백제가 아닌 가야제국의 이해관계를 대변하는 것이었음을 알 수 있다.

(3) 이 시기의 일본부들은 파견 시와는 다르게 파견 주체였던 왜왕과 소원한 관계에 있었다. 백제의 성왕은 왜왕에게 반백제·친신라정책을 추진하는 카와치노아타히(河內直) 등을 본거지로 송환시킬 것을 여러 번 요청하였으나, 이에 대해 왜왕은 아무런 실력행사도 못하고 있다. 일본부들이 이미 왜왕의 통제와는 무관한 위치에 있게 되었음을 짐작케 한다. 또한 이 시기에 있어서 왜왕은 몇 차례에 걸쳐 가야의 일에 관해 자신의 입장을 밝히고 있으나, 그 입장의 표명이 일본부들에게 직접 전달되지 못하였으며, 백제나 신라를 통하여 간접적으로 전달되고 있음을 볼 수 있다. 따라서 이 시기의 왜왕은 일본부들을 제대로 통제하지 못하고 있으며, 그 관계도 아주 소원하였음을 살필 수 있다.

아라일본부로 파견된 가야계 카와치노아타히(河內直) 씨족의 카라쿠니신사(韓國神社) (오사카(大阪) 카와치(河內))

(4) 그렇다면 왜에서 임나와 아라에 각각 파견되어진 키비노오미(吉備臣), 카와치노아타히(河內直) 등이 어째서 왜왕에서 떨어져 가야제국 왕과 친밀한 관계를 유지하게 되었을까? 이들의 출신문제와 왜의 사신으로서 이례적

이었던 장기체류를 그 이유로 생각할 수 있다. 『일본서기』의 흠명기와 현종기 3년(487)조의 기사를 조합해 보면, 카와치노아타히(河內直)는 원래 가야에서 일본열도의 카와치지역(河內地域, 大阪南部)에 이주했던 가야계 씨족의 일원임이 분명하고, 키비노오미

아라일본부로 파견된 가야계 카와치노아타히(河內直) 씨족 관련 카와치(河內)의 이치스카一須賀고분군과 김해 대성동고분 출토 토기 비교(좌 대성동고분군, 우 이치스카고분군)

(吉備臣)도 가야계 씨족적인 요소를 풍부하게 가지고 있다. 결국 가야에서 일본의 카와치(河內)나 키비(吉備, 현재 오카야마岡山 일대)에 이주했던 이들은 야마토정권이 카와치(河內)와 키비(吉備) 지역을 통합한 후, 이들이 가야의 언어와 문화에 익숙하다는 장점을 살려 다시 가야지역으로 파견되어졌던 것이다. 또한 이들은 다른 왜의 사신들과는 달리 가야지역에 비교적 장기간에 걸쳐서 체류하였다. 이들의 출신요소와 장기체류의 요인이 시간이 지남에 따라 왜왕과의 관계가 소원해지고, 가야제국 왕과의 친밀한 관계를 구축하는데 크게 작용하였으리라고 생각된다.

(5) 이와 같은 관계는 흠명 5년(544) 3월조에 보이는 백제 성왕의 이들에 대한 맹렬한 비난에서도 확인된다. 성왕은 "지금 이쿠하노오미(的臣)·키비노오미(吉備臣)·카와치노아타히(河內直) 등은 가야인인 아현이나사와 좌로마도의 지시에 따르기만 할 뿐으로, 아현이나사와 좌로마도가 일본부들을 좌지우지하고 있다"고 하였다. 아현이나사와 좌로마도가 서부가야왕의 후예인 것은 『일본서기』의 흠명 5년조와 현종 3년 조에서 확인되며, 당시 이들은 아라국(함안)에 체류하고 있었으므로 아라국왕의 통제에 따르고 있었던 것이다. 결국 일본부들은 왜왕이나 백제왕이 아닌 가야의 왕에 의하여 조종되어지고 있었음이 확실하다.

(6) 이와 같이 가야제국은 일본부들을 자기 측에 붙여둠으로써 백제와 신라에 대하여 왜의 세력이 가야제국의 배후에 있는 것처럼 보여 신라·백제와의 외교교섭을 보다 더 유리하게 전개시켜 가고자 하였으며, 동시에 신라와 백제의 가야지역에 대한 침략을 방어하면서 자국의 독립유지에 이들을 활용하고자 하였던 것으로 이해해야 할 것이다.

나오는 말

이상과 같이 임나일본부에 관한 한일고대사학계의 연구동향에 대한 정리 및 비판과 함께 그 실체규명에 관한 필자의 생각을 간략하게 피력하였다. 이상의 내용을 요약하는 것으로 맺음말을 대신하면 다음과 같다.

(1) 종래 한일학계의 연구에서 왜나 백제를 중심으로 임나일본부의 문제를 해결하고자 하였던 것은 가야제국의 자체적 발전론이나 이해관계를 전혀 도외시하였던 시각이었으며, 사실에 대한 객관적인 분석이었다기 보다는 '일본학계의 막연한 선입관과 한국학계의 감정적 반발'의 산물이었다.

(2) 임나일본부와 아라일본부는 왜의 통치기관이나 백제의 군사령부와 같은 것은 아니었으며, 임나와 아라에 파견된 왜의 사신인 키비노오미(吉備臣)와 카와치노아타히(河內直)가 그 실체였다.

(3) 일본부들의 활동이란 가야제국의 왕들과 공동의 보조를 취하여 백제 또는 신라와의 외교교섭에 참가하였던 것이 전부였다.

(4) 백제는 동쪽 신라방어선의 안정이라는 목적을, 왜는 선진문물 수입의 창

구유지라는 목적을 관철시키기 위해 가야지역에 관여하였고, 그를 위해 일본부들을 이용하려 하였으나, 일본부들은 서부가야왕의 후예이며 가야 사람인 아현이나사와 좌로마도의 통제에 따르고 있었으며, 이들은 다시 아라국왕의 휘하에 있었다.

(5) 일본부들의 외교활동 내용이나 그 주장들을 보면, 동부의 신라와 서부의 백제의 침략에 대해 독립을 유지하고자 하였던 가야제국의 이해관계와 일치되는 것들뿐이었다.

(6) 가야제국의 왕들은 자국의 독립유지를 위하여 백제·신라·왜를 대상으로 하는 외교교섭의 전면에 일본부들을 내세움으로써 왜와의 관계를 원활히 함과 동시에, 백제와 신라에 대해 왜의 세력이 가야의 배후에 있는 것처럼 보여 백제와 신라의 침략을 외교적으로 견제하고자 하였던 것이다.

〈참고문헌〉

김석형, 『초기조일관계사』, 평양: 사회과학출판사, 1966.

金鉉球, 『大和政權の對外關係研究』, 東京: 吉川弘文館, 1985.

나행주, 「6세기 한일관계의 연구사적 검토」, 『임나문제와 한일관계』, 경인문화사, 2005.

末松保和, 『任那興亡史』, 東京: 吉川弘文館, 1949.

鈴木靖民, 「いわゆる任那日本府および倭問題」, 『歷史學研究』405, 1974.

李永植, 『加耶諸國と任那日本府』, 東京: 吉川弘文館, 1993.

_____, 「임나일본부란 무엇인가?」, 『시민을 위한 加耶史』, 집문당, 1996.

_____, 「가야사 연구의 성과와 전망」, 『한국고대사입문』2, 신서원, 2006.1.

_____, 『가야제국사연구』, 생각과 종이, 2016.

井上秀雄, 『任那日本府と倭』, 大阪: 東出版, 1972.

千寬宇, 「復元加耶史(上·中·下)」, 『文學과 知性』, 1977·8.

請田正幸, 「六世紀前期の日朝關係−任那日本府を中心として」, 『朝鮮史研究會論文集』11, 1974.

전방후원형 고분과 고대 한일관계

권오영(서울대 국사학과 교수)

들어가는 말

한반도와 일본열도에 존재하였던 고대 국가와 각종 정치체 사이에 전개된 교섭의 역사를 다루는 분야가 고대 한일관계사이다. 많은 인물들과 다양한 사건이 복잡하게 얽히면서 교섭이 진행되었다. 그 결과 양 지역 정치체들의 흥망성쇠에도 한일 관계사는 일정한 영향을 끼쳤다. 고대 정치체가 성장하고 발전하는 과정에서 주변 정치체, 국가와의 관계와 그 영향이 크기 때문에 고대 관계사의 중요성은 현대 관계사 못지않게 중요하다.

국내의 학계와 일반 시민들이 관계사, 특히 고대 한일관계사에 대해 많은 관심을 품는 이유는 단순히 학문적인 이유만으로 이루어진 것은 아니다. 19세기 후반 이후 조선은 자주적인 근대화에 실패하면서 결국 일본의 식민지로 전락하였고 제국주의 일본은 조선에 대한 식민통치를 원활하게 추진하기 위하여 한국사의 여러 분야를 조직적으로 왜곡하였다. 그 중에서 가장 심하게 왜곡된 분야 중의 하나가 바로 고대 한일관계사였다.

왜곡된 고대 한일관계사를 한 마디로 정의하자면 임나일본부설과 남선경영론이라고 할 수 있다. 양자는 별개가 아니라 표리관계를 이루는데 한국사의 고질적인 불치병이라고 주장된 반도성론과도 긴밀히 관련되어 있다. 한국의 역사는 반도라는 숙명 때문에 약소국의 신세를 면할 수 없으며 한반도 북부는 이민족인 위만, 혹은 낙랑군의 설치로부터 그 역사가 시작되고, 남부는 야마토(大和) 정권의 직접지배(가야)와 간접지배(백제와 신라)에 놓여 있었다는 것이다. 한반도 남부를 지배한 야마토 정권은 한반도 전체의 패권을 놓고 북방의 고구려와 한판 승부를 벌였으며 663년 백강전투, 16세기의 임진왜란, 19세기 이후의 조선침략은 모두 한반도에 대한 연고권을 바탕으로 한 지배의 추구라는 점에서 맥을 같이 한다는 것이다.

왜곡된 역사상이 만들어지면서 가장 심한 피해를 본 것이 가야사였다. 그 후유증은 매우 커서 해방 이후에도 가야사 연구는 좀처럼 본궤도에 오르지 못하였고 한일관계사 서술 속에서 객체로만 다루어질 뿐 주체적인 발전의 모습을 추구하는 연구는 찾아보기 어려웠다. 1960년대 이후 북한의 김석형이 "일본열도분국설"을 주장하면서 임나일본부설과 남선경영론의 허구성을 격파할 수 있는 분위기가 조성되었다. 1970년대 이후 영남지역에 소재하는 가야 고분에 대한 조사가 시작되고 1980년대 이후 가야 왕릉에 대한 본격적인 조사가 연이어지면서 임나일본부설은 그 힘을 잃게 되었다. 1990년대에 진행된 김해 대성동고분군의 조사를 계기로 일본 학계에서도 임나일본부설을 신봉하는 연구자는 찾아보기 어렵게 되었다.

하지만 그것으로 끝난 것이 아니었다. 한반도의 서남부에 일본의 전방후원분과 닮은 고분들이 분포하고 있음이 알려지고, 그 중 몇 기가 발굴조사되면서 이제 논쟁의 장은 한반도 동남부의 가야를 벗어나 서남부, 즉 영산강유역으로 이동하였다. 이 글은 고대 한일관계사 논쟁의 2회전이라고 할 수 있는 영산강유역 전방후원형 고분의 피장자와 성격에 대한 정리를 목적으로 한다. 이 문제는 아직 양국 연구자 사이, 국내 연구자 사이에서도 다양한 이견이 남아 있으며 조사와 연구가 진행되면서 새로운 논쟁거리가 계속 나타나고 있다. 한반도 남부에 왜계 고분이 축조된 배경, 하지키(土師器), 스에키(須惠器), 철제 판갑(帶金式板甲) 등 왜계 문물의 유입배경으로 논점이 확산되고 있는 것이다. 가야를 대상으로 한 임나일본부설이 퇴조하였음에도 고대 한일관계사에 대한 논쟁은 변형된 형태로 여전히 치열하게 진행되고 있으며 앞으로도 그러할 것으로 전망된다.

1
전방후원분과
전방후원형 고분

전방후원분이란 한쪽은 네모지고(전방), 다른 쪽은 둥근(후원) 2개의 언덕을 맞붙인 것 같이 특이한 외형을 띤 무덤을 말한다. 일본열도에서는 3세기 중반, 혹은 후엽 경에 등장하여 6세기까지 지배층의 무덤으로 사용되었다. 출현기의 전방후원분은 나라(奈良)현의 하시하카(箸墓)고분[그림 1]이 대표적인데 전체 길이가 280m나 된다. 5세기에 접어들면 그 크기가 최고조에 달하여서 오사카 남부에 있는 다이센(大仙)고분(傳仁德陵)의 경우에는 무덤 길이만 486m, 무덤을 감싼 도랑을 포함하면 전체 길이가 800m나 되는 초대형이다. 이런 까닭에 일본 학계와 시민들은 중국의 진시황릉, 이집트의 쿠푸피라밋과 함께 다이센고분을 세계 3대 초대형 왕릉으로 인정하고 이를 자랑스러워한다.

야요이(彌生) 시대와 아스카(飛鳥) 시대 사이에 해당되는 3세기부터 6세기까지의 일본 역사는 참고할 만한 문헌자료가 많지 않다. 8세기에 편찬된 『고사기』와 『일본서기』가 있지만 6세기 이전의 기록은 액면 그대로 믿기 어려운 부분이 많다. 따라서 6세기 이전의 역사연구는 고고학 자료에 의지하는 바가 크다. 게다가 전방후원분이 등장하여 대형화하고 다시 축소되는 과정은 3세기부터 6세기까지 일본사의 발전과정을 잘 반영하기 때문에 전방후원분이야말로 이 시기를 특징짓는 대표적인 자료로 인정받고 있다. 이런 까닭에 이 시기를 고분시대라고 부른다.

전방후원분이야말로 일본의 고분시대를 상징하는 표상이고 일본 고대 국가형성의 스토리가 오롯이 담겨져 있는 셈이다. 문제는 이와 유사한 형태의 고분이 한반도 서남부에서 발견되었다는 점이다. 전방후원분과 유사한 형태

[그림 1] 하시하카고분 전경

의 무덤이 한반도에도 존재한다는 주장은 이미 1980년대부터 국내 고고학
자에 의해 제기되었지만 그다지 주목받지 못하였다. 어떤 의미에서는 한반도
에서 전방후원분이 발견될까 두려워하는 분위기도 존재하였던 것 같다. 가장
일본적인 물질문화가 한반도 남부에서 발견되면 임나일본부설을 극복하는
데에 어려움이 있을 것이란 우려였다.

　이런 까닭에 한반도의 전방후원분을 주장하는 목소리는 인정받지 못하였
고 학술적인 목적을 띤 발굴조사가 진행될 엄두도 낼 수 없는 상황이었다.
하지만 개발에 선행하여 공사구역에 있는 유적에 대한 구제발굴조사가 의
무적으로 진행되면서 1990년대에 들어와 광주 월계동에 소재한 무덤 2기가

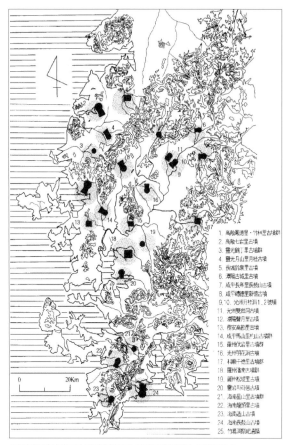

발굴조사되었고 그 외형이 분명한 전방후원형이란 점이 밝혀졌다. 한반도에도 일본의 전방후원분과 유사한 무덤이 존재함을 부정할 수 없게 된 것이다. 이후 함평의 신덕고분, 광주 명화동고분 등이 속속 조사되고 전북 고창, 전남 해남, 담양 등지에 분포하는 고분에 대한 정밀 측량조사가 진행되면서 영산강을 중심으로 한 한반도 서남부에 전방후원분과 닮은 무덤이 10여 기 분포한다는 점이 분명해졌다[그림 2].

[그림 2] 영산강유역 전방후원분과 관련유적(박천수 2006에서)

아울러 많은 논쟁거리가 발생하였다. 우선 이러한 무덤의 명칭문제이다. 초기에는 전방후원분이란 용어가 사용되었지만 일본 고고학과 고대사에서 사용되는 용어를 그대로 사용하는 것이 타당한가 하는 의문이 생겨났다. 게다가 일본 학계에서 전방후원분체제라는 개념을 정립시키면서 전방후원분이 존재하는 지역은 곧 야마토 정권의 세력이 미치는 범위라는 식의 논리도 등장하였기 때문에 자칫 영산강유역이 야마토 정권의 세력권인 것처럼 호도할 수 있는 위험성이 지적되었다. 일본의 전방후원분과 형태적으로 유사한 것은 사실이지만 야마토 정권의 전방후원분체제는 수용할 수 없기 때문에 전방후원형 고분으로 부르자는 안이 제기되었다. 한편 영산강유역에서는 이러한 거대한 고분이 전통악기인 장고를 닮았다고 하여 장고분이라고 부르자는 제안도 나왔다. 이 글에서는 잠정적으로 전방후원형 고분이란 용어를 사용한다.

전방후원형 고분에 묻힌 자는 누구이며 왜 한반도의 서남부에만 이런 무덤이 집중하는가 하는 점이 가장 큰 관심거리이다. 초기에는 왜인이냐 재지 수장이냐 하는 단순한 구도였지만 전방후원형 고분에 대한 발굴조사와 연구가 진전되면서 그렇게 간단한 문제가 아니란 점을 알게 되었다.

[그림 3] 일본의 하니와(카시하라고고학연구소 박물관)

무덤의 외형이 전방후원형임이 분명하고 그 내부의 매장시설은 일본 큐슈(九州)의 굴식돌방무덤(횡혈식석실묘)과 유사한 점을 중시하면 왜인일 가능성이 높아 보인다. 하지만 자세히 보면 외형이 전방후원형인 것은 맞지만 단축과 즙석 등의 시설이 없는 경우가 많다는 점에서 일본의 전방후원분과 차이가 있다. 흙으로 만든 기물을 무덤에 죽 둘러세우는 장례풍습 역시 일본과 상통하고 기물의 외형도 유사하지만 자세히 보면 태토와 제작기법에서 일본의 하니와(埴輪: 그림 3)와는 달리 이 지역 도공의 손길이 엿보인다[그림 4].

부장된 유물은 주로 이 지역에서 생산된 토기이지만 백제 중앙에서 사여한 장신구 등의 위세품도 포함

[그림 4] 광주 월계동고분 출토 하니와형 토기

되어 있다. 근래에 발굴조사된 해남 용두리, 함평 마산리 표산고분에서는 중국 남조에서 제작한 흑갈색의 시유 전문도기가 발견되기도 하였다.

따라서 전방후원형 고분에 묻힌 자의 정체를 밝히는 것은 간단한 문제가 아님을 알 수 있다. 현재 한일 양국 학계의 견해는 철자원의 확보를 위해 야마토왕권이 한반도 남부에 파견한 자로 보는 견해(왜인설), 이 지역 우두머리라는 견해(재지수장설), 출생은 일본이지만 백제를 위하여 활약하던 인물(왜계 관료설) 등으로 나뉘어져 있다.

이러한 견해들은 나름의 장점과 단점을 가지고 있어서 쉽게 결판짓기 어려운 점이 있다. 문제는 더 많은 무덤이 발굴조사되면서 더욱 다양한 양상이 나타나고 있어서 묻힌 자의 신분과 그 배경에 대한 설명이 복잡해지고 있다는 점이다. 현재까지 확인된 전방후원형 고분의 수는 14~15기 정도인데 발굴조사된 것은 광주 월계동에서 2기, 명화동에서 1기, 함평 신덕(1기), 영암 자라봉(1기), 함평 마산리 표산(1기), 해남 용두리(1기), 고창 칠암리(1기) 등 이미 여덟 군데에 이른다. 게다가 본격적인 발굴조사는 아니지만 실측조사가 진행된 해남 장고산고분, 전방후원형일 가능성이 높은 나주 가흥리 신흥고분 등을 포함하면 그 내용이 밝혀진 전방후원형 고분은 꽤 많은 셈이다.

무덤의 규모는 가장 큰 해남 장고산고분이 전체 길이 77m, 함평 마산리 표산고분이 70m 정도이고, 중간급에 속하는 해남 용두리고분이 55m, 작은 편에 속하는 나주 가흥리 신흥고분이 30m 정도이다. 돌방무덤의 구조에서도 약간씩 차이가 있는데 일본 큐슈 각지에 분포하는 돌방무덤과의 유사점이 지적되고 있다.

2
한반도 남부 왜계 문물의
분포와 그 의미

이상의 사실을 고려하면 전방후원형 고분의 피장자를 한마디로 규정하는 것이 무리라는 판단이 선다. 게다가 한반도 서남부를 포함하여 남해안 일대에서 왜색을 풍기는 무덤이 광범위하게 분포하고 있다는 점이 새로 밝혀졌기 때문이다. 즉 전방후원형 고분이 아닌 무덤에서도 일본식의 돌방구조와 장법, 유물이 발견되는 사례가 증가한 것이다.

경상남도 고성에 소재하는 송학동 1호분은 소가야의 왕릉급 고분인데 오래전부터 전방후원형 고분일 가능성이 제기되었다. 발굴조사 결과 평면 원형의 무덤 3기가 합해져서 현재와 같은 모습을 띠게 되었음이 확인되어 전방후원형 고분의 범주에 넣을 수 없음을 알게 되었다. 다만 결과적으로 전방후원형 고분과 유사한 외형을 취하게 된 점, 일부 돌방(1B-1호)의 구조와 출토유물에서 일본과 유사한 점이 주목된다. 이외에 의령 경산리와 운곡리, 거제 장목, 사천 선진리, 삼천포 향등에서 발견된 돌방무덤도 그 구조와 장법이 일본적임이 밝혀지면서 경남 해안지역에도 왜계 고분이 존재함을 알게 되었다.

최근에 발견된 신안 배널리고분과 고흥 야막고분은 고대 해상교통로의 요충지에 위치하는데 규모는 소형이면서 구조와 부장유물, 매장방식이 일본의 그것과 매우 닮아 있다. 한편 영산강유역 최고 수장의 무덤인 나주 복암리 3호분 96호 석실은 내부에 대형 옹관이 안치되어 있는데 돌방의 구조는 일본의 돌방을 닮아 있어서 그 해석이 어렵게 된다. 구조와 장법은 마한 이후의 전통을 계승한 지역 최고 수장의 무덤에서 일본산 유물(스에키)만 출토되는 경우도 있다. 고창 봉덕리 1호분은 외형과 구조가 재지적인 전통을 계승한 대형 고분인데 내부에서는 백제 중앙에서 받은 금동신발, 중국 남조의 청자와 함께 스에키가 발견되었다.

따라서 일본과의 관련성을 보이는 무덤은 비단 전방후원형 고분만이 아니며 구조적으로 다양하고 일본과 관련된 내용도 다양(외형과 장법, 부장품 등)함을 알게 되었다. 지역적으로도 영산강유역 만이 아니라 남해안에 넓게 퍼져있다. 심지어 공주, 부여에서는 횡혈묘라는 일본식 무덤이 발견되고 청주 신봉동의 목곽묘에서는 스에키가 발견되었다. 이렇듯 다양한 고분들의 성격을 정리해보면 아래와 같다.

> A: 구조와 장법, 유물이 모두 일본적인 경우 -- 고흥 야막고분, 신안 배널리 고분
>
> B: 전방후원분을 모방한 구조와 장법을 보이지만 재지적인 요소, 백제의 영향이 공존하는 경우 -- 대부분의 전방후원형 고분
>
> C: 구조와 장법에서 일본적인 요소가 일부 보이지만 재지산 유물, 혹은 백제 중앙과 관련된 위세품이 존재하는 경우 -- 나주 복암리 3호분 96석실, 고흥 길두리 안동고분
>
> D: 구조는 재지적이지만 장법과 유물에서 일본 요소가 많이 보이는 경우 -- 함평 금산리 방대분
>
> E: 구조와 장법은 재지적이고 일본산 유물이 소량 보이는 경우 -- 고창 봉덕리 1호분
>
> F: 횡혈묘라고 하는 독특한 구조, 일본산 유물과 유사한 부장품이 존재하는 경우 -- 공주 단지리유적

대략 6가지로 구분하였지만 여기에 중국산 유물의 유무, 백제 중앙의 영향 등의 변수를 포함시키면 더욱 많은 경우의 수가 나타난다. 특히 B의 경우 일본 전방후원분의 구조와 장법을 어느 정도 많이 채택하였는지, 백제 중앙산 위세품의 유무 등을 감안하면 재지적인 요소와 일본적인 요소 사이에서 다양한 스펙트럼을 보이게 된다. 각 유형의 무덤의 피장자, 그리고 이러한 무덤의 등장배경에 대해 추론해 보면 아래와 같다.

A: 왜인의 무덤일 가능성이 높다. 이 경우 일본에서 출발하여 모종의 활약을 하다 중도에 사망하여 현지에 묻혔을 것으로 판단된다.

B: 재지 수장의 무덤일 가능성이 높다. 구조와 장법에서 일본의 전방후원분의 그것을 채택한 이유, 백제와의 관계 등이 주목되며 피장자들이 처해 있는 처지는 동일하지 않았을 것이다.

C: 재지 수장의 무덤이 분명하며 일본적인 요소가 더 강한 전방후원분 피장자와의 차이점이 주목된다.

D: 기본적으로 재지 수장의 무덤일 가능성이 높지만 B, C형과의 차이가 규명되어야 한다.

E: 재지수장의 무덤이 분명하며 일본 정치체와의 교섭도 그리 활발하지 않았거나 간접적이다.

F: 동성왕의 즉위와 관련한 북부 큐슈출신 인물 및 그와 관련된 인물(후손 포함)일 가능성이 높다. 영산강유역이 아닌 도성 인근에 묻힌 점에서 A~E형과 차이를 보인다.

이상의 양상은 한반도 남부지역에서 일본과 관련된 무덤자료만 정리한 것이다. 여기에 취락에서 출토된 야요이토기 및 하지키, 스에키의 문제, 백제 왕성에서 발견된 일본산 유물 등을 고려하면 문제는 훨씬 복잡해진다. 백제와 왜의 밀접한 관계를 고려할 때 당연한 결과이기도 하다. 따라서 영산강유역 전방후원형 고분의 문제는 고대 한일관계사와 관련된 여러 주제 중 하나에 불과한 것이며 이것만으로 복잡한 고대 한일 관계사를 말끔히 정리할 수는 없는 것이다.

3
일본열도 내 한반도계 문물의 분포와 그 의미

한반도에서 발견되는 일본계 유물보다 숫적으로 월등하고 역사적인 의미에서 훨씬 중요한 것이 일본열도에서 발견되는 한반도계 유적, 유물이다. 각종 문헌기록에는 고구려, 백제, 가야, 신라계 인물들이 일본열도에 이주한 이야기가 많이 나오며 그 시기와 계기, 정착한 지역도 매우 다양하다. 그 중에서도 백제계 인물들의 활약이 가장 활발하게 나타나고 있는데 실제 고고학적인 증거를 보더라도 백제관련 자료가 압도적이다.

3~4세기 무렵에 일본의 대외 문물 창구인 큐슈 후쿠오카(福岡)에서 활동하던 집단의 마을이 니시진마치(西新町)란 곳에서 발견되었다. 가옥의 구조와 출토 유물을 살펴볼 때 이 마을에는 원래부터 거주하던 주민(왜인)과 한반도 남부에서 이주한 자들이 함께 살았음을 알 수 있다. 한반도계 주민은 마한, 특히 충청도와 전라도 지역에서 온 사람들이 주류를 이루고 있다. 하지만 이 마을은 장기간 지속되지 못하는데 마한계 주민들이 일시 거주하다가 고향으로 돌아갔거나 왜인 사회에 뿌리 내리지 못했던 것 같다.

효고(兵庫)현의 데아이(出合)유적은 토기를 굽던 가마인데 재지의 일본 토기가 아닌 마한-백제계 토기를 생산하였으며 가마의 구조 역시 3~4세기 무렵 충청-전라 지역에서 흔히 볼 수 있는 구조이다. 역시 단기간의 조업으로 끝나고 정착에는 실패한 것 같다.

백제계 이주민이 일본열도에 대거 이주하기 시작하는 시점은 4~5세기이다. 근초고왕대 이후 일본열도의 정치체와의 관계를 강화하려는 백제 중앙의 입장, 한편으로는 북방의 고구려와 군사적 대립이 격화되면서 주민들의 이주와 이동이 가속화되는 현상이 그 배경을 이룬다.

큐슈에서도 많은 유적이 발견되었지만 마한-백제계 주민들이 집단적으로 이주한 흔적이 잘 나타나는 곳은 키나이(畿內), 즉 나라(奈良), 오사카(大阪), 쿄토(京都)와 그 외곽인 시가(滋賀), 와카야마(和歌山), 효고(兵庫) 등지이다. 그 흔적은 마을, 무덤, 생산시설, 제사터, 신사 등 여러 분야에 걸쳐 있다.

대표적인 마을은 오사카의 나가하라(長原)유적이다. 이 마을에서 발견된 취사용 토기들은 충청-전라지역의 토기와 흡사하여서 백제 지방민들이 집단적으로 이주, 정착하였음을 잘 보여준다. 쿄토, 나라, 오사카 등지에는 벽주건물이라고 불리는 특이한 구조의 가옥이 분포하는데 그 원형은 공주, 부여, 익산에서 많이 보인다. 벽주건물은 대개 백제계 주민들이 남긴 것으로서 주변에서는 굴식 돌방무덤이 함께 발견되는 경우가 많다.

굴식 돌방무덤 안에는 소형의 미니어처 취사용 토기(부뚜막, 시루, 냄비, 솥 등)와 가랑비녀가 함께 발견되는 경우가 많은데 대개 백제계 이주민과 관련된다. 굴식 돌방무덤은 무덤은 오사카와 나라 곳곳에 형성되어 있다. 전방후원분 1기만이 독립적으로 분포하는 일본의 고유 장법과 달리 수백 기의 무덤이 무리를 지어 분포하여서 군집분이라 불리는데 이러한 대규모 고분군은 대개 한반도계 주민들이 남긴 것이다.

오사카의 이치스카(一須賀)고분군[그림 5]과 아스카센즈카(飛鳥千塚) 고분군, 나라의 니자와센즈카(新澤千塚) 고분군 등이 대표적이다. 이치스카고분군에서는 백제계 금동신발과 비녀가 출토되었으며, 니자와센즈카고분군에서는 경주의 황남대총 출토품과 유사한 금제 장신구와 로만 글라스가 출토되었다. 따라서 백제계와 신라계 모두 이러한 무덤에 묻혀 있음을 알 수 있다.

이러한 무덤들은 수백 기가 떼를 지어서 분포하는데 여기에 묻혀 있는 사람들은 소수의 유력자와 그의 지휘를 받는 다수의 중소 귀족, 평민들로 구성되어 있다. 반면 오사카의 타카이다야마(高井田山)고분은 전형적인 백제식 굴방무덤인데 부부로 추정되는 인물이 나란히 묻힌 채 발견되었다[그림 6]. 이들에 대해 일본 학계의 견해는 백제의 왕족 부부라고 한다. 역사 기록에 나오는 곤지와 유사한 성격의 인물이 일본열도에 정착하고 매장된 사례일 것이다. 이외에도 백제나 가야, 신라에서 막 도착한 1세대, 어느 정도의 시간이 흐

[그림 5] 이치스카고분

[그림 6] 타카이다야마고분

[그림 7] 시토미야키타유적의 백제계 토기

른 후의 2~3세대 이주민들의 무덤이 많이 발견되었다.

　나라의 난고(南鄕)유적은 백제와 가야계 주민들이 집단으로 거주하던 곳으로서 철기와 구슬 등의 생산이 이루어졌다. 오사카의 시토미야키타(蔀屋北)유적[그림 7]은 말의 사육을 담당하던 집단의 마을로서 그들의 고향은 백제 지방으로 추정된다. 역시 오사카의 오오가타(大縣)유적은 철기생산에 종사하던 백제계 이주민이 남긴 유적이다. 이외에 말을 희생으로 삼은 제사, 물가에서 이루어진 수변제사에서도 백제계 이주민의 흔적이 많이 남아 있다.

　키나이의 외곽인 와카야마(和歌山), 미에(三重), 아이치(愛知), 돗토리(鳥取), 시마네(島根)는 물론이고 멀리 토쿄(東京)와 그 주변인 군마(群馬), 치바(千葉), 사이타마(埼玉) 등지에도 한반도계 이주민의 흔적은 널리 퍼져 있다. 일본 학계에서는 이들을 도래인(渡來人), 이들이 가지고 온 선진문화를 도래문화라고 하여 일본 고대 문화의 발전에 끼친 영향을 높게 평가하고 있다.

　따라서 한반도 남부에서 발견되는 일본계 문물에 비해 일본에서 발견되는 한반도계 문물이 양적으로나 역사적 의미로나 비교할 수 없을 정도로 중요한 셈이다. 따라서 고대 한일관계사를 임나일본부나 전방후원형 고분의 범위 안에서만 맴도는 사고방식이야말로 과거 식민사학에서 만들어 놓은 좁은 틀에 갇히는 꼴이다. 1960년대에 북한의 김석형이 주장한 형태의 분국설을 현 상태에서 액면 그대로 수용하기는 어렵지만 고대 한일관계사의 주류가 한반도에서 일본열도로의 이주와 전래라는 주장은 당시의 진실에 가깝다고 할 수 있다.

4
최근에 떠오르는 새로운 쟁점

왜곡된 고대 한일관계사의 모습을 제대로 돌이킨 일등공신은 고고학적 발굴조사의 성과라고 할 수 있다. 단편적인 문헌자료에만 의존하는 방법론을 벗어나 문헌과 고고학적 실물자료를 결합시킨 해석은 종전에는 그려 볼 수 없었던 새로운 단계로 연구를 진전시켰고 고대 한일관계사의 실상을 들여다볼 수 있는 기회를 제공해 주었다.

최근 또다시 새로운 문제가 대두되고 있다. 철제 갑옷은 비늘처럼 만든 찰갑과 판을 이어붙인 판갑으로 나뉘는데 판갑은 가야와 일본에서 많이 출토되었다. 과거 일본 출토품이 압도적으로 많을 당시에는 이를 양국의 군사력의 차이로 치환시키고 가야유적에서 나오는 판갑을 일본출신 무장의 활약, 나아가 임나일본부설을 입증하는 데에 이용하려는 시도도 있었으나 활발한 유적조사에 힘입어 가야지역의 사례가 늘어나면서 오히려 일본출토 판갑의 계보를 가야에서 구하려는 시도가 생기기도 하였다.

발굴조사가 진행되면서 가야지역을 벗어나 판갑의 발견지역이 확대되고 있다. 고흥 야막고분, 길두리 안동고분과 신안 배널리고분처럼 왜계 요소를 지닌 고분은 물론이고 청주 신봉동고분이나 음성 망이산성 등지에서도 판갑이 출토되었다.

최근 일본의 연구자 사이에서는 일본 야마토 정권의 중추에서 이러한 갑옷을 제작하여 일본열도와 한반도 일부지역의 수장들에게 나누어주었고, 이러한 행위가 정치적인 의미를 지닌 것으로 해석하려는 시도가 일어나고 있다.

앞에서 언급하였던 고흥 야막고분과 신안 배널리고분처럼 소형이면서 왜계 무덤구조, 대부분의 부장품이 무기류인 무덤에 부장된 판갑은 일본에서 제작되었을 가능성이 높다. 그리고 이 갑옷을 착장한 인물은 일본에서 파견된 무장일 가능성도 높다. 하지만 부산 연산동고분군처럼 당시 부산지역 최고 수장의 무덤에서 발견된 판갑마저 왜 왕권이 정치적 목적을 가지고 준 것으로 해석하는 것은 납득하기 어렵다. 이 문제는 이제 막 논쟁이 시작되었기 때문에 앞으로의 경과를 지켜볼 필요가 있다. 다만 국내의 갑옷 연구자가 매우 부족하며 연구 성과도 일본 학계에 비해 덜 축적된 현실을 고려할 때 앞으로의 상황은 예측하기 어려워 보인다.

나오는 말

고대 한일관계사를 대히는 연구자와 일반 시민의 태도는 유사한 점이 많다. 그것은 식민사학과 임나일본부설의 극복이란 하나의 목표로 귀결된다. 하지만 고대 한일관계사 연구는 비단 식민사학의 극복만이 목표가 되어서는 안 되며 연구 주제 또한 임나일본부설에 머물러서도 안 된다. 이러한 소극적인 자세야말로 식민사학의 가장 나쁜 폐해를 벗어나지 못한 모습이라고 할수 있다.

근대 이후 한국과 일본 양국의 정치적 역학관계에 짓눌려 부끄러운 식민지의 과거를 지우기 위한 자세나 과거의 제국주의 지배의 정당성을 고대의 역사에서 찾으려는 시도 모두 바람직하지 않다. 이러한 시도는 또 다른 왜곡을 낳을 뿐이다. 고대 한반도와 일본열도에서 발전하던 수많은 정치체는 자신의 이익을 위하여 때로는 연합하고 때로는 대립하면서 성장하였다. 근대의 민족주의가 자리잡을 공간은 없다. 민족주의적 잣대에서 한 걸음 물러나 한일 양지역의 관계사를 보면 새로운 면을 많이 발견할 수 있다.

무리를 이루어 일본열도 각지에 정착하여 새로운 삶을 시작한 한반도계 이주민, 외교적·상업적 목적을 띠고 바다를 건너와 활동하고 때로는 이 땅에 묻힌 일본열도인들의 생생한 모습을 그리는 것이 불가능하지 않기 때문이다. 이들의 왕성한 활동을 성공적으로 그려낼 때 고대 한일관계사 연구는 더욱 풍성해질 것이고 미래의 바람직한 한일관계를 설계하는 데에도 작지 않은 도움을 줄 수 있을 것이다.

〈참고문헌〉

강봉룡, 「영산강유역 정치체의 성격」, 『한국 고대사 연구의 새 동향』, 한국고대사학회, 1999.

강인구, 『삼국시대 분구묘 연구』, 영남대학교 출판부, 1984.

국립나주문화재연구소, 『고분을 통해 본 호남지역의 대외교류와 연대관』, 2014.

권오영, 「영산강유역 정치체의 성격」, 『한국 고대사 연구의 새 동향』, 한국고대사학회, 2007.

_____, 「주거구조와 취사문화를 통해 본 백제계 이주민의 일본 기내지역 정착과 그 의미」, 『한국상
　　　고사학보』56, 한국상고사학회, 2009.

김낙중, 『영산강유역 고분 연구』, 학연문화사, 2009.

_____, 「5~세기 남해안지역 왜계 고분의 특성과 의미」, 『호남고고학보』45, 호남고고학회, 2013.

대한문화유산연구센터 엮음, 『한반도의 전방후원분』, 학연문화사, 2011.

박순발, 「4~6세기 영산강유역의 동향」, 『백제사상의 전쟁』, 충남대학교 백제연구소, 1998.

박천수, 「영산강유역 전방후원분을 통해 본 한반도와 일본열도」, 『백제연구』43, 충남대학교 백제연
　　　구소, 2006.

_____, 『새로 쓰는 고대 한일교섭사』, 사회평론, 2007.

서현주, 「영산강유역 장고분의 특징과 출현배경」, 『한국고대사연구』47, 한구고대사학회, 2007.

성정용 외, 『백제와 영산강』, 학연문화사, 2012.

신경철 외, 『한국의 전방후원분』, 충남대학교 출판부, 2000.

임영진, 「한국 분주토기의 기원과 변천」, 『호남고고학보』17, 호남고고학회, 2003.

田中俊明, 「영산강유역 전방후원형 고분의 성격」, 『영산강유역 고대사회의 새로운 조명』, 역사문화
　　　학회·목포대학교박물관, 2000.

중앙문화재연구원·국립공주박물관·백제학회, 『마한·백제 사람들의 일본열도 이주와 교류』, 2010.

최성락, 「전방후원분 싱격에 대한 재고」, 『한국상고사학보』44, 한국상고사학회, 2004.

홍보식, 「한반도 남부지역의 왜계 요소 −기원후 3~6세기 대를 중심으로−」, 『한국고대사연구』44,
　　　한국고대사학회, 2006.

_____, 「한반도 왜계 무장구의 의의」, 『古代日韓交涉の實態』, 역박국제심포지엄, 2016.

황 해

우리 시대의 한국 고대사

8강

가야가 연맹체제를
고집한 이유

가야와 삼국의 차이

김태식(홍익대 역사교육과 교수)

1
고대국가의 개념과
성립 시기

인류 역사의 전개 과정을 살펴볼 때, 정치
체제 단위의 크기는 점점 커져왔다. 요즘에
는 세계화 흐름 속에 유럽연합과 같이 국가
를 넘어 광역에 걸치는 거대 정치체제가 나
타나고 있지만, 아직까지 가장 안정적인 정
치체제 단위는 '국가'이다. 국가 구성의 3가
지 요소는 영토, 국민, 주권이다. 고대부터
현대에 이르는 시대별 차이는 있어도, 국가
가 적어도 몇 개 이상의 도시를 포괄할 정
도의 '넓은 영토'와 그 안에 사는 '많은 주
민'들을 일정한 방법으로 '통치'하고 있다
는 점에서는 공통적이다.

그 중에서 고대국가의 특징은 통치 방법
의 핵심이 '왕과 귀족들에 의한 중앙집권적
통치 조직'에 있다는 점이다. 귀족은 고대

[지도1] 3세기 한반도 정세

나 중세에 있던 상위 계급으로서, 혈통-신분-지위에 있어 특권을 가진 사람들이며, 왕은 그 정점에 있는 인물이다. 그렇다면 사료 상으로 볼 때 '왕'이 존재하는 정치세력에는 어떤 것들이 있을까?

『삼국사기』에는 서력기원전 1세기 이후의 신라, 백제, 고구려, 왜국뿐만 아니라, 마한, 낙랑, 골벌국, 실직국, 압독국, 금관국, 가야국 등에 왕호를 붙이고 있어서, 왕이 존재하는 정치체에 시기 구분이나 나라 규모에 따른 차별이 없다. 그와 달리 3세기 전반의 한반도 정세를 서술하고 있는 『삼국지』 위서 동이전에는 상당한 구분이 있어서, 부여와 고구려는 왕이 있는 국가이고, 동옥저와 동예나 읍루는 다수의 장수 또는 거수가 있는 작은 읍락들의 군집이며, 삼한과 왜는 수십 개의 소국으로 구성된 연맹체이되 거기서 선출된 연맹장을 '왕'이라고도 칭하고 있다([지도1] 3세기 한반도 정세).

한국 고대사 학계에서 일반적으로 인정하는 고대국가 성립 시기는 어떠할까? 고구려는 1세기 후반 태조왕, 백제는 3세기 후반 고이왕, 신라는 4세기 후반 나물왕 때 고대국가로 성립되었다고 보는 것이 일반적이다. 여기서 고대국가의 성립이란 소국연맹체의 연맹장보다 강한 왕권 또는 중앙집권적인 통치 체제의 성립을 가리키며, 이를 '초기 고대국가'라고도 한다.

또한 고대국가 완성 시기로 고구려는 4세기 4/4분기 소수림왕, 백제는 4세기 3/4분기 근초고왕, 신라는 6세기 2/4분기 법흥왕 때로 보는 것이 일반적이다. 고대국가의 완성이란 중앙집권적인 통치 체제의 확립으로서, 그 시기의 핵심은 일원적인 관등제의 확립 또는 이를 성문화한 율령 반포를 기준으로 삼으며, 이를 '성숙한 고대국가'라고도 한다. 그에 비하여 가야는 시종일관 소국연맹체를 유지한 것으로 설명한다.

2
소국연맹체와
고대국가의 차이

　소국연맹체와 고대국가의 차이는 무엇일까? 『삼국지』 위서 동이전의 기록으로 보아 고구려는 3세기 전반에 이미 3만 호로 이루어진 초기 고대국가였고 내부적으로 5부가 존재하였다. 반면에 백제-신라-가야는 같은 시기에 각각 마한-진한-변한 소국연맹체에 속해 있던 소국들이었다.

　규모로 볼 때 마한은 54개 소국으로 이루어져 있고 총 호수는 10여만 호이며, 진-변한은 24개 소국으로 이루어져 있고 총 호수는 5만 호에 달하였다. 각 소국들은 민족적인 혈연이나 지리적 근접성에 따라 서로 연결을 맺고 그 중에서 가장 큰 소국을 중심으로 연합체를 이루고 있어서, 각 소국의 우두머리[首長]들은 1년에 1~2회 정도의 의례적 행사 때 맹주국의 국읍에 모여 공동으로 축제를 치렀다고 보인다. 삼한에는 5월의 파종 후나 10월의 추수 후에 나라 안의 사람들이 크게 모이는 행사가 있었다. 초기 고대국가 단계의 부여나 고구려에도 그 유제가 남아 있어서 영고나 동맹과 같은 제천행사가 있었다.

　그 후 마한에서는 북방 예맥족 계통 소국들(지역연맹체)의 강자였던 백제국이 맹주국인 목지국을 물리치고 고대국가로 성장하였다. 그에 비해 진한에서는 맹주국이었던 사로국이 그대로 성장하여 고대국가로 되었다. 신라는 지증왕 때 전국을 지방 크기에 따라 주-군-촌으로 편제하고 최초의 지방관을 파견하였으며, 법흥왕 때에는 율령을 반포하였다. 이에 따라 신라는 전국이 일원적으로 정비되어, 그 안에서 생산물의 일정한 비율을 부세로 수취하고 주민들에게 역역(力役)을 징발하였다. 이로 보아 6세기 전반에 신라가 성숙한 고대국가로 발전한 것은 틀림없다. 그러면 신라는 그 전의 어느 시기에 고대국가로 성립되었을까?

어떤 정치체가 국가인가 아니면 소국연맹체인가 하는 점은 대외관계 속에서 파악된다. 소국연맹체도 국제관계가 빈번해지면 연맹장을 선출하여 그를 '왕'으로 칭하는데, 이는 단위가 클수록 대외적으로 유리한 조건에 설 수 있기 때문이다. 그렇기 때문에 일시적으로라도 통일된 대외 행동을 취한 광역의 정치체는 외부 세력들에 의하여 하나의 이름으로 지칭된다.

『진서』 사이전 진한 조에 따르면, 진 무제 태강 원년(280)에 "그 왕이 사신을 보내 방물을 바쳤다."는 기록이 나타난다. 3세기 후반까지 진한 소국들은 그대로 있으나 그들 사이에 '왕'이라는 존재가 처음으로 기록된 것이다. '신라'라는 이름이 처음 국제무대에 나타난 것은 377년 및 382년 전진(前秦)에 사신을 보낸 나물왕 때였다(『자치통감』 권104 및 『태평어람』 권781). 그 때의 신라 사신은 고구려의 사절단에 포함되어 있었다고 추정된다. 그 후 잠잠했던 신라가 다시 국제무대에 나타난 것은 양 보통 2년(521) 즉 6세기 전반의 법흥왕 때이며, 그 당시의 신라 사신은 백제의 사절단을 따라갔다. 『양서』 신라전의 기록에 의하면, 신라는 수도를 6탁평으로 지방을 52읍륵으로 편제하여 통치하고 있었으며, 자분한지 등 5개의 관등이 있었다고 하였다. 그러므로 국제무대에서의 명칭 변경으로 보아, 일단 신라는 4세기 후반 나물왕 때가 고대국가로의 전환기로 주목되나, 아직 충분치는 않다.

한편 학계에서는 고대국가의 성립 문제를 '부체제'의 성립 여부로 논의하고 있다. 고구려나 백제는 5부체제이고 신라의 경우는 6부체제이다. 관련 학설 초기에는 '부'라는 것이 왕경 내의 반독립적인 조직으로 인식되었으나, 근래에는 소국과 같이 자치적인 지배기반을 가진 단위정치체들이 원래의 지역에 그대로 있으면서 왕의 부와 함께 큰 단위로 뭉치는 상태를 '부체제'라고 정의하고 있다. 여기서 부체제의 성립은, 연맹 소속국들의 외교권이 왕권에 의하여 통제되어 대외관계 창구가 단일화되는 시기를 중시한다. 새로운 부체제론에서는 각 부의 성격이 변화하여 중앙 수도에 결집하게 되면, 부가 독립성을 잃고 왕경의 행정구역처럼 된 것이라 하여 부체제의 소멸로 간주한다. 이런 관점에서 신라 6부체제의 성립 시기를 5세기 눌지 마립간부터 소지 마립간 사이로 보는 설이 나왔고, 그 후 신라 6부체제의 성립 시기에 대한 논의들이 이어져서 그 시기를 이사금 시기까지 올려 잡는 경향이 나타나고 있다.

이를 확인하기 위해서는 중앙의 왕권이 지방 세력들과 복속관계를 맺는 증거가 필요하다. 백제는 4세기에 위세품을 주변의 부로 추정되는 지방 세력들에게 사여하였는데, 신라의 경우에는 5세기부터 6세기 초에 걸쳐 경주 양식의 금동관, 귀걸이, 허리띠장식 등의 장신구를 경상남북도 일대에 사여하였다. 거기서 출토된 관(冠)들은 소재의 차등이 있지만 대체로 양식적 제일성(齊一性)을 보인다. 경주평야 주변에서 비교적 큰 고총고분을 축조하고 그 안에 신라계 금동관을 부장한 세력들이 '부'의 주인공으로 주목된다. 고고학적 유물자료들을 기준으로 볼 때 신라 6부는 5세기 전반에 성립되었으며, 그 지역 범위는 선산, 대구, 경산, 창녕, 양산, 부

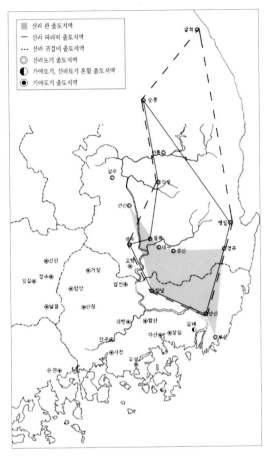

[지도2] 신라계 장신구와 신라토기 분포도

산 등이였다. 신라토기의 분포도 대동소이하다([지도2] 신라계 장신구와 신라토기 분포도).

또한 문헌 기록으로 보아 나물 또는 실성 이사금 때에는 왜국의 침략과 고구려의 간섭에 시달리는 모습을 보여 신라 왕권의 힘이 느껴지지 않으나, 눌지 마립간으로 넘어가면 신라가 고구려로부터의 압력을 배제하려고 시도하는 모습이 나타난다. 눌지 마립간은 수주촌(경북 예천군)간, 일리촌(경북 고령군 성산면)간, 이이촌(경북 영주시)간, 삽량주(경남 양산시)간 등 여러 지방 세력과의

협의 아래 고구려와 왜국에 있던 볼모들을 귀국시키고(418) 백제와의 비밀 협약을 진행시키면서(434) 왕권의 내실을 다졌으니, 그런 자신감의 축적으로 인하여 신라 사람들이 자기들의 국경 안에서 사냥하던 고구려 장수를 죽이는 사건도 일어났다(450). 이로 보아 신라는 5세기 전반의 눌지 마립간 시기에 6부체제를 성립시키지 않았을까 추정된다.

이를 바탕으로 하여 자비 마립간은 469년에 수도의 방리 이름을 정하여 행정구획을 정비하고 470년과 471년에는 멀리 국경지역에 삼년산성(충북 보은) 등을 쌓아 대비하였으며, 소지 마립간은 481년에 고구려의 남침을 막아내고 487년에 사방에 우편역(郵便驛)을 설치하고 관도(官道)를 수리하였으며 490년에는 수도에 시장을 개설하여 사방의 재화를 유통시켰다. 신라에서는 이즈음 수도 내에 6부의 거점이 마련되기 시작한 것이라고 보인다.

3
후기 가야연맹체의 성립

가야에는 여러 소국들이 있었으나 연맹체를 구성한 적이 없다는 이도 있고, 시종일관 지역연맹체의 연합 또는 단일연맹체에 머물렀다고 보기도 하며, 혹은 엄연히 고대국가였다고 보는 이들도 있다. 같은 실체를 놓고 이처럼 의견이 분분한 것은 가야 관련 사료가 충분치 못하기 때문이다. 그렇기 때문에 가야의 정치체제에 관한 것은 부족한 문헌 사료들을 최대한 모아 검토하면서 지역적으로 인접한 신라와 고고학적 상황을 비교하며 종합적으로 분석해야 한다.

『삼국유사』 가락국기 조의 6란 설화와 오가야 조의 기사로 말미암아, 가야라고 하면 6가야연맹을 떠올리는 사람들이 많다. 거기 전하는 두 종류의 5가야에서 중복된 것을 빼면 아라(함안), 고령(함창), 대(고령), 성산(성주), 소(고성), 금관(김해), 비화(창녕)의 7가야가 된다. 그러나 5세기의 토기 양식을 볼 때 고령가야, 성산가야, 비화가야에서는 가야토기가 아닌 신라토기가 나오기 때문에 문제가 된다. 또한 '가야' 앞에 놓인 지명 가운데 '고령'과 '성산'은 신라 경덕왕 16년(757) 한자식 지명 개정 이후의 지명을 쓰고 있기 때문에 문제가 된다. 게다가 5가야의 구성을 고려 태조 천복 5년(940)에 고치기도 했다는 것으로 보아, 5가야 혹은 6가야라는 관념은 고려 초의 역사인식을 반영하는 것이지 가야가 존재했을 당시의 연맹 상태를 반영하는 것이 아님을 알 수 있다.

이에 비해 경상남도를 중심으로 한 가야 지역에는 십여 개의 대형 고분군들이 존재하고 있고 여러 사료들에서는 역시 십여 개의 소국들이 있었음을 기록하고 있다. 대표적인 것이 『삼국지』 위서 동이전 변진 조의 12국, 『삼국사기』 악지에 수록된 우륵 12곡의 지명들, 『일본서기』 징구기[神功紀]에 나오는 7국 및 긴메이기[欽明紀]에 나오는 임나 13국 등이다. 그런데 가야 지역 고분군의 규모나 유물의 질로 보아 4세기 이전에는 김해 대성동 고분군이 가장 우월하고 5세기 이후에는 고령 지산동 고분군이 가장 우월하며, 그 두 지역에는 앞에 다른 지명이 붙지 않고 단지 가야, 가라, 또는 대가야라고 칭하는 세력이 있었다는 공통점이 있다. 그렇게 볼 때 4세기 이전에는 김해 세력이 가야(대가야)였으며([지도3] 전기 가야연맹의 지역 범위), 5세기 이후에는 고령 세력이 가야(대가야)였다고 추정할 수 있다.

이로 보아 가야연맹은 5세기 초에 중심지를 이동한 듯하다. 중심지의 이동은 주로

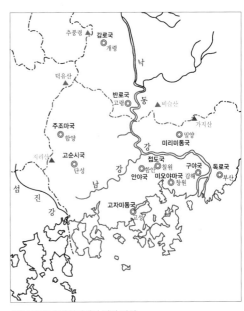

[지도3] 전기 가야연맹의 지역 범위

천도에 의하여 이루어지는데, 천도의 원인뿐만 아니라 천도 당시의 왕권이 어떤 상태에 있었는가 하는 점이 중요하다. 고구려는 유리왕 22년(서기 3)의 국내 천도, 산상왕 13년(209)의 환도 천도, 장수왕 15년(427)의 평양 천도가 있었으며, 백제는 문주왕 원년(475)의 웅진 천도, 성왕 16년(538)의 사비 천도가 있었다. 천도는 국내외적으로 어려운 비상 상황에서 이루어지는 것이 보통이며, 그에 따른 혼란을 수습하는 과정에서 많은 사회적 진통을 겪느라고 발전 속도가 지체되기 마련이다.

여러 건의 천도 중에서 고구려 장수왕과 백제 성왕 때의 천도는, 왕권 주체가 상당한 기간을 두고 계획한 측면이 있고, 천도 시기도 이미 고대국가가 완성된 이후였기 때문에 중심지 이동으로 인한 발전 지체가 크지 않았다. 백제 문주왕의 웅진 천도는 수도 함락이라는 위기 속에 단행된 것이었으나, 당시의 백제 왕권은 이미 고대국가 완성 후의 중앙집권체제를 이루고 있었기 때문에 혼란의 폭을 줄일 수 있었다. 고구려 산상왕의 환도 천도는 내부 알력과 외부 침략을 대비한 것이었으나, 당시의 고구려 왕권은 적어도 부체제를 유지하고 있는 상태였기 때문에 큰 혼란을 막을 수 있었다. 다만 산상왕 대의 천도에 대해서는 학설 논란이 있고, 유리왕 대의 천도는 전설적인 측면도 있어서 분명치 않다.

그에 비해 가야의 중심지 이동은 고구려-신라 연합군의 공격으로 상당한 피해를 입은 후에 이루어졌고 왕권의 성격도 소국연맹체의 연맹장에 지나지 않는 상태였다. 따라서 가야의 중심지 이동은, 고구려나 백제의 천도와 달리, 왕권 및 지역기반 교체라는 엄청난 변동을 초래하였다. 4세기 말까지 가야연맹을 주도하던 김해의 왕권은 몰락하고, 변방의 작은 세력에 지나지 않던 낙동강 중상류지역의 수장이 세력을 키워 연맹체를 다시 결성하고 그 연맹장으로 대두하기까지 시간도 많이 걸렸을 뿐만 아니라, 그 후에 성립된 왕권도 주변의 경쟁 세력들에 비하면 훨씬 미약하였다. 그 과정을 좀 더 검토해보자.

신라와의 전쟁을 주도하던 맹주국 금관가야가 몰락하자, 가야연맹은 중심을 잃고 흩어졌다. 낙동강 동쪽의 부산, 양산, 창녕 등지의 세력들은 몇몇 성의 함락을 계기로 신라에 투항하여 그 지원을 받으며 신라의 우군으로 변모하였다. 금관가야의 왕실은 고구려-신라 연합군의 직접적인 공격을 받아 제거된 것으로 보이지는 않지만, 몇 차례의 패전으로 인하여 주변 소국들의 신뢰를 잃고 무력화되어갔다.

이를 전후하여 가야연맹의 문명을 주도하던 금관가야의 귀족, 관료, 기술자, 교역담당자 등의 지도층은 크게 보아 세 방향으로 옮겨간 듯하다. 하나는 고구려-신라의 무력에 압도되어 신라 측으로 옮겨가서 동화되었을 것이다. 또 하나는 연합세력이었던 왜군과 함께 일본열도로 이주하였을 수도 있다. 또 한 무리는 전쟁의 직접적인 참화를 겪지 않았던 가야연맹의 변방 소국 쪽으로 대피하였을 것이다. 5세기 이후에 신라의 왕실 고분군인 경주 황남동 고분군이 물량의 홍수 속에 급격히 대형화된 점, 일본열도가 철제 갑주, 마구, 도질토기 등 여러 가지 새로운 문물의 도래와 함께 한 차원 도약한 점, 그때까지 약소했던 낙동강 중상류의 여러 세력들이 급속하게 발전한 점 등은 이를 반영한다.

경북 고령의 반파국은 가야연맹의 변방 소국에 지나지 않았기 때문에, 문화 수준이나 기술력, 경제력, 정치력 등 모든 것이 김해의 가야국에 비하여 절대적으로 열세였다. 반파국은 낙동강 중류지방에 존재하면서 농업에 안정적 생산 기반을 둔 후진 세력이었으나, 5세기에 들어 이들은 금관가야 방면의 피난민들을 맞이하여 경제력을 크게 확장시킬 수 있었다. 그 중에서 가장 중요한 것은 가야산의 야로 철광 개발이다. 반파국은 그 철광에서 생산되는 철을 기반으로 하여 각종 무기와 농기구를 산출하면서 가야연맹에 발전의 기운을 불어넣었다. 그 당시 백제에서

[지도4] 후기 가야연맹의 지역 범위

는 비류왕이 중국 남조의 문물을 가지고 와서 한반도 남부의 여러 지역 세력들과 접촉하여 고구려에 대항하는 남방 네트워크를 구성하고자 하였는데, 그 일을 담당한 백제 귀족 목라근자는 낙동강 유역에서 금관가야의 대체세력으로 반파국을 선택한 듯하다. 그리하여 고령의 반파국은 농업 생산 기반, 철광 개발, 백제의 지원 등을 통해 크게 발전하여 5세기 중엽에는 '가라=가야=대가야'라는 이름으로 나타나 후기 가야연맹을 구성하였다([지도4] 후기 가야연맹의 지역 범위).

4

대가야의 고대국가
성립과 그 한계

4세기 말의 신라는 가야연맹과 비슷한 상태에 머물러 있었으나, 5세기에 들어서도 지역기반과 왕권 주체가 바뀌지 않은 채 점진적으로 발전하였다. 신라가 5세기 후반에 수도를 재구획하고 수도로 통하는 길을 정비하고 상설 시장을 개통했다는 것은 인적 물적 중앙집권화의 진전, 즉 6부체제의 한 단계 도약을 반영한다. 다만 수도 내에 행정구역으로서의 6부 거처가 마련되었다고 해도, 왕실을 제외한 지방의 5부 지배세력이 이 때 한꺼번에 이주해 들어왔을 것으로는 생각되지 않는다. 대구-부산 등에서는 5세기 말 무렵에 큰 고분군이 없어지고, 양산-창녕 지방에서는 6세기 전반에 그런 현상이 일어나는데, 이는 부의 지배층이나 기타 소국 지배층의 중앙 집주(集注)와 관련이 있을 것이다. 다만 금관가야가 532년에 항복하자, 신라의 부나 연맹 소국이 아니었음에도 불구하고 그 지배층을 신라 수도로 이주시킨 것은 예외적인 특례 조치였다. 그렇다면 가야는 언제 부체제를 형성하였을까?

가야를 지원하며 고구려에 대한 저항선을 구축하고 있던 백제는 475년에 고구려의 공격에 수도가 함락되어 웅진으로 천도하였다. 그러자 가야는 백제에게 실망하여 독자적인 발전을 모색하여 중국과의 단독 통교를 이루어냈다. 가라왕 하지가 479년에 중국 남제에 조공하여 '보국장군 본국왕'이라는 직함을 수여받았다는 것은 이를 반증한다. 가야는 481년에 고구려의 신라 침공을 맞이하여 백제와 함께 원군을 보내 미질부성(포항시 흥해읍)에서 막아냈다. 이처럼 가야가 국제사회에 등장하여 하나의 정치단위로 활동하는 모습을 보이는 것은, 가야연맹의 맹주국인 대가야가 왕권을 크게 강화한 결과가 아닐까 한다. 그렇다면 가야의 5세기 후반 하지왕이 있었던 때를 초기 고대국가로 인정할 수도 있다.

『삼국사기』 신라본기의 기록만으로 보면, 5세기 후반에 신라는 이미 중앙집권적인 조직을 갖춘 고대국가였고 가야는 변방 소국 중의 하나에 불과하다. 그러나 고고학적인 자료로 볼 때 두 나라는 대동소이하였다. 낙동강 동쪽 지역에서 경주의 황남동 고분군에는 분구 직경 50~60미터급의 고분이 있고 나머지 지역은 20미터급 이하의 고분들뿐이다. 낙동강 서쪽 지역에서는 고령의 지산동 고분군에 분구 직경 50미터급, 함안의 말이산 고분군에 직경 40미터급의 고분이 있고 나머지 지역은 모두 20미터급 이하의 고분들이다. 이로 보아 낙동강 동쪽 지역에서는 신라의 왕권이 인정되고 낙동강 서쪽에서는 대가야의 왕권이 인정되었을 것이다. 같은 시기의 고령, 합천, 함양, 남원, 임실 등지에서 따비형, 호미형, 도끼형, 낫형의 축소모형 철제 농기구가 출토되는 것은 대가야왕이 지역 수장들에게 농경의례를 공유하자는 의미에서 사여한 위세품이라고 판단된다.

가야가 그 후 어떻게 고대국가 체제를 정비해갔는지 검토해보자. 신라가 470년에 멀리 국경지대에 삼년산성(충북 보은)을 축성한 것은 소국연맹체의 수준을 뛰어넘어 영역국가로 들어섰음을 추정케 한다. 그런데 가야에서는 그와 같은 사건이 514년에 일어났다. 6세기 초에 백제가 왜국과의 선진문물 교역체계에서 우월성을 내세워 가야 소국들을 포섭하려고 하자, 호남 동부 지

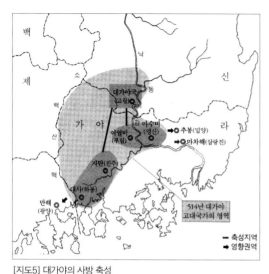
[지도5] 대가야의 사방 축성

역의 6~7개 가야 소국이 보다 큰 이익을 좇아 백제 쪽으로 편입되어 들어갔다. 그러자 대가야는 다른 지역까지 이탈하는 것을 차단하기 위하여 주변과의 경계 지역에 축성함으로써 세력권을 정비하였다. 그때 성을 쌓은 곳은 남강-섬진강 방면의 자탄(진주), 대사(하동 고전)와 낙동강 방면의 이열비(합천 부림), 마수비(창녕 영산)의 4개 지역이었다. 대가야가 자기 소국의 범위인 고령 지방을 넘어 이처럼 먼 지역들에 축성을 주도하였다면, 늦어도 6세기 초에는 고대국가로서의 면모를 드러낸 것이라고 하겠다([지도5] 대가야의 사방 축성).

다만 대가야의 축성 범위로 보아, 후기 가야연맹 가운데에서 대가야의 영향력이 직접 미치는 세력권은, 서쪽으로는 소백산맥과 섬진강, 남쪽으로는 남강, 동쪽으로는 낙동강을 경계로 삼은 것을 알 수 있다. 대가야의 축성 범위가 남강 이남의 김해-함안-고성 등지까지 미치지 못한 것은, 대가야의 통치권이 가야연맹 전체에 미치지는 못했다는 것을 의미한다. 510년대의 고대국가 대가야는 가야 지역의 절반 정도를 불완전하게 영역화한 것에 지나지 않고 남부 쪽에는 독립적인 소국들이 존재하고 있었으므로, 가야 지역 전체로 보아서는 아직 소국연맹체를 완전히 극복하지 못한 상태였다.

널리 알려진 우륵 12곡은 가야연맹 소속국들의 향악(鄕樂) 또는 군악(郡樂)을 대가야의 악사 우륵이 가야금으로 편곡한 것이다. 우륵 12곡은 대가야의 전성기에 만들어졌으며, 그 구체적인 연대는 우륵의 추정 나이와 가야연맹의 정치적 상황 등을 고려하여 505년경부터 512년 사이일 가능성이 높다. 우륵 12곡 중에 제2곡 상가라도, 기악곡인 제3곡 보기와 제8곡 사자기는 모두 맹주국인 대가야국(경북 고령)의 음악이다. 나머지 아홉 곡 중에 제1곡 하가라

도(김해), 제5곡 사물(사천), 제9곡 거열(거창), 제
10곡 사팔혜(합천 초계), 제11곡 이사(의령 부림)
의 다섯 곡은 경남 지역에 있던 가야 소국들의
음악이다. 제4곡 달이(전남 여수), 제6곡 물혜(광
양), 제7곡 하기물(전북 남원), 제12곡 상기물(임
실, 장수)의 네 곡은 호남 동부 지역에 있던 가야
소국들의 음악이다([지도6] 우륵 12곡 내 가야제국
의 위치). 그 소국들은 정기적으로 대가야 왕정
의례에 참여함으로써 가야연맹 전체의 공동체
의식을 고취하고 소국 대표자들은 대가야의 왕
이 주재하는 회의에 참여하여 연맹 전체의 방
향을 가르는 중요한 결정을 내리기도 하였을
것이다.

[지도6] 우륵 12곡 내 가야제국의 위치

소국연맹체나 초기 고대국가에서는 각 소국
또는 부의 대표자들이 모여 의례행위를 하거나 중요 사항을 결정하는 회의
체가 있었다. 소국연맹체에서의 소국수장회의(小國首長會議)가 축제 부수적으
로 또는 임시적으로 열리는 것에 비하여, 초기 고대국가 단계에서는 각부수
장회의(各部首長會議)가 훨씬 자주 또는 정기적으로 열리는데, 부여-고구려의
제가회의나 신라-가야의 제간지(한기)회의는 그와 같은 것이었다. 신라의 제
간지회의 사례로는 눌지 마립간 초(418)의 임시적인 것을 시초로 하여, 지증
왕 4년(503)의 사탁 지도로 갈문왕 등의 '칠왕공론(七王共論)'으로 표현된 회
의(영일냉수리비), 법흥왕 11년(524)의 탁부 모즉지 매금왕 등의 14인이 참석
한 회의(울진봉평비)가 있다. 여기서 신라의 제간지회의에 참석한 인물들은
탁-사탁-본피-사피-잠탁(부)의 여러 간지들이었는데, 그 가운데 탁부와 사
탁부에서는 왕을 포함하여 여러 간지들이 참석하였고, 본피-사피-잠탁부에
서는 간지만 참석하였다.

그에 비해 가야의 제한기회의 사례는 백제 성왕이 주재한 두 차례의 사비
회의에 그 명단이 보인다. 1차 사비회의(541)에는 안라 차한기 이탄해와 임나

일본부 길비신 등의 10인이 참석하였으며, 2차 사비회의(544)에는 안라 하한기 대불손과 일본 길비신 등의 10인이 참가하였다. 그리고 이들은 그 회의 결과를 안라왕, 가라왕, 임나일본부 대신에게 보고하여 최종 결정한다고 하였다. 그러므로 이 회의가 본국에서 열린다면 그들도 참석하였으리라고 추정할 수 있다.

여기에 나오는 임나일본부 대신이나 길비신은, 외형적 명분으로는 가야(안라)에 주재하는 왜국 사절단인 것처럼 표현되었으나, 실질적으로는 안라가 왜국 및 한반도 삼국과 외교 또는 교역을 할 때 그 중개 기능을 담당하였던 인물들이다. 그들은 왜 왕권과 직접적인 관련을 맺고 있지는 않지만 한반도에 오래 거주한 왜인이거나 왜계 인물이기 때문에, 일본어 소통 능력을 토대로 가야연맹이 타국과 대외관계를 수립하는 데 중요한 역할을 하였다. 그 관인들의 행동을 토대로 생각해 볼 때, 그들이 속한 이른바 '임나일본부' 즉 안라 왜신관은 안라의 특수 외무관서였다.

가야의 제한기회의에 참석한 인물들은 안라-가라-졸마-산반해-다라-사이기-자타-구차국의 한기들이었는데, 그 가운데 안라(함안)와 가라(=대가야; 고령)에서는 왕을 포함하여 여러 한기들이 참석하였고, 졸마(함양), 산반해(합천 초계), 다라(합천), 사이기(의령 부림), 자타(진주), 구차(고성)에서는 한기 또는 한기의 아들만 참석하였다. 이로 보아 참석자들의 구성은 제간지회의나 제한기회의가 서로 비슷하다. 다만 명단 배열 순서로 보아, 관등 서열 위주로 거명된 신라 법흥왕 때의 회의보다는 부 출신별로 거명된 지증왕 때의 회의가 사비회의 참석자 명단 배열과 더 유사하다. 이는 당시 신라-가야 사회구조의 유사성을 반영한다. 또한 2차 사비회의에는 한기 계열의 직함을 쓰는 안라, 자타, 구차와 수위-군 계열의 직함을 쓰는 가라, 졸마, 사이기, 다라가 구분되어, 가야연맹이 안라왕을 따르는 계열과 가라왕을 따르는 두 계열로 분열되어 있었음을 보여주고 있다.

이런 현상은 540년대의 가야연맹이 일원적인 지도력을 유지하지 못하고 신라와 백제의 원심력에 의하여 서서히 해체되어가는 상황을 반영하고 있다. 대가야는 최종적으로 고대국가를 완성하지 못하였기 때문에, 『일본서기』에 인용된 백제본기 계통의 사료 속에 이런 식으로 남아 있는 것이다. 만약 대가야가 고대국가 체제를 완성하고 자신들이 직접 작성한 사료들을 보유했다면, 그 당시의 여러 소국들을 '부'라는 이름으로 기록하였을 것이다.

5
가야 연맹체제의 명암

가야가 연맹체제를 고집하였다고 할 만큼 무언가 민주적, 지방자치적, 합리적, 낭만적인 이유가 있었을까? 아쉽게도 지금까지의 연구 결과로는 찾기 어렵다. 5세기 후반까지 신라와 비등한 상태에 있었던 가야가 결국 100년을 넘기지 못하고 신라에게 멸망된 까닭은, 가야의 중앙집권화 속도가 신라보다 약간 늦어졌기 때문이다. 그리하여 6세기 이후 백제 및 신라와의 각축 과정에서 가야연맹은 하나로 통일된 정책에 따라 움직일 수 없었던 것이 큰 문제였다.

가야연맹은 4세기 이전의 전기 때에 12개의 소국으로 구성되어 있었고, 5세기 이후의 후기 때에는 최대 22개의 소국으로 구성되어 있었다. 전-후기를 통틀어 가야연맹을 구성하였던 소국들은 기본적으로 낙동강 서쪽에 있었던 (1) 서부 경남 지역의 가야 서남부 소국들, (2) 낙동강 하구 일대의 가야 동남부 소국들, (3) 경상

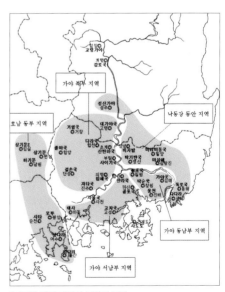

[지도7] 가야 지역의 문화권 구분

내륙 산간의 가야 북부 소국들, (4) 낙동강 동안의 가야 소국들, 그리고 (5) 호남 동부 지역의 가야 소국들의 다섯 지역연맹체로 구분되어 위기 때마다 각기 다른 선택을 하였다([지도7] 가야 지역의 문화권 구분).

그 중에서 낙동강 동안의 부산-양산-창녕 등지에 있었던 소국들은 김해 금관가야 중심의 전기 가야연맹에 속했으나, 본래부터 진한과 변한의 경계에 있어서 양쪽으로부터 이득을 취하였고, 4세기 말 5세기 초에 고구려의 무력을 등에 업은 신라에 눌려 그 문화권에 소속되었다. 또한 경북 성주의 세력은 낙동강 서쪽의 세력임에도 불구하고 인접한 고령 대가야에게 눌리지 않기 위해 경쟁하는 과정에서 신라 세력권에 가담하였다고 보인다. 그들은 5세기 이후로도 신라 문화권 속에서 한동안 독립 세력으로 번성하였으나 5세기 후반 이후 점차 신라의 중앙집권적 지배 아래 통합되어갔다.

호남 동부 지역의 남원-광양-여수 등지에 있었던 소국들은 4세기까지 마한 문화권에 속해 있다가 5세기에 새로이 가야 문화권에 소속된 것이기 때문에, 6세기에 백제의 세력이 회복되자 그쪽 논리에 쉽사리 동조한 것은 그리 부자연스럽지 않다. 다만 후기 가야연맹의 맹주국인 대가야에게 소속국이었던 이들을 감싸줄 만한 경제력과 정치력이 백제보다 부족했던 것이 문제였다.

나머지 낙동강 서쪽 세 지역의 가야 소국들은 전기부터 후기 가야연맹 때까지 수백 년 동안 동일 문화권에 있던 세력들이었으나, 그들 내부에서도 입지 조건에 따라 상당한 차이가 존재하였다. 고분군의 분포로 보아, 5세기 이후 가야 문화권에서는 높고 안정적인 농업 생산성과 야로의 철을 바탕으로 일어선 가야 북부의 맹주 즉 고령 대가야(가라국)의 고분들이 크기 면에서 월등하였으나, 서부 경남 지역의 맹주인 함안의 아라가야(안라국)도 넓은 평야와 바다에 가까운 입지 조건으로 독립적인 경제 기반을 가지고 있어서 그에 못지않은 고분 규모를 자랑하였다. 또한 김해-창원 일대의 금관가야(남가라국) 및 주변 소국들은 남해안의 낙동강 하구에 분포하여 전기 가야시대에 해운 교역과 낙동강 수운의 이익을 크게 누리는 중심 세력이었으나, 400년경에 고구려군의 직접적인 공격을 받아 쇠락한 이후에는 후기 가야연맹의 약소국으로서 인접한 신라와도 교통하며 연명하였다.

　이러한 세부적인 문화권 차이는 가야연맹이 한계 상황에 처할 때 서로 다른 선택을 하게 되는 계기로 작용하였다. 무엇보다도 치명적인 것은 전-후기 가야연맹 내에서 제2인자였던 아라가야가 금관가야나 대가야의 왕권을 제약해 왔다는 점이다. 게다가 가야보다 한 발 앞서 중앙집권화를 달성한 백제나 신라는 그 틈새를 이용하여 가야를 공략하였다. 가야는 전통적인 교역관계로 친숙한 일본열도의 일부 왜인들을 내세워 막아보려고 하였으나, 6세기 중엽 이후의 왜국은 오히려 유교-불교와 같은 선진문물을 가지고 접근하는 백제를 선호하였다.

　4세기까지 국제 교역의 측면에서 신라보다 앞서 나갔던 가야가 5세기 이후에 사회발전 또는 중앙집권화 속도에서 신라에 비해 늦어진 이유는, 소국연맹체 단계에 머물러 있는 상태에서 고구려 군대의 압도적 무력 앞에 무너져 이를 복구하는데 많은 시간이 필요했기 때문이다. 그것이 5세기 이후 고령 대가야를 중심으로 재기한 후기 가야가 일부 지역에 걸친 고대국가를 성립시켰음에도 불구하고 궁극적으로 연맹체제를 극복하지 못한 원인이었다.

〈참고 문헌〉

김세기, 『고분 자료로 본 대가야 연구』, 서울: 학연문화사, 2003.

김재홍, 『한국 고대 농업기술사 연구: 철제 농구의 고고학』, 진주: 고고, 2011.

김철준, 『한국고대사회연구』, 서울: 지식산업사, 1975.

김태식, 『가야연맹사』, 서울: 일조각, 1993.

＿＿＿, 『미완의 문명 7백년 가야사』 1권~3권, 서울: 푸른역사, 2002.

＿＿＿, 『사국시대의 가야사 연구』, 서울: 서경문화사, 2014.

남재우, 『안라국사』, 서울: 혜안, 2003.

노태돈, 『고구려사 연구』, 서울: 사계절, 1999.

백승옥, 『가야각국사연구』, 서울: 혜안, 2003.

백승충, 「가야의 '고대국가론' 비판」, 『부대사학』 30, 부산대학교 사학회, 2005.

이병도, 『한국사』 고대편, 서울: 진단학회, 1959.

＿＿＿, 『한국고대사연구』, 서울: 박영사, 1976.

李永植, 『加耶諸國と任那日本府』, 東京 ; 吉川弘文館, 1993.

전덕재, 『신라육부체제연구』, 서울: 일조각, 1996.

9강

신라사 속의
인물

거칠부의 사례

주보돈(경북대 사학과 교수)

1
누가 신라의
대표성을 띠는 인물일까

　과거 한때 특정 개인의 역할을 너무 미화하거나 지나치게 과장하면서 그를 역사 흐름의 중심에 놓고 이해하려는 경향이 강하였다. 그런 입장의 밑바탕에 역사를 움직이는 원동력이 신(神)이나 몇몇 소수 지배층으로부터 나온다는 사고가 짙게 깔려 있었기 때문이었다. 시대적 변화와 함께 역사 연구 수준이 크게 향상되면서 그런 인식은 뒤로 밀려나고 대신 다수를 차지하는 피지배자의 역할에 관심을 두는 관점이 크게 부각되어 갔다. 그 배경에는 다중(多衆)이 역사를 추동하는 주체라는 민주사회의 지향이란 명제가 깔려 있었다.

　다수의 역할이 중요시되어야 한다고 해서 특정 개인이 담당한 역할까지 전혀 무시되거나 낮추어 평가되어서는 곤란하다. 비슷한 여건 아래에서 흥륭한 사회가 있는가 하면 몰락의 길을 걸어간 경우도 있었다. 그렇게 된 데에는 지도자의 역할이 자못 큰 몫을 차지하였을 터이다. 가령 여러 정치체로 구성된 진한연맹체 가운데 유독 사로국(斯盧國)만이 최후의 승자가 되어 신라 건국을 주도할 수 있었던 데에는 구성원 전체가 보유한 역량 덕분이지만 그를 결집시킨 리더십 또한 무시할 수 없다. 삼국 가운데 가장 후발주자였던 신라가 최후의 승리자가 될 수 있었던 것도 마찬가지였다. 이런 사례들은 한 사회를 이끌어간 능력 있는 개인이 수행한 기여를 결코 무시하거나 과소평가해서는 안 됨을 방증한다.

그런 측면에서 신라사회를 이해하는 방편의 하나로서 특정 인물들을 선정해 그들의 활동을 살펴볼 필요성이 제기된다. 그들이 감당한 역할이 시대 상황과 밀접하게 연관된 일이기 때문이다. 그렇다면 과연 어떤 인물이 신라사의 특정 시기를 올바로 가늠할 수 있는 대상으로 적절할 것인가.

다 아는 바처럼 신라사 전반을 취급한 기본 사서로서는 『삼국사기』와 『삼국유사』를 손꼽을 수 있다. 신라사 속의 특정 인물들을 찾으려면 이 두 사서를 근거로 삼는 것이 바람직할 듯하다. 두 사서의 내용은 언뜻 점검하여도 여러 분야에 걸친 군상들의 활약이 확인된다. 그러나 현전하는 관련 기록이 많다고 해서 반드시 당대의 역할이 그에 상응한다고 단정할 수는 없는 일이다. 사서 편찬 당시까지 확보된 기초 자료 때문일 수도 있고, 편찬자의 특정한 입장이나 의도 때문일 수도 있다.

사실 위의 두 사서는 같은 시대를 대상으로 삼고 있지만 선택된 인물에서는 뚜렷하게 차이가 난다. 이는 사서의 편찬 목적과 성격이 다른 데서 기인한 것이다. 두 사서는 신라가 멸망하고 한참 지난 뒤인 고려시대 중·후기에 편찬되었다. 따라서 후대의 입장과 인식이 크게 반영되었을 터이므로 인물 선정과 평가 기준도 자연 당대와 같지는 않았을 것 같다.

두 사서의 편찬 목적이나 편찬자의 기본 입장은 매우 달랐다. 다루는 인물 선정 자체에서도 현저한 차이를 보이는 것도 바로 그 때문이었다. 박제상(朴堤上), 물계자(勿稽子) 등등을 제외하고는 중복되는 것이 거의 없다. 두 사서에 실려 있는 인물 가운데 다룰 만한 유력한 대상을 추출해 내려면 일단 사서의 성격에 대한 이해가 긴요하다.

1) 『삼국사기』 속의 인물상

『삼국사기』의 편찬을 주도한 사람들은 고려 중기의 유력한 유학자들이다. 따라서 그들의 인물 선정에는 유학적 인식과 입장이 깊숙하게 스며들 수밖에 없었다. 『삼국사기』에 실린 인물상에 깔린 주요 특징으로서는 먼저 그 점을 손꼽을 수 있다.

기전체 사서인 『삼국사기』는 전체 50권 가운데 10권만이 열전으로 분류되어 있다. 삼국의 군왕을 다룬 본기(本紀)가 28권으로 구성된 사실과는 뚜렷이 대조된다. 이는 『삼국사기』의 입장을 대충이나마 반영해 주는 대목이다. 『삼국사기』가 전범으로 삼은 중국 전한의 사마천(司馬遷)이 쓴 『사기(史記)』와 잠시 비교하면 그 성격이 저절로 드러난다. 무려 130권으로 이루어진 『사기』는 열전이 70권으로서 전체 분량의 과반을 차지할 정도로 비중이 대단히 컸다. 역사의 흐름에서 군왕보다도 숱한 군상들의 역할이 컸다고 인식하였음을 유추해낼 수 있다. 그런 점은 『삼국사기』 열전에서 승려를 단 한 사람도 다루지 않았던 사실에서도 확인된다. 이는 신라 당대에 불교가 가졌던 기능과 비중에 비추어 보면 대단히 의도적인 조치였다고 해석할 수밖에 없는 사안이다. 뒷날 그에 대한 일종의 반발로서 편찬된 『삼국유사』가 승려들의 전기를 적지 않게 설정한 의도와는 너무나 대조적이기 때문이다.

한편 김대문(金大問)을 다룬 데서도 그런 측면이 유추된다. 김대문의 저술 가운데 상당 부분이 고려 중기 당대까지 전해지고 있었고 그들 가운데 일부 내용은 『삼국사기』 편찬 과정에서 직접 인용되기도 하였다. 그럼에도 열전에서는 김대문에 관한 사항은 강수(強首), 설총(薛聰), 최치원(崔致遠) 등 유학자를 전적으로 다룬 편목의 말미에서 지극히 간단하게 처리하고 말았음은 매우 의도적이다. 그를 유학자로서 인정하지 않았기 때문이다.

물론 다루고 있는 인물 간에도 분량상 상당한 편차를 보이는 점에서 수집된 자료의 문제도 적지 않게 작용하였음이 드러난다. 『삼국사기』 열전에는 52명이 주인공으로 입전되었고, 그밖에 거기에 딸린 인물이 35명으로 진체 87명이 다루어지고 있다. 언뜻 보면 이들은 마치 크게 주연과 조연으로 나뉜 듯이 비치지만 실상은 자료의 문제에서 기인한 측면이 더 큰 것으로 보인다. 주요 인물로 선정되었더라도 관련 자료가 빈약하였을 경우에는 부득이 이름만 열거해 둔 경우도 있을 터이다. 다만, 특이한 인물의 경우에는 의도적으로 강조하려는 목적도 지녔던 것으로 여겨진다. 그 점은 김유신(金庾信)의 사례에서 뚜렷이 확인된다.

『삼국사기』 열전에서 김유신전이 차지하는 분량이 유난히 많은 사실은 각별히 주목해 볼 만하다. 열전 전체 10권 가운데 김유신전은 무려 3권이나 차지한다. 본문에 들어 있는 인물 50여명을 기준으로 삼으면 권당 대략 5.2명이며, 단순한 부수 인물 35명까지 합치면 줄잡아 권당 8.7명에 이른다. 그런 실상에 견주어 보면 김유신전만은 홀로 3권이나 차지하므로 비중이 엄청나게 큼을 알 수 있다. 『삼국사기』 전편을 통해 흐르는 가장 특징적인 면모라 할 수 있는 대목이다.

그처럼 김유신에 큰 비중을 두고서 다룬 이유는 일견 자료상 문제에서 비롯한 것이기도 하지만 특별한 목적을 내재한 데서 말미암은 때문으로 풀이된다. 김유신전의 근거가 된 자료는 그의 현손(玄孫)인 김장청(金長淸)이 저술한 『행록(行錄)』 10권이었다. 김유신전은 이를 3권으로 줄여서 정리한 것이다. 다른 인물들과 대비해 보면 내용을 한결 더 많이 줄일 수 있었음에도 그 정도로 그친 것은 김유신의 활동을 특별히 내세우기 위한 데에 목적이 있었다. 삼국통일을 이룬 원훈이자 가장 두드러진 충군애국적(忠君愛國的) 인물로서 각별히 부각시키려 한 것이었다. 이런 인식은 『삼국사기』 편찬 당시에 크게 요구되던 덕목이기도 하였다.

한편 신라에 의한 통일을 각별히 강조하려 한 의도도 그 밑바탕에 작용하였다. 그런 점은 신라본기의 구성에서도 확인되는 사실이다. 신라본기는 전체 12권으로 이루어져 있다. 신라 국왕 전부는 56명이므로 한 권당 평균 5명 정도로 구성된 셈이다. 그런데 문무왕의 경우만이 혼자 2권을 차지하고 있다. 대충 외형적으로만 볼 때에도 다른 왕의 10배 이상에 이르는 분량이다. 이는 『삼국사기』 찬자가 문무왕에 대해 그만큼 비중을 크게 두었음을 뜻한다. 찬자는 각별히 신라의 삼국통일을 강조하고자 하였다. 이런 점은 열전 가운데 특히 김유신에 대해 유난히 크게 비중을 두고 있는 사실과도 맥락을 같이 하며, 고려 중기 당시 신라 중심의 삼국통일을 강조하려는 분위기를 반영한다.

사실 『삼국사기』 전편에는 충군 및 애국과 함께 효제(孝悌)나 우의(友誼)와 같은 유학적 덕목을 드날린 인물을 강조하려는 요소가 흐르고 있다. 열전에서 다룬 신라인은 대부분 그를 충실히 실천한 인물들이다. 유학적 소양이 자리 잡기 이전의 석우로(昔于老), 이사부(異斯夫)나 거칠부(居柒夫)와 같은 인물도 크게 보면 당연히 그런 범주에 넣어도 무방하다.

2) 『삼국유사』 속의 인물상

『삼국유사』는 『삼국사기』보다 백수십년 뒤늦게 편찬된 역사서이다. 양자는 단순히 편찬의 시점만이 아니라 몇몇 주요 측면에서도 차이가 뚜렷하다. 『삼국사기』가 국가의 주도 아래 편찬된 관찬(官撰)이라면 『삼국유사』는 개인이 편찬한 사찬(私撰)이다. 사찬인 탓으로 자료의 수집에는 일정한 한계가 뒤따랐으나 취사선택에서는 자유로웠다. 이는 그만큼 편찬자의 생각이 가감 없이 그대로 반영되었음을 뜻한다.

한편 『삼국사기』 편찬자들이 유학자였던 것과는 달리 『삼국유사』의 편찬자는 당대를 대표하는 승려 일연(一然)이었다. 그 까닭으로 승려 개인의 입장이 강하게 반영될 수밖에 없는 구조였다. 일연은 사서의 체제[史體]는 말할 것도 없고, 편목이나 내용 등에 대해 어디에도 얽매이지 않고 자유롭게 선택하였다.

일연은 『삼국사기』에 대해 강한 불만을 품고 있었다. 거기에는 불교와 관련된 내용이 거의 실리지 않았기 때문이다. 그런 사정은 『삼국유사』라 하여 책명을 굳이 '유사(遺事)'라고 이름 붙인 데서 묻어난다. '유사' 속에는 '남겨진 사실', '버려진 사실'이란 뜻이 담긴 것으로 풀이된다. 『삼국사기』를 겨냥해 당연히 남겼어야함에도 고의건 실수건 버리거나 빠트린 사실을 다룬다는 의미이다.

일연은 『삼국사기』가 빠트린 사항을 두 가지로 보고 있었다. 하나는 정치 사회적 현상 혹은 사건으로서 신이(神異)한 것들, 다른 하나는 불교와 관련한 사항이었다. 전자에서는 유학의 비조인 공자(孔子)의 입장을 충실히 받아들인 때문에 사실로 취급하지 않거나 생략한 것들을 되살려 내려는 입장을 취하였다. 후자에 대해서는 일연은 강한 불만을 갖고 접근하였다. 책명을 『삼국유사』라 하였지만 실제 내용의 대부분을 불교에 할애하고 있는 데서 그 점은 저절로 드러난다.

정치사회적 사항들은 왕력(王曆)과 기이(紀異)의 두 편에 걸쳐 다루었다. 여기서는 쉽게 믿기는 어려운, 그러나 있을 수도 있겠다는 신이한 사항들을 다루었다. 대부분 『삼국사기』가 다루지 않았거나 다루었으면서도 크게 축약해버린 것들로 이루어져 있다. 그러므로 일부 중복되는 부분은 있지만 내용상에서는 크게 차이가 난다.

한편, 나머지 불교와 관련된 사항 전반에 대해서는 왕력과 기이편 외에 따로 흥법(興法)을 비롯한 여러 편으로 세분해서 취급하였다. 여러 편 가운데 특히 의해편(義解篇)은 『삼국사기』의 열전에 상당하며 신라 일대를 통해 두드러지게 활동한 고승들을 다룬 전기이다. 승려였던 일연 자신의 취향이 대상 인물의 선정에 강하게 스며들어 있다. 그렇지만 『삼국유사』의 편찬 과정에서 중국의 몇몇 고승전과 함께 각훈의 『해동고승전』도 참고하였으므로 그의 인물 선택이 자의적이었다고 평가하기는 곤란하다. 이를테면 원광, 자장, 원효, 의상 등은 의해편에서 다룬 대표적 고승들이다. 이들의 전기는 다른 고승전에도 실려 있으므로 일연은 그를 바탕으로 정리를 해서 평가하였다. 다만, 일연은 개개인의 역할과 활동에 대한 평가에서는 자신의 입장을 나름대로 표명하고 있다.

2
신라사 속의
거칠부

이상과 같이 신라사의 기본적인 두 사서 속에서 신라를 대표할 만한 인물은 적지 않게 찾아진다. 그들 가운데 어디에 기준을 두느냐에 따라 선정 대상이 달라질 수가 있다. 여기서는 그 동안 이름 자체는 널리 알려져 있지만 상대적으로 일반인들이 잘 알지 못하고 있는 거칠부를 대상으로 선정하여 그를 매개로 삼아 신라사에 대한 이해를 약간이나마 드높여보고자 한다.

1) 가계와 지향

거칠부의 이름을 황종(荒宗)이라고 표기한 기록도 보이듯이 '거칠다'는 뜻이다. 혹시 거칠부의 외모를 본떠 그렇게 이름 지었다면 그의 생김새를 어렴풋하게나마 떠올릴 수 있다. 그의 출생 시점이나 환경 등 기본 사항에 대해서는 분명하지가 않은 점이 많다. 다만, 그가 진평왕 즉위 초 무렵 78세를 일기로 자신의 집에서 죽었다고 하므로 대략 지증왕대인 6세기 초반 무렵 출생하였다고 추정할 수 있을 뿐이다.

『삼국사기』44 열전 거칠부전에 의하면 그의 성은 김씨이며, 나물왕의 5세손으로서 할아버지는 각간 잉숙(仍宿), 아버지는 이찬 물력(勿力)이라 한다. 그의 가계는 혈통이나 아버지, 할아버지의 관력으로 보아 당시 신라 왕실의 핵심 세력에 속하였음을 짐작할 수 있다.

아버지 물력은 524년(법흥왕 11) 세워진 울진봉평리신라비 2행의 말미에 '탁물력지일길간지(喙勿力智一吉干支)'로 나오는 물력지와 동일한 인물로 추정되고 있다. 물력은 그밖의 다른 기록에는 보이지 않는다. 대체로 법흥왕대를 중심으로 활동하였으며 최후로 오른 관등이 이찬이었음을 알 수 있는 정도이다. 할아버지인 잉숙의 이름은 달리 기록상으로 확인되지가 않는다. 다만, 486년(소지왕 8) 2월 이벌찬에 오른 내숙(乃宿)이 바로 그 인물일 것으로 흔히 추정되고 있다. 잉(仍)과 내(乃)는 글자 모양이 비슷해 그렇게 볼 여지가 충분하다. 내숙과 잉숙과 동일한 인물이라면 그에 대해서는 약간 더 추적해 볼 여지가 생겨난다.

『삼국사기』에는 소지왕의 왕비인 선혜부인(善兮夫人)을 내숙의 딸이라 하였다. 한편『삼국유사』왕력편에는 그와 달리 소지왕의 비가 기보갈문왕(期寶葛文王)의 딸이라 되어 있다. 양자가 일치한다면 내숙은 곧 기보갈문왕과 동일 인물이 되는 셈이다. 기보갈문왕은 지증왕의 아버지이기도 하였다. 만일 그것이 사실이라면 지증왕은 거칠부의 백(叔)부가 되는 셈이나, 그럴 가능성은 별로 없다. 그러므로 달리 명확한 근거가 없는 한 내숙이 곧 기보라고 하기는 어렵다. 만약 두 기록 모두에 아무런 하자가 없다면 소지왕에게는 어떤 이유에서인지는 불분명하지만 일단 내숙의 딸과 기보갈문왕의 딸이라는 두 명의 왕비가 존재한 셈이 된다. 당시 신라에서는 두 명의 왕비가 함께 존재한 사례가 달리 없으므로 두 사람은 선후해서 존재하였다고 봄이 적절할지 모르겠다.

이차돈 순교비

그런데 그런 혼동이 빚어진 요인 가운데 하나로서는 소지왕대에 궁중에서 일어난 분수승(焚修僧)과 궁주(宮主)의 살해 사건을 손꼽을 수 있다.『삼국유사』기이편 사금갑(射琴匣)조에 따르면 488년 궁중에 들어와 있던 분수승이 궁주와 밀통하다가 발각되어 살해되는 사건이 벌어졌다. 당시 아직 불교가 공인되기 이전이었음에도 분수승이 궁중 깊숙이까지 들어와 있었다는 사실은 왕실 일각에서 그를 적극 신봉하는 사람이 적지 않았음을 뜻한다. 527년 법흥왕이 추진한 불교 공인이 이른바 이차돈(異次頓) 순교라는 비상사건을 거친 뒤에야 비로소 성사된 사실을 상기하면 아직 이때에는 불교 수용에 반대하는 세력이 만만치 않았다고 짐작할 수 있다.

이상과 같이 보면 사금갑설화는 초기 불교 수용의 과정에서 커다란 갈등과 마찰이 있었음을 반영해 준다. 궁중 내부에서까지 불교를 수용하려는 쪽과 반대하는 쪽이 대립·갈등하고 있었다. 마침내 그 정점에서 반대파가 승려와 궁주의 잠통을 명분으로 내세워 수용파를 제압하였던 것이다. 기록을 따른다면 반대파 대표는 소지왕이며, 수용파 대표는 궁주였다.

단지 궁주라고만 하였을 뿐이므로 구체적으로 누구인지는 분명하지 않다.

궁주는 고려시대에는 후궁을 가리키는 용어로서 일시 사용되었지만 신라시대에는 이밖에 달리 용례가 없으므로 그 실체가 모호하다. 어쩌면 신라 당대의 용어가 아니라 설화 채록 과정에서 고려시대의 것이 그대로 소급 부회된 것일지도 모른다. 그것은 여하튼 이때의 궁주란 글자 그대로 '궁의 주인'이라는 뜻이므로 단순한 궁녀의 수준을 넘어선다. 게다가 승려를 궁중 깊숙한 데까지 끌어들인 사정을 고려한다면 왕비, 혹은 그에 버금가는 위치에 있었다고 봄이 적절하다. 기실 불교 수용을 반대한 국왕에 직접 맞서는 입장이라면 그밖에 다른 설정은 쉽지가 않을 터이다. 만일 궁주가 왕비를 가리키는 용어가 아니라면 사건이 처리된 뒤 의도적으로 낮추어서 그처럼 표현하였을 수도 있겠다.

설사 궁주가 원래 왕비는 아니었다 하더라도 불교가 공인되지 않은 상태에서 왕궁 깊숙이까지 분수승이 들어온 그 배후에는 그럴 만한 위치에 있는 인물이 연루되어 있었음이 확실하겠다. 비록 궁주가 앞에 내세워졌지만 그 배후에는 왕비를 중심으로 한 일군의 세력이 불교 수용에 작용하고 있었던 것이다. 그들이 국왕을 중심으로 한 일파와 불교 수용을 놓고서 대립·갈등하던 상황이었음은 분명하다. 궁주 혹은 왕비도 단독이 아니라 그 뒤에는 그들을 후원하는 집안(가문)과 같은 큰 배경이 작용하였을 터이다.

사금갑 사건이 발생하고 난 뒤 사망한 궁주는 물론 왕비도 온전하였을 것 같지는 않다. 소지왕에게 두 명의 왕비가 존재하였음이 사실이라면 이 사건이 마무리된 뒤 교체가 이루어져 그렇게 바뀌었을 공산이 크다. 그런데 두 명의 왕비 가운데 어느 쪽이 먼저이고 어느 쪽이 나중인지는 알 길이 없다. 내숙이 이벌찬으로 된 시점이 486년이므로 미루어 그의 딸은 첫째 왕비일 수도 있다. 그렇지 않다면 그 딸이 사건 이후 왕비로 간택되었을 수도 있겠다.

이후의 신라사 전개 과정으로 유추하면 내숙의 딸이 왕비로서 불교를 수용하려는 입장이었을 가능성이 크다. 그것은 먼저 선혜란 이름 때문이다. 선혜는 당시 일반적으로 통용되던 신라식이 아니며 한문식으로서 불교와도 상통하는 이름이다. 한편 내숙의 손자로서 선혜의 친정 조카인 거칠부가 어린 시절 출가하였다는 사실도 그와 관련해서 고려되어야 할 사항이다. 거칠부가 불교가 공인되기 이전임에도 어린 시절 출가한 것은 그런 집안 분위기를 잘 반영해 준다. 그렇다면 거칠부의 집안은 원래 불교를 적극 수용하려는 입장이었다고 보아도 좋을 듯하다.

그런 측면에서 거칠부는 지증왕이나 이사부와도 정치적으로 연결될 수가 있다. 당시 왕실 집단 내부에서 불교 수용을 지지하는 쪽과 반대하는 쪽이 나뉘어 있었다. 소지왕이 반대하는 입장이었다면 그 뒤를 이어 즉위한 지증왕은 수용을 적극 추진하는 쪽이었다. 그것은 지증왕과 그 후계자들이 취한 정책 방향을 살피면 뚜렷이 확인되는 사실이다. 거칠부는 이사부와 마찬가지로 정치적으로도 지증왕과 입장을 같이 하였고, 그것은 이후 법흥왕과 진흥왕대에도 정치적 핵심으로 부상하는 배경으로 작용하였다.

2) 출가의 경험과 『국사』 편찬

거칠부는 관료로 나아가기에 앞서 어린 시절 승려로서 출가한 적이 있는 특이한 이력의 소유자였다. 그가 언제 어떻게 출가하였는지는 잘 알 수가 없다. 545년 『국사』 편찬 책임자로 임명받았을 때 대아찬이었던 점을 고려해 역산하면 상당히 오래 전 일이었던 것 같다. 그를 방증해주는 것이 열전의 첫머리에 어려서[少] 머리를 깎고 승려가 되었다고 한 사실이다. 비교적 일찍 출가한 셈이므로 불교 공인 이전의 일이 아니었을까 싶다.

불교 공인 이전에도 국가의 승인을 받지 않고 출가한 것은 앞서 분수승의 사례에서 확인되는 사실이다. 535년 작성된 울산천전리서석 을묘명(乙卯銘)에서도 비구승과 사미승이 보인다. 이때에 이미 승직 체계가 제법 갖추어진 점을 고려하면 출가는 공인 이전부터 행해지고 있었다고 해도 무방하겠다. 거칠부의 출가가 공인 이전이라 하여 조금도 이상스럽지가 않다.

거칠부는 출가 뒤 전국의 산천을 유람하다가 마침내 국경을 넘어 고구려에 들어갔다. 젊은 거칠부에게는 당시 신라보다 상대적으로 선진국이었던 고구려의 사정이 매우 궁금하였던 모양이다. 고구려의 명승 혜량(惠亮)이 강경(講經)하던 사찰에 숨어들어가 몰래 청강하였다. 혜량이 어느 날 거칠부를 보자

울산천전리서석

그 용모와 관상이 범상치 않음을 알고 따로 불러들였다. 혜량은 거칠부가 신라인임을 확인하자 위험하므로 빨리 돌아가도록 촉구하였다. 그러면서 나중에 만나면 해하지는 말도록 당부하면서 거칠부가 무사히 귀국하도록 도와주었다.

거칠부는 귀국한 뒤 관직에 나아갔다. 이후 그가 어떤 역할을 맡았는지는 기록상으로 확인되지가 않는다. 그러다가 545년 당시 정치적 실세였던 이사부가 진흥왕에게 『국사』 편찬을 건의할 때 그 이름이 거명되었다. 이사부는 역사서 편찬이 군신(君臣)의 선악을 기록하여 만대에 포폄(襃貶)을 드러내어 보이기 위한 명분임을 내세웠다. 아마 당시 신라가 공동체적 성격의 부체제를 벗어나 국왕을 정점으로 한 중앙집권적 귀족국가로 나아가면서 그에 어울리는 새로운 지배이데올로기가 요구되었고 그에 부응해 신라 역사를 정리할 필요성이 제기되었던 것 같다. 이사부는 진흥왕의 결재를 받아 거칠부를 책임자로 추천하였다.

이사부가 『국사』 편찬의 책임자로 거칠부를 추천한 것은 그를 감당할 충분한 능력을 보유하였기 때문이기도 하였으려니와 두 사람이 가까운 혈연관계로서 정치적 입장을 같이하기도 한 점도 밑바탕에 작용하였던 것으로 여겨진다. 거칠부는 일찍이 불교에 깊은 관심을 가진 가문 출신이었던 만큼 이른 시기부터 수준 높은 문자 교육을 받았을 가능성도 크다. 사실 불경을 읽기 위해서는 먼저 한문 해독 실력을 보유하지 않으면 안 되기 때문이다. 특히 거칠부는 이미 어린 시절 승려로서 생활하면서 상당한 수준의 한문을 익혔을 터이다. 게다가 전국을 주유하면서 명사들과 교유하는 등의 경험을 쌓았음이 분명하다.

거칠부는 『국사』 편찬에 착수하면서 널리 문사(文士)를 모집하였다. 이때 승려로서의 경험이 크게 작용하였던 것 같다. 당시 문장을 제대로 작성할 수 있는 역량을 지닌 인물은 극히 한정되었을 터이다. 그 즈음엔 이제 막 관료 조직이 갖추어져 갈 무렵이었으므로 그 내부에는 따로 그를 전담할 부서도 없었음이 명백하다. 그래서 널리 문사를 모집한다고 광고할 수밖에 없었다. 이때 달려온 인사들은 거칠부와 이전에 교유한 경험이 있던 인물들이 대부분이었을 것 같다.

535년 비구승인 안급(安及)이 사미승과 거지벌촌(居智伐村) 출신의 중사(衆士)들을 데리고서 천전리에 갔다고 한다. 거지벌촌은 지금의 울산 언양이며 이때 중사란 곧 승려를 따르면서 글을 배우는 사람 일체를 지칭한다. 이로써 글을 읽을 수 있는 식자층이 왕경은 물론이고 지방에까지 점차 확산되어 가던 양상이 유추된다. 거칠부는 전국 유람을 통해 이들의 존재를 잘 파악하고 있었다. 그래서 문사들을 모집해 국사 편찬에 착수할 수 있었던 것이다.

『국사』를 편찬하는 데 얼마간의 기간이 소요되었는지는 잘 알 수가 없다. 편찬의 시작과 마무리 시점은 모두 같은 해로 기록되어 있다. 내용상 545년 시작하였음은 분명한데 그 뒤 문사 모집, 편찬 기간을 고려하면 이후 완성되었을 것 같다.

『국사』 편찬이 완료된 뒤 거칠부는 파진찬으로 승진하였다. 어쩌면 그에 동참한 사람들도 이를 전후해서 관료로 정식 발탁되었을 것 같다. 당시 여러 가지 측면에서 행정문서의 관리가 본격화되고 있었기 때문이다. 진흥왕이 550년(진흥왕 11) 처음으로 승직으로서 대서성(大書省)을 1인 두고 안장법사(安藏法

師)를 임명하였다. 대서성은 국왕과 관련된 문서 출납을 다룬 데서 그렇게 이름이 붙여진 것으로 보인다. 아마도 문서 행정을 전담하는 식자층이 요구되었고 그래서 『국사』 편찬에 종사한 인물들이 발탁되었을 공산이 크다.

3) 군사 활동과 한강 유역 진출

거칠부는 『국사』를 편찬하는 등 문사로서 대단한 역할을 하였지만 군사적 활동을 통해 세운 공로 또한 그에 못지 않았다. 신라는 551년(진흥왕 12) 백제의 끈질긴 요청에 따라 함께 한강 유역의 공략에 나섰다. 한강 유역은 원래 백제가 초기국가 형성기부터 터전을 잡아 뒷날 왕도로 삼은 매우 유서 깊은 곳이었으나 475년 고구려에게 빼앗겼다. 이때 백제의 개로왕이 사망하기까지 하였다. 그의 아들 무령왕과 손자 성왕은 오매불망 이 지역 탈환을 꿈꾸며 복수의 기회를 노리고 있었다. 그러다가 551년 백제는 목적 달성을 위해 신라와 가야를 연합세력으로 끌어들였던 것이다.

거칠부는 대각간 구진(仇珍)을 비롯한 소위 8장군과 함께 출정하였다. 백제가 고구려와 싸워 한성을 비롯한 한강 유역의 6군(郡)을 탈환하는 사이에 신라는 한강 상류의 10군을 확보하였다. 이때 고구려에서 만났던 혜량이 무리를 데리고 거칠부를 맞으러 나왔다. 그들은 고구려의 불안한 정정이 지방에까지 미치자 고국을 이탈하였다. 혜량이 주석하던 사찰은 아마도 한강 유역에서 그리 멀지 않은 곳이었던 것 같다. 거칠부가 군사 작전의 선봉에 서서 군공을 세울 수가 있었던 것도 젊은 시절의 탐사 경험이 크게 작용하였다. 거칠부는 혜량을 만나자마자 말에서 내려 군례(軍禮)를 다하고 함께 왕경으로 귀환하였다.

혜량은 승려로서는 최고의 명예직인 국통, 혹은 승통에 임명되었다. 그는 국왕의 정치 혹은 불교정책에 대한 중요한 자문역을 담당하였다. 진흥왕은 그의 자문을 받아 여러 가지로 괄목할 만한 새로운 정책을 실시하였다. 이때 고구려에서 추진한 불교 정책도 저절로 반영되었을 것임은 짐작키 어렵지 않다. 이미 백제를 매개로 남조의 불교가 유입된 바탕 위에 이제는 혜량을 통해 북조의 불교까지 신라에 유입된 것이었다. 신라 불교는 초기 단계부터 고구려나 백제와는 달리 남북조 두 계통의 불교가 전후해서 수용됨으로써 융합할 수 있었다. 신라에 불교가 수용된 기간은 그리 길지 않았으나 급속히 발전할 만한 요인은 거기에 있었다. 당시 신라가 처한 시대 상황과 관련해 왕이 곧 부처라고 하는 의식[王卽佛]은 각별히 눈여겨 볼 사안이다.

혜량은 한동안 신라 불교계의 중추적 역할을 맡아 체계를 정비하고 백고좌법회(百高座法會) 및 팔관지법(八關之法)을 시행하였다. 백고좌법은 유명한 여러 고승을 초청하여 『인왕경』을 읽으면서 국가의 안위를 기원하는 법회이며, 팔관회는 불교와 기존 토속신앙을 결속시키는 의식으로서 둘 다 호국의 법회였다. 이런 일시적 호국법회 외에도 혜량의 건의로 진흥왕은 왕즉불 의식을 항상적으로 추구해가는 중심적 거점 도량으로서 553년 황룡사 창건을 추진하였던 것 같다.

바로 이 무렵 법흥왕과 진흥왕은 백제 성왕이 추구하던 전륜성왕의식도 적극 수용하여 불교국가로서의 면모를 뚜렷이 확립하고자 하였다. 뒷날 진흥왕이 늘어난 영토를 순수하면서 승려를 대동하고서 업적을 과시하기 위한 목적에서 비를 세우게 한 것도 그런 일환이었다. 이처럼 진흥왕대에 추진한 불교 정책은 혜량을 통하여 유입된 북방불교의 영향이 컸다. 적극 나서서 혜량을 지원한 인물이 거칠부였다. 거칠부는 551년 진흥왕이 친정하면서 내세운 연호인 개국(開國)이란 이름 아래 강력하게 추진한 새로운 신라의 건설에 주도적 역할을 맡았던 것이다. 뒤에서는 노련한 정객 이사부가 뒷받침해주고 있었음은 물론이다.

4) 화랑도의 창설

이처럼 거칠부는 진흥왕대의 내정에 힘썼을 뿐만 아니라 외정에도 혁혁한 공훈을 세웠다. 그의 군사적 활약상은 이미 언급한 것처럼 한강 진출에서 돋보였지만 562년 추진된 가야 복속에서도 확인된다. 이는 561년에 세워진 창녕비에 그의 이름이 등장하는 데서 유추되는 사실이다.

창녕비의 가장 첫머리는 진흥왕이 대동한 신하 및 지역 주민들을 대상으로 밝힌 정치적 소회를 주요 내용으로 하지만 바로 아래에는 수가(隨駕)한 40여 명의 귀족 관료 이름이 열거되어 있다. 그 가운데 가장 앞의 일군(一群)은 갈문왕, 대일벌간을 비롯한 신라 최고위급 인물로서 중앙으로부터 국왕을 호위하여 내려온 신료들이다. 다시 그 아래에는 그들과는 다른 △대등(大等)이란 구체적 직책을 보유한 두 그룹, 그 아래에는 지방에 파견된 최고 사령관인 4인의 사방군주(四方軍主) 등 지방 파견관의 이름이 열거되어 있다. 거칠부는 첫머리의 △대등 가운데 가장 먼저 기재되어 있다. 기재 순서와 함께 그의 관등이 2등인 일척간(이찬)인 점을 고려하면 사실상 전투를 실제로 치르는 가장 높은 직책을 보유하였음이 드러난다. 대가야 전투에서는 이사부가 최고 사령관이었지만 그 외의 가야를 복속시키는 데에 거칠부가 주요한 역할을 다하였던 것으로 보인다.

거칠부는 561년 이전의 어느 시점에 이찬으로 승진하였다. 그는 568년 진흥왕을 호위해 신라의 동해안 최전선인 마운령과 황초령까지 갔다. 그때 세워진 황초령비와 마운령비에는 이찬으로서 대등의 직책을 보유한 관료들 가운데 제일 첫머리에 기록되어 있다. 이는 그가 한강 유역 진출 이후에도 줄곧 전장을 누비면서 군공을 세웠음을 알게 해 주는 대목이다. 이로 말미암아 그의 위상은 그만큼 높아졌을 터이다. 진흥왕대 후반에는 이사부의 뒤를 이어 사실상 정치의 중심지 역할을 다한 것으로 보인다.

여기서 주목되는 점은 진흥왕대에 화랑도가 창설되었다는 사실이다. 화랑도는 『삼국사기』 신라본기에 따르면 576년(진흥왕 37)에 이르러서 창설된 것으로 기록되어 있다. 그러나 562년 사다함이 화랑으로서 이사부를 따라 가야 공략전에 참전한 사실로 미루어 그 이전에 이미 창설되었음이 분명하다. 따라서 진흥왕 37년조의 기사는 전후의 사정 모두가 한꺼번에 기록된 것으로 볼 수 있다.

그런데 화랑도가 창설되기에 앞서 잠시 원화제(源花制)가 실시된 적이 있다. 준정과 남모라는 두 명의 미녀를 각각 원화로 앞세워 혈기왕성한 젊은 남성들을 모아 상호 경쟁하면서 도의를 연마하고 그 행실과 능력에 따라 관료로 천거되는 제도였다. 그러나 원화제도는 두 원화가 질투하여 남모가 준정을 죽임으로써 실패로 끝났다. 원화제가 시행된 구체적 시점은 드러나지 않으나 흔히 진흥왕이 어린 나이로 즉위한 뒤 지소태후가 섭정하던 시절 일이라 추정되고 있다. 이런 정황으로 미루어 한동안 대체할 방안을 모색하다가 화랑제가 채택된 것으로 보인다.

화랑제가 처음 창설된 시점은 분명하지는 않으나 진흥왕의 친정과도 밀접한 관계가 있을 듯하다. 진흥왕은 친정하면서 연호를 개국으로 바꾸었다. 개국이란 글자 그대로 나라를 새롭게 열겠다는 뜻이다. 여기에는 신라를 그 전과는 다른 새로운 모습으로 만들어내겠다는 진흥왕의 강력한 의지가 담긴 것으로 보인다. 진흥왕은 그런 의지를 결집시켜서 한강 유역에로의 진출에 성공하였다. 이 무렵 영역 확장을 도모하면서 다른 무엇보다도 새로운 시대를 이끌어갈 인재 양성이 중차대함을 절감하고 있었던 것 같다. 이에 마련된 것이 화랑제라고 생각되거니와 그를 적극 추동한 인물은 거칠부였을 공산이 크다.

그 점은 다음 두 가지 사항을 통해 유추된다. 첫째, 그가 신라의 역사서를 편찬하면서 인재 등용의 흐름과 필요성을 절감하고 있었다는 점이다. 국가사회가 필요한 인재의 성격이 언제나 한결같지는 않다. 시대가 요청하는 인재란 정치적·사회적 필요에 따라 달라지게 마련이다. 진흥왕은 친정을 하고 영역을 확장해가면서 지배체제를 국왕 중심으로 새롭게 재편하려고 기도하였다. 그를 뒷받침하기 위해 황룡사를 중심으로 왕즉불에 입각한 지배이데올로기를 만들어 갔다. 따라서 불교를 배경으로 하는 한편 새로운 시대를 열어갈 식견을 갖춘 관료가 요구되고 있었다. 거칠부는 유학적 소양을 갖춤과 더불어 불교의 이념을 실현할 새로운 인재 양성을 목표로 화랑제 창설을 주창한 것으로 여겨진다.

둘째, 그 자신이 어린 시설 출가한 뒤 천하 사방을 돌아다녔고 나아가 고구려 경역에까지 들어갔던 폭넓은 경험이 관료로 나아가서 일정한 역할을 담당하는 데 크게 보탬이 되었음을 누구보다도 잘 알고 있었다는 점이다. 어린 시절의 천하 주유 경험, 승려로서의 새로운 지식 습득 등은 뒷날 화랑의 그것에

황룡사지 전경

매우 어울리는 내용이다. 화랑도 조직에 승려가 교사로서 배정되었고 천하를 돌아다니면서 심신을 단련하고 도의를 연마하며 가락을 짓고서 유희를 즐기면서 멀리까지 산천을 유오하고 지형지세를 익히는 등의 활동을 한 점은 거칠부 자신이 출가해 경험한 일들과 그대로 일치한다. 거칠부가 혜량을 천거한 뒤 불교정책을 전반적으로 재정비하면서 동시에 화랑제 창설을 주창하였다고 해도 지나친 추정은 아니다. 화랑이 미륵의 화신으로 인식된 것도 그와 같은 시대 상황과 잘 부합하는 일이다.

이처럼 화랑도는 거칠부의 주장을 진흥왕이 적극 받아들임으로써 인재 양성을 목적으로 채택된 것이었다. 그를 시험대 위에 올려본 것은 이사부가 사다함을 대가야 정벌에 동원하면서였다. 과연 진흥왕이 기대하였던 대로 사다함은 뛰어난 역할을 하였다. 전공포상으로 포로가 주어지자 거절하다가 받고서는 양인으로 풀어주고 받았던 불모의 땅을 요청하는 등 새로운 시대를 짊어질 전범을 보였다. 게다가 사다함은 함께 죽기로 약속한 친구 무관랑(武官郞)이 병으로 사망하자 슬픔을 이기지 못하여 7일만에 따라 죽었다. 그의 행위는 진흥왕이 추구한 왕도정치의 구현에도 더할 나위 없이 어울리는 덕목이었다. 진흥왕은 이런 예비적 과정을 거쳐 화랑도를 새로운 시대를 열어갈 인재 양성의 표본으로 삼았던 것이라 하겠다. 그를 실행에 옮긴 숨은 공로자는 바로 거칠부였다.

이후 진흥왕대에는 거칠부의 활동이 보이지가 않는다. 그러다가 진흥왕이 사망하고 그의 둘째 아들인 진지왕이 즉위한 바로 그 해인 576년 상대등으로 임명되었다. 이로 보면 진흥왕대에 최고위직에까지 승승장구할 정도로 거칠부는 중용되었음이 확실하다. 진흥왕은 사망하면서 거칠부로 하여금 상대등으로서 진지왕을 보필하도록 유언하였을 것 같다.

　　그러나 진지왕은 재위 4년만에 정치를 제대로 돌보지 않아 혼란을 초래하였다. 결국 황음하다는 이유로 국인들의 결의에 따라 폐위되고 말았다. 그에 따라 상대등이었던 거칠부도 일말의 책임을 지고 물러났다. 그로부터 얼마 뒤 자연사한 것으로 미루어 보면 그가 진 정치적 책임이 그리 크지는 않았던 것 같다.

〈참고문헌〉

강종훈, 「신라시대의 사서 편찬」, 『강좌 한국고대사』5, 가락국사적개발연구원, 2002.

신라 천년의 역사와 문화 편찬위원회, 『신라를 빛낸 인물들 – 신라 천년의 역사와 문화 연구총서
          22–』, 경상북도문화재연구원, 2016.

이기동, 『신라 골품제사회와 화랑도』, 일조각, 1984.

_____, 「신라 화랑도 연구의 현단계」, 『이기백선생 고희기념 한국사학논촌(상)』, 일조각, 1994.

_____, 『신라사회사연구』, 일조각, 1997.

이기백, 『신라정치사회사연구』, 일조각, 1974.

주보돈, 『신라지방통치체제의 정비과정과 촌락』, 신서원, 1998.

_____, 『금석문과 신라사』, 지식산업사, 2002.

_____, 「5–6세기 중엽 고구려와 신라의 관계」, 『북방사논총』11, 2006.

_____, 「거칠부의 출가와 出仕」, 『한국고대사연구』76, 2014.

한국사연구회, 『새로운 한국사 길잡이(上)』, 지식산업사, 2008.

황해

우리 시대의 한국 고대사

10강

돌무지덧널무덤에 나타난 신라의 정치와 문화

이한상(대전대 역사문화학과 교수)

들어가는 말

　문헌기록에 근거해 신라사를 단계화하듯 고고학 자료를 통해서도 신라사의 변천과정을 설명할 수 있다. 물론 고고학 자료의 변천단계가 역사기록의 획기와 반드시 일치하지 않는다는 점은 재언이 필요치 않다. 고고학 자료 가운데 변화의 속도가 빠른 것은 시대미감을 잘 보여주는 장신구나 생필품인 토기이다. 묘제는 그에 비해 템포가 다소 느리지만 사회변화의 거대한 흐름을 더욱 잘 반영하는 지표이다. 신라 마립간기 돌무지덧널무덤의 등장과 소멸, 통일기 이후 화장묘의 유행 등이 대표적 사례이다.

　한 때 학계에서 돌무지덧널무덤의 등장과 신라의 건국 시점을 동일시한 적이 있었다. 그러나 여러 유적이 차례로 조사되고 연구 성과가 축적되면서 돌무지덧널무덤은 마립간기 신라 왕경인들의 묘제였음이 해명되었다. 그 시기 마립간을 위시한 신라의 왕족은 자신들의 우월한 지위와 신성성을 가시적으로 드러내기 위해 거대한 무덤을 축조하였을 뿐만 아니라 그 속에 황금빛 찬란한 장식품을 껴묻었다. 심지어는 산사람까지 죽여 함께 묻어주기도 했다.

　이 글에서는 먼저 돌무지덧널무덤이 언제 어떤 배경 하에 등장한 것인지, 그곳에 묻힌 마립간의 위세는 어떠했는지에 대해 살펴보고자 한다. 이어 돌무지덧널무덤에서 출토된 유물을 소재로 그 시기에 발현된 신라 스타일(樣式)이 과연 어떤 것인지에 대해 설명해보고자 한다. 아울러 그런 물질문화가 성립할 수 있었던 배경 가운데 하나인 대외교류 문제도 다루어 보려 한다.

1
무덤으로 본
마립간기 신라

1) 돌무지덧널무덤의 등장

사로국 단계를 신라사에 포함시켜야 할지를 둘러싸고 다양한 논의가 진행되고 있는데, 고고학계에서는 분리해 보아야 한다는 견해가 많다. 무덤에 기준해 볼 때 널무덤과 초기 덧널무덤을 신라사의 범위에서 제외하는 것이다.

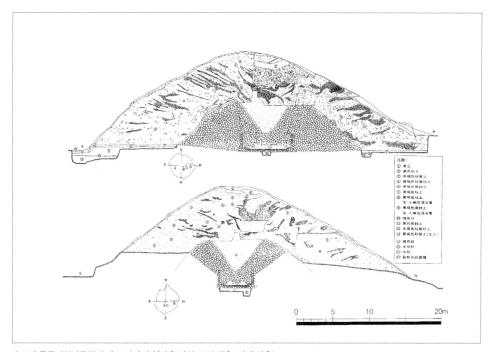

[도 1] 돌무지덧널무덤의 대표 사례인 천마총 단면도(위 장축, 아래 단축)

이와 연동하여 돌무지덧널무덤의 기원을 둘러싸고 많은 논의가 진행된 바 있다. 그 내용을 간략히 소개해보면 다음과 같다.

천마총과 황남대총 등 초대형 무덤이 발굴되면서 신라의 건국 주체세력에 대한 견해가 제시된 바 있으니 바로 김씨 왕조 교체설이다. 즉, 박씨와 석씨 중심의 사로국을 기마민족인 시베리아유목민족이 정복하고 김씨 왕조를 세웠으며 그들이 남긴 무덤이 바로 돌무지덧널무덤이라는 주장이다. 경주의 돌무지덧널무덤은 파지리크 등지에서 발굴된 유목민족 묘제 쿠르간(Kurgan)과 유사하며, 두 지역 무덤 내부에서는 모두 황금유물이 출토되고 있어 양자 사이에 밀접한 관계가 상정된다고 하면서 4세기에 유목기마민족이 경주로 남하하여 김씨의 나라를 새롭게 세웠다고 한다.

이 학설은 기마민족정복왕조설의 범주에 포함되며, 일견 매우 매력적으로 보이지만 세부 논증에서 다소의 문제점이 드러났다. 스키타이족의 주활동시기는 기원전 8~4세기이므로 신라고분과는 너무나 큰 시차가 있다. 물론 묘제는 매우 유사하지만 그 속의 황금문화는 격단의 차이가 있다. 스키타이의 황금문화는 그리스풍이며 디자인이나 제작기법에 있어 신라황금과 큰 차이를 보이고 있다. 이와 달리 돌무지덧널무덤의 기원을 고구려와 관련지어 살펴보는 연구가 있다. 경주 돌무지덧널무덤은 원래 전형적인 고구려 돌무지무덤이었는데 후대에 봉토를 씌웠다고 하였으나 발굴조사결과 적석과 봉토성토작업이 동시에 진행되었음이 밝혀졌다.

현재 학계에서 많이 받아들여지고 있는 견해는 재래의 덧널무덤에 고구려의 적석 아이디어가 결합하여 돌무지덧널무덤이 출현하였다는 설이다. 돌무지덧널무덤 가운데 초기형인 황남동109호분 3·4곽이나 황오리14호분 1곽의 경우 주곽과 부곽이 일자형(日字形)으로 배치되어 있으며 지하식 구조를 갖추고 있는데 이는 이전 시기 덧널무덤의 구조와 일치한다는 것이다. 또한 내부에서 출토되는 신라토기는 기형 및 기종에서 연속성을 보이고 있다고 한다. 이 견해는 신라묘제의 내적 발전과정을 중시하면서 외래묘제의 일부 요소를 주체적으로 수용하였다고 본 점이 특징이다. 또한 돌무지덧널무덤 속 금속유물의 계보를 고구려에서 찾아볼 수 있다고 주장하였는데 근래의 조사

성과에 의하여 증명되고 있다.

돌무지덧널무덤의 자생설을 주장한 또 다른 견해가 있다. 울산 중산리고분군의 덧널무덤 가운데 상부에 돌을 쌓은 예가 확인되므로 돌무지덧널무덤의 기원을 신라에서 찾아야 한다고 설명하였다. 그런데 울산 중산리고분군 자료는 신라의 중심이 아닌 지방의 무덤이고 대형분이 아니라는 점 때문에 중산리고분군의 묘제 변천양상을 경주에 그대로 적용하기 어렵다는 비판이 있다.

이처럼 그간 진행된 돌무지덧널무덤 연구는 주로 기원문제에 집중되었으며 돌무지덧널무덤 축조의 역사적 의미에 대한 관심은 상대적으로 적었다. 왜 신라인들이 그토록 큰 무덤을 만들었고 그 속에 수많은 부장품을 넣어 주었는지에 대한 이해가 필요하다.

2) 돌무지덧널무덤의 전형, 황남대총과 천마총

돌무지덧널무덤이라 하면 돌무지와 덧널 등 두 요소만이 연상되지만, 실제 발굴 결과에 따르면 이전 시기의 덧널무덤과는 판이한 제 요소를 갖추고 있다. 나무로 짜서 만든 여러 종류의 덧널, 그 속에 배치된 부장품 상자가 우선 그러하다. 그리고 덧널 외곽에 마련된 석단이나 적석 및 봉토 축성을 위해 설치한 각종 구조물, 표형분에서 잘 볼 수 있듯이 분구를 연접하여 만드는 방식 등도 새롭다.

기왕에 발굴된 왕릉급 무덤 가운데 광복 이후 국내 학자들이 발굴한 황남대총과 천마총의 사례를 들면서 돌무지덧널무덤의 구조에 대해 좀 더 자세히 살펴보고자 한다.

황남대총은 경주시 황남동 대릉원 고분공원에 있는 고분으로 1973년부터 1975년까지 발굴되었다. 두 무덤이 연접해 있어 분형이 마치 표주박처럼 생겼다. 남북 무덤의 높이가 각각 23m와 22m이며, 길이는 남북 합쳐 120m에 이른다. 남쪽 무덤이 먼저, 북쪽 무덤이 나중에 만들어진 것이다.

남쪽 무덤은 중심 묘곽과 딸린 묘곽이 동서로 T자 모양을 이루며 배치되어 있다. 중심 묘곽에서는 60세 전후의 남성 유골이 발견되었으며, 널과 덧널 사

[도 2] 황남대총 남분 발굴조사 모습(봉토조사 후 적석부 윤곽 노출)

이에서는 순장된 것으로 보이는 20대 여성의 유골도 일부 발견되었다. 덧널에서는 금동관·금목걸이·금허리띠·금귀걸이 같은 장신구와 금은으로 장식한 고리큰칼·은제 정강이가리개 같은 무구류, 각종 말갖춤, 그리고 유리 용기와 청동거울이 출토되었다.

북쪽 무덤은 남쪽 무덤과는 달리 덧널이 하나만 설치되어 있다. 널에서는 금관·금관드리개·금구슬·목걸이·금제 허리띠와 띠드리개·금반지·금팔찌 같은 꾸미개류만 출토되었다. 부장 공간에서는 갖가지 꾸미개와 은잔·유리잔·흑갈유병 같은 각종 용기류와 쇠솥·토기·무늬가 새겨진 가락바퀴·말갖춤 등이 출토되었다. 남쪽 무덤에 비하여 장신구가 많고 무기와 말갖춤 장식이 적다. 은제 허리띠 끝장식에 '부인대(夫人帶)'라는 명문이 있어 북쪽 무덤 주인이 왕비임을 알 수 있다.

1973년에 발굴된 천마총은 봉토 지름이 47m이고 잔존 높이 12.7m인 원형분이다. 발굴 조사 결과 황남대총 북분처럼 덧널이 하나인 단곽식(單槨式) 돌무지덧널무덤이었다. 무덤에 묻힌 60대 남성의 머리 방향은 동쪽을 향하

우리 시대의 한국 고대사 2

고 있었다. 무덤 주인공의 머리 쪽에는 꺼묻었던 상자가 배치되어 있었고 그곳에서 다량의 유물이 출토되었다. 주요한 유물은 금관, 금제관모와 관식, 금귀걸이, 금허리띠, 금반지, 금팔찌, 금동신발, 금은장식 고리큰칼, 천마도 말다래(障泥), 쇠창 36점, 덩이쇠 37점, 토기 119점, 장식마구 각종,

[도 3] 천마총 발굴조사 모습(봉토조사)

금동제 소합 22점 등이다. 이 무덤의 연대에 대하여 여러 견해가 있으나 6세기 전반의 어느 시점으로 보는 견해가 많다.

황남대총에서는 남분이 빠르고 북분이 늦으며, 천마총은 그보다 더 늦은 시기에 축조된 것이다. 황남대총이 5세기를 대표한다면 천마총은 6세기를 대표하는 돌무지덧널무덤이라 하겠다. 황남대총 남분, 같은 무덤의 북분 사이에서 확인할 수 있는 변화는 묘곽의 개수가 2개에서 하나로 줄었다는 점이다. 무덤의 규모나 유물의 수량 및 격으로 보아 황남대총 남분을 마립간의 무덤으로 보는데 이견이 적은 편이다. 다만 무덤에 묻힌 인물이 내물마립간(재위 356~402)인지, 눌지마립간(재위 417~458)인지를 둘러싸고 의견이 나뉜다.

3) 마립간의 유택, 돌무지덧널무덤

현세의 지위가 아무리 높다 하더라도 인간은 죽음을 피할 수 없다. 인간에게 죽음은 숙명인 셈이다. 인류의 출현 이래 인간은 죽음에 대하여 인식하였고 죽음에 대한 두려움에서 벗어나고자 저승의 세계를 창출하거나 장례의식을 성대히 치르기도 하였다. 고대인의 죽음에 대한 인식을 이해하면 그와 표리의 관계에 있었을 삶의 모습도 보다 구체화 시켜 복원해볼 수 있을 것으로 기대된다.

[도 4] 돌무지덧널무덤이 군집을 이룬 경주 노서리고분군 근경

우리 인간의 인지능력이 차츰 발달하면서 다양한 변화가 생겨났다. 그 가운데 하나가 무덤의 조영이다. 유해를 자연에 방기하던 시절에서 벗어나 유해를 거두어 매장하는 풍습은 인류사 전체에서 보더라도 대단히 혁신적인 일이었다. 우리 역사에서는 신석기시대부터 무덤을 쓰기 시작했다. 신석기시대로 편년되는 통영 연대도유적이나 부산 가덕도 장항유적에서 무덤이 발굴된 바 있기 때문이다.

그런데 고대사회의 무덤 가운데 규모가 크고 부장유물이 다량으로 묻힌 것은 삼국시대의 일이다. 경주 시내에 동산처럼 우뚝 솟아 있는 마립간기 신라 왕릉이 전형적 사례이다. 왜 신라인들은 무덤을 거대하게 만들고 그 속에 수많은 물품을 부장했을까? 동서고금을 막론하고 우리 인간은 자신이 살고 있는 삶이 영원하기를 바란다. 그리고 인생의 한정성을 깨닫게 되면서 사후세계에 깊은 관심을 가지게 된다. 현세의 삶이 내세로 그대로 이어지기를 소망하는 경우도 있고 그 반대의 경우도 있다. 현세의 지위나 경제력이 우월한 왕족과 그 측근들은 특히 전자에 해당될 것이다. 그들은 자신이 사용하던 물품에 더해 각종 물품을 새로이 만들어 무덤 속에 부장했던 것이다. 이러한 장례 풍습의 이면에는 새로이 권력을 계승한 국왕의 정치적 의지도 개재되어 있었다. 새로 즉위할 혹은 즉위한 국왕은 그의 왕위계승을 정당화하고 자신의 입지를 강화하기 위해 선왕의 능묘에 대한 치장에 깊은 관심을 가지게 된다. 특히 뒤를 잇는 왕의 입지가 불안할 경우에는 장례 준비기간을 늘리기도 했다. 이 기간을 빈(殯)이라고 하는데 신라의 경우 약 1년 정도였던 것 같다.

전술한 것처럼 마립간기 신라 왕릉의 묘제는 돌무지덧널무덤이다. 이 시기의 신라는 4세기대 이래의 내적발전에 더하여 고구려로부터 군사적인 지원을 받으면서 대외적으로 영역을 크게 확장한다. 그 후 5세기 중엽부터는 고구려의 통제에서 벗어나려고 노력하였으며, 보은의 삼년산성처럼 군사적인 요충지에 성을 쌓고 지방민을 각종 노역이나 전쟁에 본격적으로 동원하면서 6세기대 대외팽창의 기초를 다져 나간다. 이 시기 신라의 모든 영토 안에서는 경주의 공방에서 제작한 신라토기와 함께 그것을 모방하여 만든 신라양식 토기가 함께 사용되고 있었다. 아울러 지방을 통치하는데 중요한 거점이 되거나 다른 나라와 국경을 접하고 있는 지역의 수장층은 마립간으로부터 하사받은 금동관이나 금귀걸이, 은제 허리띠 등을 사용하기도 하였다. 대체로 경주 시내에 황남대총 남분이 축조되던 5세기 중엽 경이 되면 낙동강 이동의 모든 지역, 낙동강 이서의 성주와 선산, 안동·상주를 비롯한 경북 내륙지방, 강릉·삼척 등 동해안이 신라의 영토로 확실히 편입된다.

마립간기의 신라 지배층 모두가 돌무지덧널무덤을 묘제로 사용하지는 못했다. 이 시기의 무덤은 경주와 지방 사이에 구조상의 차이가 있었던 것이다. 돌무지덧널무덤은 왕경인(王京人)이 전유한 묘제였다. 그들은 배타적인 자신들의 지위를 대외적으로 과시하고자 노력하였는데, 특히 육안상 위압감을 주는 큰 무덤을 만들었고 장례의식도 성대히 하였다. 그 과정에서 각종 화려한 금제 장식품을 함께 껴묻었다. 특히 왕족의 경우 머리에는 금관, 귀를 비롯한 신체의 각 부위에 귀걸이와 목걸이, 팔찌, 반지, 허리띠, 신발을 금(혹은 금동)이나 은으로 만들어 착장시켰다.

경주에서 발굴조사된 무덤 중 황남대총 북분의 경우 하루에 200여명의 장정을 동원하여 매일 공사를 하여도 6개월 이상의 시일이 필요했을 것으로 추정된다. 그러면 경주 시내의 그 많은 무덤, 특히 현재 봉분이 모두 없어졌으나 지하에 매장되어 있는 수 천기 이상의 고분을 만드는 데는 천문학적인 인력과 재화가 필요했을 것이다. 이에 필요한 자원은 모두 경주 주변이나 지방의 백성들을 동원하여 충당하였을 것이며, 그 과정에서 지방의 유력자를 우대하여 그들을 매개로 지방지배를 실시하였다. 그 결과 각 지방에는 경주의 강력한 지원을 받고 있던 현지세력가들이 경주에 버금가는 큰 무덤을 축조하기도 하였다. 부산의 복천동고분군, 양산의 북정리고분군, 경산의 임당고분군, 대구의 달성고분군, 창녕의 교동고분군, 성주의 성산동고분군, 영덕의 괴시리고분군, 의성 금성산고분군, 순흥 읍내리고분군 등이 이러한 예이다. 이 고분군의 묘제는 일부 돌무지덧널무덤도 있지만, 대부분 돌덧널무덤이다. 이 무덤에서는 경주와 동일한 장신구류와 금속제품이 출토되는데, 경주의 관심도가 높은 지역일수록 더욱 화려하고 많은 유물이 출토된다.

그런데 이처럼 무덤의 크기가 크다고, 또 무덤 속에서 금관을 비롯한 각종 보화가 쏟아져 나온다고 이 시대가 왕권이 가장 강했던 때일까? 그렇지는 않다. 당시 신라왕은 마립간(麻立干)으로 불렸는데 이는 여러 간(干) 중의 우두머리란 의미이다. 마립간은 절대적인 권력자라기보다는 왕족 가운데 상대적으로 우월한 지위에 있었던 존재로 이해되고 있다. 수많은 인력을 동원하여 이처럼 큰 무덤을 만드는 것은 신라의 성장과 힘을 보여주는 것이기는 하지만 아직 무덤의 크기나 부장품의 화려함만으로 최고 지배자의 지위를 강조하는 단계에 머물러 있었음을 나타낸다. 결국 경주 시내에 군집을 이루고 있는 돌무지덧널무덤은 율령이나 유교적 이념으로 충성을 이끌어내기 이전 단계에서 신라왕족의 위세를 표상하기 위해 만들었던 기념물이라 규정할 수 있다.

2
신라 스타일의
발현과 교류

1) 황금의 나라, 신라

신라는 삼국시대의 여러 나라 가운데 가장 화려한 황금문화를 꽃피웠다. 많은 물건을 무덤에 넣어두는 풍습과 돌무지덧널무덤이라는 특이한 무덤의 구조 때문에 많은 금속유물이 오늘날까지 고스란히 전한다. '신라'하면 곧 금관의 황금빛 이미지를 떠올리게 되는 것은 바로 이 때문이다. 8세기에 찬술된『일본서기』에는 신라를 '눈부신 금은채색의 나라' 혹은 '금은의 나라'로 묘사하고 있다. 12세기에 아랍인 알 이드리시는『천애횡단갈망자의 산책』이란 저서에서 이전의 답사기를 인용하여 '신라에는 금이 너무나 흔하다'라고 기술하였다. 외국인들의 눈에 비친 신라의 황금빛 이미지는 실제 유물에서 그대로 되살아난다.

황남대총이나 천마총 등 신라의 왕릉급 무덤 속에는 매우 많은 유물이 부장되어 있는데 특히 주인공의 유해부에서는 황금으로 만든 각종 장신구가 출토되고 있다. 경주 시내에 대형 무덤이 축조되고 그 속에 수많은 황금제 장신구가 부장되는 시기의 신라는 왕위를 김씨가 세습하게 되고 마립간이라는 왕호를 사용하는 등 비약적 발전의 모습을 보인다. 이 시기에 북방문화권과 교섭한 결과, 선비족 등 유목민족의 황금문화가 신라에 이입된 것으로 보기도 하나 그 양식은 신라적이다.

신라 금속장신구 문화의 전형은 이미 황남대총 남분 출토품에서 확인된다. 그러나 이 시기에 황금장신구를 소유할 수 있는 사람들은 매우 제한적이었던

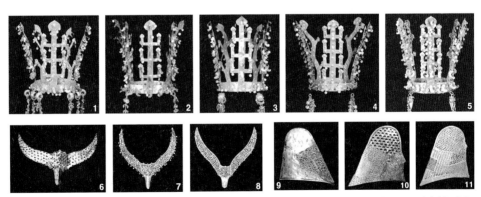

[도 5] 신라의 금제 대관과 모관 (1.황남대총 북분, 2·7·10.금관총, 3.서봉총, 4.금령총, 5·8·11.천마총, 6·9.황남대총 남분)

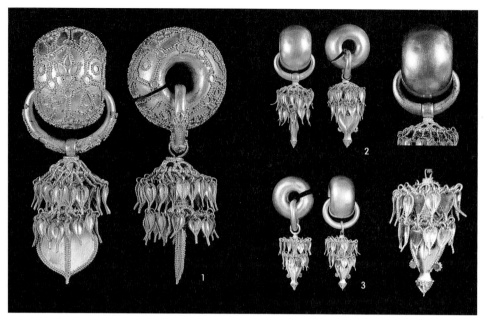

[도 6] 신라의 금귀걸이 (1.보문리합장분 석실묘, 2.황오리고분, 3.계성Ⅱ-1호분)

것 같다. 더 많은 사람이 황금장신구를 소유하고 한층 더 신라적인 디자인으로 탈바꿈하는 시기는 황남대총 북분이 축조되는 시점이다. 금동관을 대신해 새로이 금관을 만들어 죽은 왕이나 왕족의 머리를 장식하기도 하고, 금제 팔찌를 만들기도 한다. 그뿐만 아니라 귀걸이, 목걸이, 반지, 신발 등 각종 장식품의 종류가 많아지고 장식 또한 화려해진다.

신라의 장신구 가운데 가장 대표적인 것은 금관이다. 신라금관은 천년의 신라사 가운데 마립간기의 왕족 무덤에서 제한적으로 출토되고 있다. 이처럼 금관의 소유가 매우 제한적이었음은 곧 당시 신라사회에서 그것이 왕족들의 지위를 장엄해주는 대표적인 위세품이었음을 말한다. 금관 관테 위에는 나뭇가지모양과 사슴뿔모양의 세움장식 5개가 덧붙여져 있다. 시간의 흐름에 따라 나뭇가지모양 세움장식의 형태와 곡옥 및 영락의 수량이 변화하기도 하며 관테와 세움장식에 새겨진 무늬 또한 한결 복잡해진다.

신라에 황금문화가 도입된 지 약 1세기가 지나는 시점에 이르면, 절정에 오른 안목과 공예기술이 합쳐지면서 최고조의 장식품이 만들어지게 된다. 바로 보문리합장분 석실 출토 이식이 이 시기의 공예 수준을 잘 보여준다. 절정기에 오른 신라의 금속장신구 문화는 그 이후로는 더 이상 화려하게 꽃피지 못하였다. 6세기 무렵 신라사회는 불교공인 등 마치 큰 소용돌이와도 같은 급격한 변화를 겪었으며 그 과정에서 아주 큰 무덤과 각종 황금장신구가 차츰 만들어지지 않게 되었다.

신라의 황금문화에는 장신구뿐만 아니라 장식무기와 마구도 포함된다. 장식무기 가운데 대도는 주로 남성의 소유물품이었고 외형이나 제작기법에서 신라적 특색이 현저하게 드러나 있다. 황남대총 남분 주인공의 패용도에 주목해보면, 신라의 장식대도는 무기로서의 기능보다는 의장도로서의 성격이 강함을 알 수 있다. 장식마구 가운데 안장은 소유가 매우 제한적이었고 소유자가 가졌던 생전의 사회적 지위를 잘 보여주는 물품이다. 황남대총 남분 출토품처럼 비단벌레[옥충] 날개를 부착하여 장식성을 배가시키기도 하였고 계림로 14호묘 출토품처럼 금입사(金入絲)로 용문을 표현한 사례도 있다. 신라의 장식무기와 마구 문화는 기본적으로 전연·고구려의 영향을 받아 시작되었지만 황남대총 남분이 축조되는 시점에 이르면 신라적 색채가 현저하게 드러나고 소유층이 넓어진다. 이후 돌무지덧널무덤이 사라지고 횡혈식석실묘가 신 묘제로 채용되는 시점에 이르면 고분에는 장식무기와 마구가 더 이상 부장되지 않는다.

2) 토기에 투영된 신라인의 미감

한국 역사고고학계의 오랜 숙제 가운데 하나는 비로 고고학 자료를 근거로 신라와 가야의 영역을 어떻게 나누어볼 수 있을까 하는 점이다. 이와 관련해 현재 영남지방의 삼국시대 유적에서 출토되는 토기 가운데 어떤 것까지 '신라토기'의 범주에 넣을 수 있을지, 혹은 어떤 토기를 '가야토기'로 분류해야 할지 논란이 계속되고 있다. 사실 이 같은 논란이 생겨난 이유는 문헌 기록 연구로 정립된 신라와 가야의 개념이나 성격에 대해 고고학자들의 이해가 아주 부족한 때문이지만 한편으로 서로 구분되어 나타나는 토기양식 분포권들을 과연 정치적 영역과 관련지어 해석할 수 있을지에 대한 학자들의 견해차 때문이기도 하다.

원론적으로 말하면 신라토기란 문헌기록에서 신라가 건국되었다는 서기전 1세기부터 그것이 멸망한 10세기 초까지 약 천년 동안 존재한 토기를 말한다. 그렇지만 『삼국사기』 초기기록을 그대로 믿지 않는 연구자들은 신라의 건국 기년을 늦추어보기도 하므로 신라의 기점을 고정하기는 쉽지 않다. 그런데 그간의 영남지방 원삼국~삼국토기에 대한 연구 성과에 따르면 4세기의 이른 시점까지는 영남 전역의 토기가 지역별로 구분이 되지는 않는다. 그러다가 4세기 중반을 전후해 대략 낙동강을 경계로 크게 양식이 양분되어 신라토기와 가야토기를 설정할 수 있으며 이어지는 5~6세기대의 토기에서는 신라토기와 가야토기의 특징이 가장 잘 드러난다.

신라토기의 공간적 범위에 대해 살펴보면, 학계에서는 오랫동안 신라토기를 연구하면서 경주지역 고분 출토품으로 한정해 연구를 진행하는 가운데 그 외 지역의 토기는 별다른 근거 없이 가야토기의 범주에 넣어버리기도 하였다. 그러나 최근에 이르러서는 문헌사에서 말하는 마립간기 신라의 정치적 영역 내에 존재했던 모든 지역의 토기를 신라토기로 규정하고 있다. 또 경주토기는 이런 신라토기 문화 가운데 중심적 지위를 가지고 양식 변화를 선도하며, 지방의 토기는 앞 시기의 기술적 토대 위에서 경주 토기의 양식 변화를 수용하는 식으로 변화한다고 본다. 그리하여 늦어도 5세기를 전후해 낙동강을 경계로 그 이동 지역에서는 신라양식의 토기문화가, 그리고 이서 지역에서는 가야양식의 토기문화가 확립된다. 이 두 양식 안에는 다시 몇 개씩의 지역적 특색을 지닌 이른바 소양식이 존재하는데, 신라의 경우 현재의 광역시나 군 정도의 규모에서 지역적 토기문화가 보인다. 대표적 예는 창녕, 성주, 의성 등이며 대구, 현풍, 상주, 안동지역의 토기 역시 약간의 지역색을 나타낸다.

신라양식 토기의 특징은 경주(양식) 토기에 잘 표현되어 있다. 경주에서 만들어진 토기는 지방에서 제작된 토기와는 비교가 되지 않을 정도로 능숙한

솜씨가 베풀어졌음을 나타낸다. 특히 황남
대총 남분 출토품에서 볼 수 있듯이 토기
전면에 걸쳐 화려한 무늬가 새겨지고 마치
기계로 찍어낸 듯 상당히 균일한 두께와
높이, 무늬를 지니고 있다. 이는 대량의 토
기 수요에 맞추어 전업 장인들이 집단적으
로 조업을 하였기에 가능한 현상이다.

[도 7] 황남대총 남분 출토 굽다리접시와 뚜껑접시

이 시기 무덤에 부장되는 토기는 일정한
종류가 있는데 굽다리접시, 목 짧은 항아
리, 목긴 항아리, 뚜껑접시, 적갈색연질의
작은 단지가 거의 빠지지 않으며 대형 고분
에서는 대부분 고배 모양이나 원통 모양의
그릇받침이 출토된다. 경주에서 그간 확인
된 토기가마터로는 경주 분지 남서쪽의 망
성리요지, 동북쪽의 물천리요지가 대표적
이다. 특히 물천리를 비롯한 천북면 일대에
는 대규모 토기 및 후대 기와 가마터들이
집중되어 있다.

신라 토기 가운데 가장 특이한 존재는 토
우(土偶)이다. 토우란 흙으로 만든 인형이란
뜻이다. 토우에는 신라인들의 일상, 그리고

[도 8] 경주 계림로 30호묘 출토 토우 장식 항아리

그들이 소망했던 여러 가지 일들이 익살스럽게 표현되어 있다. 춤추고 노래
하는 사람, 가야금을 타는 여인, 성행위를 하는 남녀, 출산하는 여인, 죽음을
애도하는 여인의 모습 등이다. 비록 가벼운 손놀림으로 흙을 빚어 만든 자그
마한 장식품이지만, 표현에 힘이 있으며 신라인의 희노애락이 고스란히 담겨
있다. 신라토우 가운데 중요한 자료는 1925년 경주 황남동에서 흙 채취 공사
를 하다가 발견되었다. 논바닥 깊숙이 숨어있던 신라의 작은 석곽묘가 파괴
되면서 안에서 나신(裸身)으로 서로 부둥켜안고 있는 토우가 여러 점 출토되

었다. 이후의 발굴조사에서도 토우가 여러 점 출토되었는데, 대표적인 예가 경주 대릉원 내 황남대총 부근에서 출토된 토우장식 항아리이다.

마립간기 무덤에서는 토우 이외에 상형토기(象形土器)도 간혹 출토된다. 토우가 대개 토기에 부착된 형태로 제작된 데 반해 상형토기는 단독품으로 만들어졌다. 인물 그리고 특히 말 같은 동물과 더불어 각종 기물을 아주 사실적으로 표현한 것들이다. 그래서 당시의 마장 풍습이나 복식 등을 연구하는 데 귀중한 자료가 된다. 이 상형토기는 토우와 더불어 신라토기 고유의 중요한 특징을 이루며 특히 왕경의 대형 무덤으로 거의 한정되어 출토되고 있다.

이밖에 토기 표면에 선각으로 말 등의 동물을 표현한 예들도 있는데 이 또한 거의 모두 왕경 무덤 출토품이다.

3) 외래유물로 본 대외교류

돌무지덧널무덤에서는 외래유물이 종종 출토된다. 주변국 물품뿐만 아니라 일본, 중국, 그리고 멀리 서역산 물품도 포함되어 있다. 외래유물의 수입 계기에 대해서는 다양한 해석이 가능하다. 주민이주의 산물로 보기도 하고 교류나 교역의 결과물로 이해하기도 한다. 어떤 해석을 따르더라도 외래유물은 신라의 대외교류를 잘 보여주는 증거이며 신라의 성장 및 국제화 과정을 웅변하는 자료가 된다.

외래유물 가운데 우선 눈에 띄는 것은 중국으로부터 수입한 물품이다. 황남대총 남분과 북분에서 출토된 동진~유송(劉宋)시기에 제작된 동경, 울두,

[도 9] 황남대총 출토 중국계 유물 (1.남분 동경, 2.북분 청동다리미, 3.북분 흑유반구소호)

흑유반구소호가 그에 해당한다. 신라로 전해진 계기는 분명하지 않으나 같은 시기의 백제유적에서 위진남북조시대의 중국 물품이 다량 출토된 점, 그리고 433년 이후 신라와 백제가 소위 '나제동맹(羅濟同盟)' 관계에 있었음을 고려한다면 백제를 경유하여 신라에 전해진 것으로 볼 수 있다.

고구려에서 제작된 것도 있고 고구려의 영향을 받아 신라에서 제작한 것도 다수 존재한다. 많이 알려진 호우총 청동합, 서봉총 은합, 금관총 동제사이호는 고구려산 완제품일 가능성이 있다. 황남대총 북분 출토 태환이식은 집안 마선구 1호분 출토품과 유사한 것으로 고구려산 완제품이 전해진 사례이다. 돌무지덧널무덤 축조기의 신라문화 속에 고구려적인 요소가 풍부한 이유는 4세기 후반 이후의 고구려와 신라가 우호적인 관계를 유지한 점에서 찾아볼 수 있을 것이다. 이후 두 나라의 우호관계는 5세기 중엽까지 지속된다. 이 기간 동안 고구려의 공예품이 경주로 다수 이입되었을 것이다.

백제와 가야는 신라와 밀접한 관계를 유지했음에도 불구하고 돌무지덧널

[도 10] 돌무지덧널무덤 출토 유리용기와 비교자료
(1·3.황남대총 남분, 2.월성로 가−13호분, 4·10.서봉총, 5·8.황남대총 북분, 6.금령총, 7.옥전M1호분, 9.천마총)

무덤에서 이 두 나라산 물품이 출토되는 사례가 매우 적다. 두 나라와의 외교관계가 한결 같지는 않았지만 고구려의 남진에는 공동보조를 취하며 대처하기도 했고 국가적인 혼사를 성사시키기도 했다. 그 과정에 당연히 문물교류가 수반되었을 것이다. 그러나 백제에서 전해진 물품은 식리총 금동식리, 가야에서 전해진 물품으로는 식리총 대도와 호우총 대도가 있을 뿐이다.

돌무지덧널무덤 출토 외래유물 가운데 특이한 사례는 서역계 유물이다. 계림로 14호분 장식보검은 중앙아시아에서 제작되었을 가능성이 있고 대롱불기법으로 제작한 유리용기는 시리아-팔레스티니안 지역의 어느 곳에서 만들어졌을 것이다. 이 유물의 반입계기를 둘러싸고 주민이동설이 제기되기도 했지만 교역이나 교류의 산물로 보는 것이 더욱 타당할 것 같다.

그밖에 신라와 왜의 교류양상을 파악할 수 있는 자료는 매우 적다. 아마도 400년의 국제전에서 알 수 있듯이 평화보다는 갈등의 기간이 길었기 때문일 것이다.

이처럼 신라유적에서는 고구려, 백제, 가야, 중국, 왜 등 주변국에서 제작된 물품뿐만 아니라 멀리 서역으로부터 전해진 물품도 출토되었다. 그 계보는 시기별로 다소 차이가 있다. 돌무지덧널무덤 출토 금속공예품 가운데는 당시 외교적으로 밀접한 관계를 유지하고 있던 고구려에서 기원한 것이 많다. 그런데 외교관계란 늘 가변적이었기 때문에 백제, 가야, 왜와의 관계가 개선되는 과정에서 최고급의 공예품 입수가 가능했고 그것은 신라문화를 발전시키는 토대로 작용하였다.

나오는 말

이상에서 살펴본 것처럼 돌무지덧널무덤은 신라사 전 시기에 걸쳐 조영된 것은 아니며 5세기를 전후한 시기부터 약 150여 년간 유행한 마립간기 신라

왕경인의 표지적 묘제였다. 무덤의 기본 구조는 앞 시기 덧널무덤의 전통을 잇고 있지만 무덤을 구성하는 여러 요소로 보아 덧널무덤과는 확연히 구별되는 새로운 묘제라 할 수 있다. 이 무덤 속에는 신라적 색채가 현저한 각종 물품이 묻힌다. 이와 같은 신라 스타일은 황금장식에서 전형을 볼 수 있다. 특히 출자형 입식을 갖춘 금관은 세계 그 어느 곳에서도 찾아볼 수 없는 신라만의 독특한 의장이다.

경주 들판에 조성되던 돌무지덧널무덤도 6세기 중엽에 가까워지면서 차츰 자취를 감추게 되고 그에 대신하여 경주 외곽 산등성이마다 돌방무덤이 만들어진다. 황금장식 역시 비슷한 시점이 되면 더 이상 무덤에 묻히지 않게 된다. 중고기가 시작된 이후 머지않아 신라사회는 급격한 사회변화를 겪게 되며 그 와중에 죽음과 무덤에 대한 신라인들의 생각이 바뀌게 되는 것 같다. 국가에서도 사회분위기를 일신하고자 했으며 그 과정에서 돌무지덧널무덤과 같은 큰 무덤과 각종 황금장식이 차츰 사라지게 된 것으로 이해할 수 있다.

이처럼 지금도 경주 시내 곳곳에 마치 동산처럼 우뚝 우뚝 솟아 있는 돌무지덧널무덤은 화석화된 옛 무덤이 아니며, 그것은 곧 마립간기 신라의 정치와 문화를 고스란히 담고 있는 타임캡슐이자 현대에도 미래에도 여전한 생명력을 가지게 될 살아있는 역사 그 자체라 하겠다.

〈참고문헌〉

김병모, 『금관의 비밀』, 푸른역사, 1998.

김용성, 『신라고분고고학의 탐색』, 진인진, 2015.

이성주, 『신라 가야사회의 기원과 성장』, 학연문화사, 1998.

이종선, 『고신라 왕릉 연구』, 학연문화사, 2000.

이한상, 『황금의 나라 신라』, 김영사, 2004.

이희준, 『신라고고학연구』, 사회평론, 2007.

중앙문화재연구원, 『신라 고고학개론』, 진인진, 2014.

최병현, 『신라고분연구』, 일지사, 1992.

최종규, 『철상집 I −장송−』, 고고, 2014.

한국고고학회, 『국가 형성의 고고학』, 사회평론, 2008.

한국역사연구회 고대사분과, 『고대로부터의 통신』, 푸른역사, 2004.

삼한일통의식과
삼국통일론

윤선태(동국대 역사교육과 교수)

1
시공을 뛰어넘는
역사적 자산

현재 『한국사』 교과서에는 "신라가 당을 축출함으로써 삼국통일이 완수되며, 이를 통해 우리 민족은 하나가 되어 단일한 민족문화와 사회를 만들 수 있게 되었다"고 묘사되어 있다. 신라의 삼국통일이 갖는 민족사적 의의와 통일 이후 신라의 문화를 높이 평가하고 있다. 그러나 『한국사』 교과서에는 "신라의 삼국통일은 당이라는 외세를 끌어들였고 고구려의 고토 '만주'를 잃어버린 불완전한 통일"이라는 통일의 한계점을 강조하는 부정적 시각도 곁들여져 있다. 심지어 "신라의 삼국 통일은 통일이 아니며, 단지 백제의 통합에 불과하다. 고구려를 이어 발해가 등장했기 때문에 삼국시대에서 양국시대 또는 남북국시대로 바뀐 것에 불과하다"는 통일 자체를 부정하는 견해까지도 나와 있다.

신라의 삼국통일에 대해서는 통일이 이루어진 그때부터 현재에 이르기까지 긍정, 부정의 서로 다른 양극단의 평가가 계속 이어져왔다. 이는 삼국통일이 단순히 과거의 한 사건으로 끝나는 것이 아니라, 시공을 초월해 현실을 되돌아보게 해주는 역사적 가치를 지니고 있기 때문이다. 이 글에서는 신라의 삼국 통일을 기억하고 평가했던 지난 역사를 다시 되새겨보면서, 현재 우

리에게 '삼국통일'은 또한 어떤 역사적 자산이 될 수 있는지를 고민해보려고
한다.

2
신라의
'삼한일통(三韓一統)' 의식

　신라가 "삼국을 통일하였다"는 자부심은 이미 신라 당대인들의 언사 속에
등장한다. 김유신의 현손이 지은 『김유신행록』에도 문무왕 13년(673) 고구려
및 백제 양국을 병합한 직후 김유신은 '삼한일가(三韓一家)'로 신라가 '소강(小
康)', 즉 태평에는 못 미치나 매우 안정된 사회가 되었다고 자부하고 있다. 이
때의 '삼한'이라는 용어는 마한, 진한, 변한이라는 원래의 역사적 실체와는
관계가 없으며, '삼국'과 동일한 뜻으로 사용된 것이다.
　별개의 고대국가로 성립한 삼국은 서로 간에 수많은 전쟁을 거듭하면서
적대적 의식이 크게 고양되었고, 서로 간에 공동체의식이나 유대감은 미약
했다. 그러나 이렇게 대립하던 삼국이 동일한 공동체의식을 갖게 되는 전환
점이 7세기 후반에 찾아온다. 우선 백제·고구려의 멸망이 직접적인 계기가
되어 삼국민이 신라라는 하나의 국가 내로 통합되었다. 이어 백제·고구려를
멸망시킨 당이 신라마저 굴복시키려 하자, 신라는 당과의 전쟁을 불사하고
승리를 위해 백제·고구려의 유민을 신라국가 내로 '포섭하는 정책'을 실시
하였다.
　신문왕은 삼국의 영역에 의도적으로 각각 3주씩 배치하여 지방을 9주로
조직했다. 이는 신라가 삼국을 평정하였다는 것과 삼국이 어우러져 하나의

천하가 되었다는 뜻이 내포되어 있었다. 신라는 고구려의 왕족 안승을 '고구려왕'으로 책봉해 익산의 금마저에 살게 하는 등, 고구려왕실을 신라 내의 제후국으로 포섭하였다. 신라는 일본에 이 고구려국의 사신을 파견하여 고구려가 신라에 통합되었음을 과시하였다. 이처럼 신라 왕실의 삼국통일에 대한 자부심은 대단했다. 당에서 김춘추의 묘호를 태종이라 한 것을 문제 삼자, 신라는 "일통삼한의 공이 매우 크기 때문에 태종이라는 묘호를 올린 것"이라며 일언지하에 거절했다. 태종무열왕과 문무왕이 삼한일통의 공으로 신라의 종묘에서 영원히 훼철되지 않는 불천지주(不遷之主)로 모셔진 것도 이를 잘 말해준다.

3
신라통일론의 위기와
고려 · 조선의 일통삼한 의식

신라의 삼국통일 의식은 698년 '발해'의 성립으로 인해 중대한 도전에 직면하게 된다. 고구려의 장군 출신이었던 대조영이 세운 발해는 고구려 계승 의식을 강하게 표방하였다. 일본 역시 발해를 고구려의 재흥으로 받아들여, 발해를 '고려(고구려)'라고 불렀다. 그러나 이보다 신라의 삼국통일론을 뒤흔든 심각한 위기는 오히려 신라 내부에서 자라나고 있었다. 900년(효공왕 4년)에 견훤은 완산주(전주)에 도읍을 정하고 국호를 '백제'라 정하며, '의자왕'의 울분을 씻어주겠다고 공언했다. 이어 901년에는 궁예가 송악(개성)에 도읍을 정하고 옛 고구려를 부활시킨다는 의미에서 국호를 '고려'로 선포하였다.

이는 신라가 통일 이후 일통삼한을 내세웠고 삼국유민을 포섭하는 정책을 실시하였음에도 불구하고, 옛 고구려와 백제의 영토에 살고 있었던 사람들이 신라인으로 통합되지 못하였고, 여전히 옛 고구려와 백제의 후손으로 자신들을 인식하고 있었음을 의미한다. 이로 인해 후삼국을 통합한 고려 역시 '일통삼한'의 명분을 내세우게 된다. 그러나 고려 통일 이후에도 삼국 유민 의식은 소멸되지 않았다. 이는 고려의 중앙집권이 이완되었던 무신집권기에 각지의 민란에서 확인된다. 이 시기 신라, 고구려, 백제의 고지(故地)에서는 각국의 부흥을 기치로 내건 반란이 연이어 일어났다. 고려를 이어 조선의 건국주체들까지도 자신들이 '일통삼한'을 달성했다는 의식을 갖게 된 것도 바로 이 때문이었다.

한편 신라를 이은 고려와 조선이 신라에서 비롯된 일통삼한 의식을 적극적으로 계승함에 따라, 오히려 신라의 '일통삼한' 자로서의 위상은 더욱 굳건해지게 된다. 신라의 영토와 문화를 계승한 고려와 조선은 사실상 재분열된 삼한을 다시 일통한 것에 불과하였기 때문이다. 이로 인해 조선시대에 우리의 통사체계를 구상하면서, 신라는 삼국통일의 주체로 우뚝 서게 된다. 반면 이에 비례해 발해는 우리 역사공동체의 바깥으로 밀려나게 되었다.

조선전기에 만들어진 통사인 『동국통감』의 본문 편차는 크게 네시기로 나뉘어져 있다. 즉 외기(外紀), 삼국기(三國紀), 신라기(新羅紀), 고려기(高麗紀)로 되어 있는데, 이 중 '문무왕 9년~태조 18년'의 시대를 '신라기'로 독립시킨 것은 그 이전에는 없는 새로운 편성이었다. 이는 『동국통감』의 찬자들이 문무왕 9년 이후 실현된 신라의 삼국통일을 긍정하고 그 의의를 높이 평가하였기 때문이다. 이에 비해 『동국통감』에서는 발해사를 우리의 역사에서 배제하였다. 심지어 조선후기에는 삼국 중에서도 신라를 정통(正統)으로 인식하는 '신라정통론'까지 등장하게 된다. 물론 18세기 후반에는 유득공의 『발해고』처럼 발해를 신라와 대등하게 인식하고, 양국의 병립을 '남북국'으로 불러야 한다는 주장도 제기되지만, 이러한 논의는 완성되지 못한 채 19세기 중반 이후 중단되어 버린다.

4
삼국통일의 시점과
나당전쟁

『동국통감』이 문무왕 9년(669)부터를 신라기로 구분한 것에서 잘 알 수 있지만, 조선시대에는 삼국통일의 시점을 고구려의 멸망(668)으로 보고 있다. 그런데 현재 『한국사』 교과서나 일반 개설서에서는 삼국통일의 완성을 조선시대와 다르게 나당전쟁에 승리한 676년으로 잡고 있다. 삼국의 통일 과정을 이렇게 묘사한 것은 손진태의 『조선민족사개론(1948년)』이나 이병도의 『국사대요(1949년)』에서도 찾아볼 수 있지만, 그 시원은 1892년에 출판된 하야시 다이스케(林泰輔, 1858~1922)의 『죠오센시(朝鮮史)』에서 최초로 확인된다.

하야시의 『죠오센시』에는 '신라의 통일'이라는 항목이 별도로 설정되어 있는데, 그 서술이 현재 우리의 교과서에 통용되고 있는 '신라통일론'의 선구적 면모를 갖추고 있다. 물론 신라 당대에 이미 '일통삼한(一統三韓)'의 의식이 있었고, 그것이 조선후기의 역사서에서 '신라정통론'으로 채택되고, 오늘날의 신라통일론으로 발전하였다고 말할 사람도 있겠지만, 이러한 전통시대의 통일론과 하야시의 그것은 질적으로 다르다.

예를 들어 김유신이 이미 문무왕 13년(673)에 삼한이 일가(一家)가 된 것을 자부하였던 점으로 볼 때, 신라 당대에는 나당전쟁이전 고구려가 멸망한 시점을 삼국통일의 기점으로 표방하고 있었음이 분명하다. 한편 『삼국사기』나 『동국통감』을 편

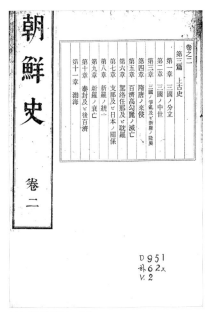

林泰輔의 『朝鮮史』 卷2

찬한 역사가들은 사대질서에 함몰된 유학자였기 때문에 나당의 대립을 시야에 넣어 나당전쟁의 승리를 통해 삼국통일이 완성되는 것으로 상상할 수 없었다. 특히 조선의 역사가들은 문무왕이 통일 이후 고구려의 잔당을 끌어들여 당에 항거하였기 때문에 태종무열왕의 통일의 공훈마저도 망치게 되었다고 극렬하게 비판하였다.

이러한 관점들과 달리 하야시는 『죠오센시』 권2 제3편 상고사의 목차에 '제5장 백제·고구려의 멸망'과 '제8장 신라의 통일'을 별도로 설정하였다. 그는 신라의 통일이 백제·고구려의 멸망으로 달성된 것이 아니라, 그 이후 나당전쟁에서 신라가 승리하면서 마침내 통일의 업이 이루어진 것으로 기술하고 있다. 이는 '나·당의 대립'을 강조한 완전히 새로운 담론이다. 하야시는 삼국통일을 바라보는 관점 자체를 백제·고구려의 멸망뿐만 아니라 나당전쟁을 포괄하는 방식으로 변모시켰다. 기존에는 신라의 삼국통일은 백제·고구려의 멸망으로 삼국이 하나가 되었던 사건이었는데, 하야시는 이를 신라와 당의 대립 끝에 통일왕조가 성립한 것으로 새롭게 역사를 구성하였다.

이는 통일의 시점을 단순히 뒤로 옮긴 것만이 아니다. 하야시는 나·당의 갈등 속에서, 당 세력의 대척점에 신라만이 아닌 '백제의 땅(과 인민)'과 '고구려의 반중(叛衆)'이라는 조건을 새롭게 포착하여 배치하였다. 이는 후술하지만 하야시 이후 일제 시대 여러 역사가들에게 '삼국인민의 융합'으로 형성된 새로운 역사공동체, 즉 민족국가의 출발로서 '통일신라'를 상상하는 필수장치로 기능한다.

조공·책봉의 사대질서 속에 있었던 전통시대에는 애초 신라의 통일을 나·당의 대립국면에서 찾는다는 것이 거의 불가능하였다. 그렇다면 하야시는 어떻게 기존과 다른 새로운 삼국통일의 담론을 구상해냈던 것일까? 『죠오센시』에 하야시가 직접 쓴 서(序)에 의하면, 『죠오센시』 저술의 직접적 동기는 무엇보다도 청일전쟁 직전 일본의 대(對) 한반도 정책과 불가분의 관계가 있었음이 확인된다. 강화도사건을 계기로 체결된 1876년 「한일수호조규」에는 "조선국은 자주지방(自主之邦)으로 일본국과 평등지권(平等之權)을 보유한다"는 점을 제1조로 명기하였다. 이 조항은 기본적으로 청국(淸國)과 조선의 종속관계

(從屬關係)를 단절시켜, 조선을 전통적인 화이관(華夷觀) 밖으로 끌어내리려는 일본의 의도가 담겨있다. 이는 1880년대에 일본에서 유행했던 '아시아연대론'으로 이어진다. 하야시가 나당전쟁의 승리를 기점으로 한 '신라통일론'을 새롭게 만들어낸 시기, 즉 1885년부터 1893년은 갑신정변에서 일본이 조선을 둘러싼 청국과의 쟁탈전에서 패배한 시점이다. 또 청국에 이어, 구미열강 그리고 특히 러시아가 조선에 등장해, 일본은 조선에서 부득불 후퇴할 수밖에 없었다. 그렇지만, 일본은 호시탐탐 조선에 대한 지배권 탈환의 기회를 노리고 있던 시절이었다. 당과의 대립 끝에 성립한 신라의 통일을 강조했던 하야시의 신라통일론에도 청국으로부터 조선을 독립시켜야 된다는 당시 일본 지식인의 굴절된 희구(希求)가 담겨있다. 이는 결국 청일전쟁에 승리한 일본이 시모노세키조약의 제1조에 "조선은 더 이상 청에 조공하지 않는다"는 조항으로 현실이 된다.

한편 이러한 하야시의 주장은 당시 국민국가 건설을 당면 목표로 삼고 있던 조선과 조선의 지식인에게도 중요한 문제였기 때문에 적극적으로 수용되었다. 하야시가 삼국통일의 기점을 나당전쟁의 종결로 잡으면서 신라의 삼국통일은 자주성이라는 내용을 하나 더 갖게 되었고, 이후 나당전쟁의 승리는 삼국통일을 완성하는 부동(不動)의 '역사적 사실'로 승화하게 된다. 하야시의 신라통일론은 과거의 사건이 자기 당대의 현실적 켄텍스트 속에서 재결합하고 재해석되면서 만들어진 것이었다.

5

'신라통일론'과
근대역사학의 성립

현채의 『중등교과 동국사략』

갑오개혁 이후 역사를 소비하는 주체에 거대한 변화가 일어났다. 기존에는 유교지식인의 경학(經學)을 보조하는 수단으로서 기능하였던 역사가 갑오개혁 이후에는 국민을 창출하기 위한 근대민족국가의 수립에 복무하였다. 이때의 역사교과서가 바로 1902년 김택영(金澤榮)의 『동사집략』, 『역사집략(1905)』, 그리고 현채(玄采)의 『동국사략(1906년)』, 『중등교과 동국사략(1908년)』 등이다. 이 역사교과서들은 앞서 검토한 하야시의 『죠오센시』를 거의 그대로 역술(譯述)하고 있다. 그런데 김택영과 현채가 『죠오센시』에 내포되어 있는 '근대역사학'을 소화하고 체현하는 양상은 완전히 달랐다.

김택영은 전통의 방식대로 중국의 연호를 굳이 사용하였고, 단군조선을 부인하였다. 타민족과의 대립을 통해 구현되는 독자적이고 자랑스러운 민족사는 그에게 아직 이해될 수 없는 범주의 것이었다. 그러나 현채의 『동국사략』은 하야시의 『죠오센시』를 역술한 것이지만, 하야시의 『죠오센시』를 그대로 옮긴 것이 아니라, 자신의 입장에서 비판적으로 변용한 완전히 다른 책이었다. 기존에는 현채가 1915년 임나일본부설을 인정하는 논설을 발표하고, 1922년에는 조선사편찬위원회에 참여하는 등 친일행각을 한 점 때문에 근대역사학의 성립을 단재 신채호 이후로 보는 경향이 있었지만, 『동국사략』이 집필된 당시의 시점에서 바라본다면, 현채가 민족사 서술을 고민한 흔적이 매우 역력하다.

현채는 하야시의 책을 역술하면서도, 고조선의 개국시조나 한국사의 민감한 대외관계 부분에 신중한 자세를 견지하였다. 예를 들어 하야시와 달리 단군의 개국을 확실히 하였고, 위만과 한사군(漢四郡)은 목록에서 빼버렸다. 임나도 목차에는 그대로 두었지만, 아예 설명을 통째로 빼버리고 다만 "국력이 미약하야 신라, 백제 및 일본의 견제를 받았다"라고만 쓰고 있다. 특히 신라의 나당전쟁 국면에서 신라가 보낸 사과의 사절단을 '거짓으로' 보냈다는 점을 특별히 부가하였고, 당의 축출을 신라 통일의 기점으로 더욱 부각하였다.

이처럼 현채는 하야시의 『죠오센시』에서 조선민족의 타자로 의식한 중국은 물론, 하야시의 책에는 빠져있는 일본까지도 주체적으로 타자의 시야에 넣어 독자적인 조선의 민족사를 고민하였다. 갑오~광무개혁을 주도한 조선의 근대화된 정권은 종래의 지역적 단위의 공동체를 뛰어넘어 국가단위, 민족단위의 통합을 이끌어내기 위해, '민족국가'의 타자를 필요로 했고, 이때 하야시가 만들어 놓은 중국을 타자로 한 조선사 체계는 '국민'을 창출하고 민족적 '정체성'을 만들어가는 훌륭한 '본국사(本國史)'의 모델이 되었다. 현채 이후 나당전쟁의 승리를 기점으로 하는 새로운 신라통일론은 각종 역사서들의 기준으로 자리잡아갔다. 대한제국의 교과서인 『초등대한역사』(1908)나 안종화(安鍾和)의 『초등본국역사』(1909) 등 이후 많은 교과서들이 676년 이후를 신라통일기로 설정한 것이 이를 잘 말해준다.

김택영과 현채라는 시간대 사이에 1903년 양계초의 『음빙실문집』이 들어오고, 이후 사회진화론 및 근대역사학 방법론이 조선에 널리 보급되었다.

신채호의 「독사신론(讀史新論)」(1908년)도 바로 그러한 시대적 배경 속에서 탄생하였다. "국가의 역사는 민족의 소장성쇠의 상태를 서술한 것으로, 민족을 버리면 역사가 없을 지며 역사를 버리면 민족의 그 국가에 대한 관념이 크지 않을 지니, 오호라 역사가의 책임이 막중할 진저"로 시작되는 「독사신론」의 첫머리는 민족과 국가 관념의 계몽을 위한 근대적 역사서술의 중요성을 지적한 명문(名文)이다.

단재 신채호

　근대 초창기의 대표적인 사학자이자 문인이기도 했던 단재 신채호는 한국 근대 내셔널리즘의 정초자(定礎者)라고 할 수 있다. 고구려·발해의 기상을 숭상하고 '신라'에 의한 삼국통일을 애달파한 단재의 내셔널리즘에서 '신라'는 사대(事大)와 민족 쇠망의 표상으로 등장한다. 물론 단재는 신라 고유의 '풍류도'나 '낭가사상'이 조선 '국혼'의 원류와 통한다고 보았다. 그러나 이 원류적인 것이 신라 통일이후 중국화에 의해 퇴색되고 쇠퇴함으로써 조선 민족의 쇠락이 왔다고 보고 있기 때문에, 단재사학에서 신라 표상은 일반적으로 부정적이다. 더욱이 '신라통일'이나 '김춘추'가 '모화(慕華)'와 '사대'의 표상으로 일반화되어 있다. 단군 이래 한 번도 통일이 실현된 바가 없었다는 그의 주장으로 잘 알 수 있듯이, 신라의 통일은 일언지하에 부정되었다. 그는 삼국시대 이후를 발해와 신라의 '양국시대'로 정의해, 이후 '남북국시대론'을 여는 선구가 된다.

　그러나 이러한 단재사학은 중국 중심의 사대문화권에 편입된 신라 통일 이후부터 미래의 근대적 국민국가가 성립될 때까지, 한국 민족사 전체가 부정적인 이미지로 표상되는 본질적인 한계를 지니고 있다. 이는 신채호 자신의 역사서술도 제약하여, 그의 『조선상고사』는 삼국시대의 말엽에서 붓이 머물고 말았다. 더욱이 그의 사회진화론적 민족사 이해는 제국주의를 우승열패로 긍정할 수밖에 없다. 따라서 신채호가 적대적으로 대립하는 타자를 통해 국사체계의 수립을 지향하고 있었음은 분명하지만, 그에 의해 근대역사학이 확립되었다고 말할 수는 없다고 생각된다.

　지금까지 검토한 김택영의 중세적 사학이나, 현채의 『죠오센시』 수용과 해체, 그리고 단재 신채호의 사학은 일본의 근대역사학의 도움으로 등장한 '신라통일론'이 조선의 지식인들과 조우하면서 새로운 국면으로 전개되어 갈 것을 예견하고 있다. 제국 일본의 '조선합병'은 일본을 타자로 하는 저항적 민족주의는 물론이고, 제국 일본이 주도하는 '조선사'의 성립를 더욱 강력하게 부채질하였다. 일본이 서구열강과 어깨를 나란히 하기 위해서는 조선의 시공간에 대한 전일적인 지배자로서의 이미지를 구축할 필요가 있었기 때문이다. 한편 1902년 이래 세키노 타다시(關野貞)를 위시한 일본인 미술사가와 고고학자들의 경주지역 발굴은 제국 일본은 물론 조선 전체를 흥분으로 몰아넣은 '통일신라'의 문화에 대한 찬탄을 토해내었다.

6
신라 문화의 재발견과
'통일신라'의 탄생

일본의 건축학자였던 세키노가 조선의 건축을 조사하라는 명령을 받고 조선에 건너와 경주에 간 것은 1902년 8월이었다. 그는 직접 '불국사'를 방문한 후, "신라시대의 가장 발달된 문화를 표현한 유적을 발견하여 놀라움을 금할 수 없다(『한국건축조사보고(韓國建築調査報告)』, 1904)"며 감탄하였다. 물론 제국 일본과 그 어용학자들은 통일신라에서 조선고유의 문화를 찾아내고 찬양하였지만, 실질적으로는 그 속에 '봉건제 결여론'으로 연결되는 탈아론적(脫亞論的) 사고(思考) 및 서구 중심주의가 숨어 있다. 그리하여 고려 이후의 미술이나 이조문화는 쇠퇴로 표현되어 현실적인 제국과 식민구조를 정당화하는 기조로 이용되었다. 또 전체 동양문화 속에서 신라문화는 일본 고대문화의 아류로써, 별도의 독립된 학문영역이 아니었다.

신라 통일기의 미술에 대해 이렇게 찬탄한 세키노였지만, 정작 그때까지 석굴암의 존재에 대해서는 전혀 알지 못했다. 석굴암이 세상에 소개되어 그 가치가 '발견'되기 시작한 것은 1909년의 일이다. 석굴암은 일본인들에게 발견되어 그 예술적 가치를 인정받기 전에는 토함산의 산기슭에 묻혀 있던 토

1912~1913년 해체복원 직전의 석굴암

굴에 불과하였다. 석굴암의 가치를 알아보고 그것에 비평을 한 최초의 인물
들 또한 일본인이었다.

야나기 무네요시(柳宗悅)는 1919년 일본의 『예술』이라는 잡지에 실은 「석불
사의 조각에 대하여」라는 글에서 '신라' 시대 예술이 지니는 의미에 대해, "특
히 종교나 예술에서 오늘날 남아 있는 최대의 작품들이 대부분 이 신라통일
시대에 이루어졌다. 때는 바야흐로 불교의 시대이며 예술의 시대였다. ……
(중략) 어둡고 적막한 조선의 역사에서 유일하게 빛나는 광명의 시대가 이 무
렵에 연속적으로 나타난 것이다."라고 말했다. 동양의 종교와 예술의 귀결점
이라는 야나기 무네요시의 '신라' 표상 이후, 석굴암과 그것으로 상징되는 신
라의 예술에 대한 일본인들의 찬사는 끝없이 이어진다. "어둡고 적막한 조선
의 역사에서 유일하게 빛나는 광명의 시대"가 신라 통일기였다면, 그것은 조
선이 세계에 내놓을 만한 가치를 지닌 유일한 유산이 된다. 이러한 인식들은
신라의 문화를 세계 속에서 사유하려는 비유적인 예찬들로 이어졌다.

그들은 식민지 조선이 지닌 의미 있는 과거 중에서 '통일신라'를 소환하여
그것을 동양의 주체로 구성해가는 기획을 하게 되며, 그 속에서 제국-식민

지-전통의 역동적인 관계망이 구조화된다. 그것은 세계 속에 통용되는 '신라'라는, 코스모폴리타니즘의 이상이 배태될 가능성을 자라나게 해주었다. 그리고 그러한 관점은 '통일신라'를 발견한 타자들에게 뿐만 아니라 조선의 지식인들에게도 많은 영향을 주었다. 그들은 제국주의 지배자이며 타자인 일본인들의 시각을 통해 자신들이 지닌 문화유산의 가치를 인식하기 시작하였다. 그들은 일본의 관변학자 세키노 타다시와 '민예'의 창시자 야나기 무네요시가 건립해 놓은 '신라'라는 박물관에 매혹된 관람객이자 학도로서 그 견학의 결과를 제출하기 시작한다.

1929년 7월 『삼천리』에 발표한 황의돈의 글을 보면 그가 '발견'한 신라의 모습은 세계에 대하여 조선을 대표하는 '신라'였고, 세계에 나아가 다른 문화와 당당히 어깨를 겨룰 수 있는 자랑스러운 유산이었다. 이는 당시 조선의 지식인이 제국 일본이 구축한 '통일신라'의 표상을 내면화하고, 또 어떤 경우에는 그것과 길항하며 자신의 주체성을 정립해가고 있었음을 잘 보여준다. 황의돈은 『신편조선역사』(1923년)에서 신채호의 「독사신론」에 영향을 받아 남북국시대를 설정하였으면서도, 다른 남북국시대론자인 권덕규나 장도빈이 삼국의 통합을 단지 '흥륭'이라고 평가한 것과는 달리, 명확히 '통일'이라고 표현하고, 또 당세력을 몰아낸 문무왕 16년(676)을 통일의 기점으로 삼아, 이후 신라가 군사적, 경제적, 문화적 방면에서 황금시대를 이룬다고 보았다.

'단재사학'이 한국의 민족사 전체가 부정적인 이미지로 표상되는 본질적인 한계를 지니고 있었던 것과 달리, '통일신라론'은 세키노와 야나기가 발견한 '통일신라'의 찬란한 문화에 힘입어, 민족 정체성의 역사적 연속성과 대외적으로 민족문화의 우수성을 확보할 수 있는 힘을 지니게 되었다. 근대역사학은 국가와 국민의 독자성과 우월함을 나타낼 신화를 만들어가는 과정이라는 점에서, '통일신라'보다도 민족 정체성의 새로운 구축을 위해 재생되어야 할 더 긍정적인 가치는 이제 찾을 수 없었다. 이후 조선의 지식인들은 실제와 상상을 혼합한 더욱더 정교한 민족사를 만들어갔다. 그 대표적인 인물이 안확과 문일평이다.

안확은 감상적이고 모고주의적(慕古主義的)인 단재사학을 배격함과 동시에 정체성(停滯性)을 강조하는 식민사관도 아울러 비판하면서 '독립적'이고 '진화적'인 한국사의 체계화를 시도하였다. 『조선문명사』(1923)는 바로 그 결정판이다. 한편 문일평은 그가 주창한 '조선심(朝鮮心)'을 이끌어내는 전제로서 더욱 강력한 '통일신라론'을 토해내었다. 「사안(史眼)으로 본 조선(朝鮮)」에서 이조(李朝)의 위대성을 신라로부터의 '연속성'에서 찾고 있다. "이조문명은 신라, 고려의 정화를 흡수하여 대성한 것이다. 조선은 신라의 반도통일로부터 새 출발점을 짓느니만큼 오늘날 조선은 실로 신라의 연장이라 하겠다. (중략) 물에 비하면 문명의 샘이 신라에서 다시 발원하여 가지고 고려의 시내로 흘러서 이조의 저수지로 모여들어왔다." 이러한 언급들로 볼 때, 그의 '조선심(朝鮮心)'은 '통일신라론'에서 배태된 것이 분명하다고 생각된다.

남창 손진태

　　한편 해방이후 손진태는 『조선민족사개론(상)』에서 "광대한 영토와 인민을 상실하기는 하였지만, 그나마 우리는 신라의 통일에 의하여 민족 모체의 결정을 보게 되었으며, 5~6세기에 빈번했던 종족 내부의 상투의 비극은 이에 정지된 것이다. (중략) 만일 신라의 통일이 없고, 삼국이 함께 어느 외민족의 손에 망하였던들 현금의 조선민족이란 것이 과연 있었을는지 의문이다. 이 의미에 있어 신라의 통일은 조선민족사상에 중대한 의의가 있는 것이다."며, 통일신라를 민족의 결정기로 총평하였다.

　　특히 손진태는 기존에 '신라통일'처럼 통일이 동사로 쓰이던 관행에서 과감히 탈피하여 '통일신라'라는 고유명사를 조어(造語)하였다. 이는 신라 통일의 역사적, 현재적 가치를 크게 격상시켜 '신라'에 '통일신라'라는 가장 찬란한 새로운 국가의 이미지를 부여하였다. 이후 한국인들에게 통일신라의 이미지는 민족의 형성과 민족문화의 연원으로서 확고히 자리매김 되어갔다. 조선후기 이래 일제시대에 부여-고구려족 주체설과 남북국시대론이 제기되었음에도 불구하고 신라통일론이 의연히 강화되어간 것은 민족사를 '발전적'으로 설명해야만 하는 '국사'의 본질적 속성과 관련되어 있다. 따라서 '통일신라론'의 발명과 확립은 민족이라는 배타적 역사단위와 그 발전을 키워드로 삼는 한국 근대역사학의 성립과정이었다고 말할 수 있다.

식민지시기를 통틀어 역사, 문학, 종교, 미술 등 다방면에 걸쳐 이루어진 '통일신라'의 표상 창출은 당시 한국인의 지적, 상상적 능력이 전면적으로 동원된 작업이었을 뿐만 아니라 후대 대한민국의 정치 실험과 문화 건설에도 지대한 영향을 끼친 작업이었다. '통일신라'의 발명과 확립은 '문화'와 '민족'의 지위가 사라져버렸던 식민지 조선의 지식인이 기획할 수 있었던 상상적인 국가이야기의 시작으로서, 간과할 수 없는 의미를 지니고 있다.

7
통일신라인가?
남북국시대인가?

7세기 중엽 백제와 고구려가 멸망하고 신라는 대동강 이남의 지역을 통합하였다. 이후 698년에는 고구려 구토에서 고구려 계승을 표방한 발해가 새롭게 건국하였다. 이 사건에 대해, 현재 우리 학계에서는 대체로 신라가 나당전쟁에서 당을 물리치고 삼국을 통일하였다는 점을 강조하여 '통일신라시대'로 명명하고 발해를 부차적으로 다루고 있다. 물론 1990년대 이후 발해를 한국사에 포용하기 위해 '남북국시대'로 불러야 한다는 주장이 보다 적극적으로 제기되었지만, 남북국시대 하에서도 '통일신라'라는 용어는 굳건히 사용되고 있다.

그런데 흥미로운 사실은 북한에서는 이 시기를 전혀 다르게 보고 있다는 점이다. 북한은 남·북한 체제에서 북한의 우월성을 정당화하기 위해 '고구려-발해-고려-조선-북한'으로 이어지는 한국사의 계통성을 강조한다. 이로 인해 한반도에서 최초의 통일이 신라가 아닌 고려에 와서 이루어진 것으로 보고, 통일신라 대신에 발해를 중심에 둔 '발해와 후기신라' 시대라는 전혀 다른 시대 명칭을 사용하고 있다.

이미 조선시대에도 한백겸은 『동국지리지』에서 신라 지배층이 통일 이후 고식적인 안정책을 취해 고구려의 옛 땅을 방기한 것을 비판하면서, 이로 인해 우리나라가 외침으로 고통을 받고 약소국이 되었다며 삼국 통합의 불완전성을 지적하였다. 이러한 불만은 조선후기에 발해사에 대한 관심이 높아지면서 더욱 적극적으로 표출되었다. '남북국'을 주창한 유득공의 『발해고』(1784년) 서문은 그 대표적 언설이라 할 수 있다.

유득공은 고구려 옛 영토를 상실한 것은 신라 통일에 문제가 있었던 것이 아니라, 남북국을 통합한 고려가 발해의 영역을 온전히 통합하지 못한 것에 있다는 새로운 시각을 갖고 있었는데, 이는 신라의 삼국통일론을 근본적으로 부정하는 것이라 할 수 있다. 또 정조도 정약용에게 내려준 시제(詩題)에서 "고려의 통일에 여한(餘恨)이 없는가?"라고 물었다는 점으로 볼 때, 당시 유득공과 같은 역사인식이 상당히 퍼져 있었음을 쉽게 짐작할 수 있다. 이러한 인식들이 앞서 검토한 신채호의 삼국통일이 아닌 양국시대론이 등장할 수 있는 배경이 되었다. 신채호는 삼국통일은 세 왕조의 통합일 수는 있으나 민족 전체로 보면 민족적 역량과 영토의 축소를 가져왔으며, 당과 동맹한 전쟁과정은 외세와 결탁한 반민족인 것이며 사대주의 독소를 심었다고 맹렬하게 비판하였다.

이에 대해 현재 남한학계에서는 신라의 통일을 부정하고 발해를 민족사로 자리매김할 논리적 여지를 마련하려는 입장과 신라 통일의 의의를 제한적으로 인정하면서 발해를 민족사로 인식하려는 입장으로 나뉘고 있다. 전자 중에는 신라의 통일은 삼국통일이 아닌 백제통합에 불과하다는 입장도 제기되어 있는데, 이는 유득공의 남북국론과 상통하는 면이 있다.

물론 고구려의 영역과 주민 중 많은 부분을 신라가 흡수하지 못한 것은 사실이지만, 동시에 통일기 신라의 영역과 주민 중 거의 1/3에 상당하는 부분이 고구려의 그것임도 엄연한 객관적 사실이다. 더욱이 나당전쟁을 거치면서 삼국의 주민들은 서로 자신들의 존재 양태의 동질성을 자각하기 시작하였다. 신라 당대의 삼한일통 의식은 이러한 9주로 묶여진 삼국의 영토적 통합, 그리고 삼국 주민의 동질성 인식이 보다 구체화된 형태였다고 생각된다.

통일신라론을 주장하는 사람도, 남북국시대론을 주장하는 사람도, 양측 모두가 발해를 우리 역사의 일원으로 바라보려고 하는 점만은 일치한다. 이러한 공통된 역사인식에서 출발해, 신라와 발해를 공평히 포괄할 수 있는 시대 명칭을 구상한다고 할 때, '남북국시대'보다 더 적합한 것은 없다. 신라와 발해는 서로 교류하고, 경쟁하면서 220여 년을 병존한 나라였다. 발해가 고구려를 계승했다는 것은 신라인들도 뚜렷이 인식하고 있었지만, 후삼국을 통일한 고려도 발해를 인척의 나라로 여겨 발해 멸망 후 그 지배층과 유민들을 적극적으로 포용하였다. 또 송나라 사신인 서긍의 『고려도경』이나 이승휴의 『제왕운기』로 볼 때, 고려 지식인들은 발해를 고려 성립의 전사(前史)로 이해하고 있었음을 알 수 있다.

이러한 점에서 앞서 언급하였지만 조선후기에 신라와 발해의 역사를 삼국시대에 이어지는 "남북국"의 역사로 바라봐야 한다는 유득공의 주장에 유념할 필요가 있다. 그는 『발해고』 서문에서 "김씨가 남쪽을 영유하자, 대씨가 그 북쪽을 영유하여 발해라고 했다. 이것이 '남북국'이다. 마땅히 '남북국의 역사'가 있어야 했음에도 고려가 이를 편찬하지 않은 것은 잘못된 일이다"며, 현재 우리가 이 시대를 무엇으로 불러야할지를 준엄하게 가르쳐주고 있다.

역사는 그대로 반복하지 않지만, 신라의 삼국 통일은 7세기 이후의 한국사를 이해하는 과정이면서, 동시에 강대국들에 둘러싸인 우리 대한민국이 직면하고 있는 현실을 고민하는 시금석이 될 수 있다. 한편 우리가 살고 있는 시대는 아마 후세에 '남북분단 시대', '남북한 시대' 등으로 불릴 것이다. 분단이라는 비극을 극복하고 세계사의 흐름에 능동적으로 대처하기 위해서는 신라의 삼국통일 과정을 비롯해 신라와 발해의 대내외 정세와 각국의 역사 상황을 냉정하게 분석하는 것이 하나의 실마리가 될 수도 있다. 물론 과거의 남북국시대를 현재의 남북 분단과 그대로 동일시하는 것은 피해야 한다. 그러나 신라와 발해, 그리고 그를 둘러싼 주변 세계가 상호 합종연횡하였던 상황은 오늘날의 우리에게도 시사하는 바가 분명 적지 않다.

〈참고문헌〉

『삼국사기』, 『삼국유사』, 『제왕운기』, 『동국통감』, 『동국지리지』

『동국통감제강』, 『동사강목』, 『발해고』, 『선화봉사고려도경』

『朝鮮史』(林泰輔, 1892), 「讀史新論」(申采浩, 1908)

『朝鮮民族史槪論』(손진태, 1948), 『國史大要』(손진태, 1949)

김영하, 「단재 신채호의 신라삼국통일론」, 『민족문화연구』17, 1983.

_____, 「한말·일제시기의 신라·발해 인식」, 『태동고전연구』10, 1993.

_____, 「신라통일론과 남북국성립론」, 『한국고대사입문(3)』, 신서원, 2006.

김용섭, 「일본·한국에 있어서의 한국사서술」, 『역사학보』31, 1966.

_____, 「우리나라 근대 역사학의 성립」, 『한국현대사』6권, 1970.

노태돈, 『삼국통일전쟁사』, 서울대 출판부, 2009.

다카기 히로시, 「일본 미술사와 조선 미술사의 성립」, 『국사의 신화를넘어서』, 휴머니스트, 2004.

문일평, 「掌篇新羅史」, 『朝光』, 1935년 11월호.

_____, 「史眼으로 본 朝鮮」, 『조선일보』, 1933.

박찬승, 「한말 신채호의 역사관과 역사학 −청말 양계초와의 비교를 중심으로」, 『한국문화』9, 1988.

송기호, 「조선시대 史書에 나타난 발해관」, 『한국사연구』72, 1991.

심승구, 「해원 황의돈의 역사학연구」, 『북악논총』9, 1991.

윤선태, 「'통일신라'의 발명과 근대역사학의 성립」, 『신라의 발견』, 동국대출판부, 2008.

이만열, 「19세기말 일본의 한국사연구」, 『청일전쟁과 한일관계』, 일조각, 1985.

한영우, 『조선전기사학사연구』, 서울대 출판부, 1981.

_____, 『조선후기사학사여구』, 일지사, 1989.

_____, 『한국민족주의역사학』, 일조각, 1994.

황의돈, 「신라의 찬연한 문명과 신라 민중의 영화 −그 서울 경주는 엇더 하엿나(1)」, 『삼천리』,
        1929년 7월호.

순화강(쑹화강)

요하강(랴오허강)

황해

동

우리 시대의 한국 고대사

12강

발해는
고구려의 계승국인가

송기호(서울대 국사학과 교수)

1
발해란 나라

　발해는 고구려가 멸망한 지 30년 뒤인 698년에 건국되어 926년에 멸망되기까지 230년 가까이 남쪽의 신라와 남북국(南北國)을 이루었다. 국호는 처음에 진국(振國, 또는 震國)이라 하였으나, 713년 당나라로부터 발해군왕(渤海郡王)으로 책봉되면서 발해로 고쳐 불렀다.

　일본의 역사서, 목간(木簡), 고문서를 통하여 발해가 도중에 고려(高麗)라는 칭호도 사용하였음을 알 수 있으니, 발해의 고구려 계승의식을 보여준다. 그러나 중국 역사서에서는 발해말갈(渤海靺鞨) 또는 말갈발해(靺鞨渤海)로 비하시켜 불렀다.

　발해에는 모두 15명의 왕이 있었을 것으로 추정된다. 건국자인 고왕(高王) 대조영(大祚榮)으로부터 13대왕 대현석(大玄錫)까지는 『신당서』 발해전에 기록되어 있다. 대현석 이후에 대위해(大瑋瑎)와 마지막 왕 대인선(大諲譔)이 통치한 것은 확인할 수 있으나, 그 사이에 실제로 몇 명의 왕이 즉위하였는지는 알 수가 없다. 그래서 15명의 왕이 통치하였다고 얘기하고는 있지만, 단정할 수는 없다.

　1대 고왕 대조영이 나라의 기틀을 연 뒤에 2대 무왕 대무예가 왕위를 이어

받아 정복활동을 벌여 영토를 크게 넓혔다. 발해 시대의 정복군주였던 것이다. 무왕이란 시호도 이래서 붙여졌다.

무왕의 정복에 위기를 느낀 흑수말갈(흑수는 중국의 헤이룽강, 러시아의 아무르강)이 당나라에 가서 붙자, 마침내 발해는 당나라와도 틈이 벌어졌다. 이리하여 732년 9월에 발해가 군대를 보내서 당나라를 공격하였다. 이처럼 능동적으로 외국을 공략한 것은 우리 역사에서 유례를 찾아보기 힘들다.

당나라는 이 공격을 막아낼 속셈으로 신라를 끌어들여 발해 남쪽을 치도록 하였다. 전통적인 이이제이 방법을 구사한 것이다. 이렇게 해서 흑수말갈과의 대립이 마침내는 당나라·신라와 전쟁을 벌이는 지경으로까지 확대되었다. 이듬해에 이 전쟁은 별 성과 없이 마무리되었다.

무왕이 정복전쟁을 벌이면서 사방으로 힘을 뻗쳤다고 한다면, 그의 뒤를 이어 737년에 즉위한 3대 문왕 대흠무는 내부로 힘을 결집시켜 여러 제도를 정비해 나아갔다. 문왕이란 시호도 이러한 그의 업적 때문에 붙여졌다.

그는 발해 전체 역사의 거의 1/4에 해당하는 57년간 나라를 다스리면서, 당나라 문물제도를 받아들여 통치제도를 마련하였고, 유학과 불교도 진작시켰다. 그 결과 국력이 신장되고 왕권이 강화되었으니, 자신을 불교의 이상적인 통치자인 전륜성왕(轉輪聖王)에 비겼고, 일본에 대해서는 스스로 '하늘의 자손[天孫]'임을 과시하였다. 문왕은 황제를 의미하는 황상이라 불렸다. 발해 건국에 속이 상해 있던 당나라가 비로소 하나의 독립국가로 인정해준 것도 이 왕 때의 일이다.

793년에 문왕이 사망한 뒤부터 818년에 10대 선왕이 즉위할 때까지 25년 동안 6명의 왕이 교체되었다. 이 기간에 귀족과 왕족 사이에 내분이 일어나면서 왕이 자주 교체되었다. 그러다가 계보가 다른 선왕이 즉위하면서 다시 왕권이 강화되어 중흥을 이루기 시작하였고, 이로부터 14대 왕까지 융성을 구가하였다. 당나라에서는 이를 가리켜 '바다 동쪽의 융성한 나라'라고 하여 해동성국이라 불렀다.

그러나 아이러니컬하게도 융성했던 이 무렵의 역사적 사실은 오히려 찾아보기 어렵다. 9세기 중반부터의 기록이 제대로 남아 있지 않기 때문이다. 잘 알다시피 발해는 이민족인 거란족에게 멸망당하였다. 동양에서는 전통적으로 새로운 왕조가 일어나면 그 이전의 왕조 역사를 정리해주는 것이 관례였다. 그렇기 때문에 고려시대에 『삼국사기』를 지었고, 조선시대에 『고려사』를 지었다. 그러나 거란족은 발해를 멸망시킨 뒤에 발해 도성을 불사르고 백성들마저 요동반도로 강제로 이주시켜 버렸다. 이민족에게 멸망당한 비운을 단단히 맛보았던 것이다. 고려인들이 발해 역사를 대신 기술해주지 않은 아쉬움이 우리에게는 더더욱 크게 다가온다.

발해가 우리에게 강국이란 이미지로서만 남고 역사적 사실은 제대로 모르는 수수께끼와 같은 왕국으로 된 이유가 여기에 있다. 그러니 중요한 자료는 중국 쪽에만 의존할 수밖에 없게 되었으나, 당나라가 번진세력이 할거하면서 혼란기에 빠진 9세기 중반부터의 기록은 그마저 그들에게서 기대를 할 수 없게 되었다. 이에 따라 9세기에 발해가 해동성국을 이루었다고 하지만, 그에 걸맞은 역사적 실상은 찾아보기 어렵게 되었다.

10세기 초가 되면 당나라의 혼란을 틈타 거란족이 발해 서쪽에서 세력을 크게 키우게 된다. 이들은 더 살기 좋은 중원으로 들어가기 위해 중국과 부단히 전쟁을 벌였는데, 이 과정에서 그들의 배후에 있는 발해가 항상 부담이 되었다. 혹시나 중원의 왕조와 연합하여 배후에서 공격하면 꼼짝할 수 없기 때문이었다. 그리하여 마침내 거란 태조가 군사를 직접 이끌고 발해를 공격하여 926년 정월에 항복을 받아냈다.

거란은 이곳에 '동쪽의 거란국'이란 뜻으로 동단국(東丹國)을 세웠다가, 2년 뒤인 928년에 발해 유민들을 요동지방으로 강제 이주시켰다. 그 뒤로 발해 유민들은 금나라 말기까지 300년 가까이 주로 요동지방에 자취를 남기다가 서서히 중국 속으로 흡수되어 들어가 버렸다. 일부는 요나라, 금나라의 지배층으로 들어가 활동했는가 하면, 일부는 이들에 저항하면서 정안국(定安國, ?~980년대?), 오사국(烏舍國), 흥료국(興遼國, 1029~1030), 대발해국(大渤海國, 1116) 등을 세워 과거의 영화를 되살리고자 하였다. 그러나 이들의 노력은 번번이 좌절되고 말았다. 또 다른 일부는 멸망 직후부터 고려로 망명하였고, 그 뒤로도 부흥운동이 좌절될 때마다 고려로 망명해 들어왔다. 국내에 거주하는 태씨나 대씨가 바로 발해 왕실의 후예들이다.

2
다양한 시각

발해는 현재의 만주 동부 지역에 중심을 두면서, 남쪽으로 한반도 북부지역까지 미치고, 북쪽으로 헤이룽강(러시아의 아무르강)에 미쳤으며, 서쪽으로 요동까지 미쳤다. 또 동쪽은 동해안에까지 이르렀다. 지금으로 따지면, 발해의 영토는 중국의 만주, 러시아의 연해주, 북한의 대부분 지역에 걸쳐 있었던 대제국이었다. 이리하여 중국 당나라 역사서인 『신당서(新唐書)』에는 발해 전성기에 영토가 사방 5천 리에 달했다고 하였다.

따라서 발해사는 한국사뿐만 아니라 중국사, 러시아 극동사에도 포함될 수 있게 된다. 그러면서도 중국, 러시아, 한국의 어느 나라에도 중심부의 역사가 아닌 변방사이기도 하다. 그렇기 때문에 막상 어느 한 나라만이 독점적으로 자기 역사에만 속한다고 주장할 수도 없는 형편이다. 이런 점에서 발해란 나라는 참으로 특이한 성격을 가졌다.

사정이 이러하니 발해를 바라보는 시각도 나라마다 제각각일 수밖에 없다. 우선, 발해 유적과 유물이 제일 많이 남아 있는 중국을 보자. 만주 현지에서는 발해 유적과 유물들이 상당수 조사되고 있어 발해사 연구에 중요한 자료들을 제공해 왔다.

중요한 것으로, 해방 직후인 1949년 발해 제3대왕 문왕(文王)의 둘째 딸인 정혜공주(貞惠公主) 무덤과 묘지가 발견되었고, 1980년에는 넷째 딸인 정효공주(貞孝公主) 무덤과 벽화, 묘지가 발견되었다. 1971년에 조사한 한 고분에서는 화려한 순금제 장식품들이 발견되었다. 2천년대 들어서는 발해 유적을 유네스코 세계문화유산에 등록하기 위해서 상경성, 시구청(西古城), 바렌청(八連城) 및 류딩산(六頂山) 고분군, 룽터우산(龍頭山) 고분군을 대대적으로 발굴해서 보고서를 내고 있다. 특히 룽터우산 고분군에서는 두 황후의 묘지명, 금제 관 장식 등이 발굴되어서, 당시 중국이 발해를 해동성국이라 불렀던 이유를 조금이나마 이해할 수 있게 하였다.

그 외에도 성터, 절터, 무덤 등의 중요한 자료들이 많이 발견되었다. 특히 1980년대 들어와 중국의 개방·개혁 정책에 힘입어 연구가 더욱 활기를 띠었으니, 랴오닝성·지린성·헤이룽장성에서 각종 학술 잡지들이 우후죽순처럼 창간되어 많은 소식을 알려준 데에서도 확인된다.

풍부한 고고 조사에 힘입어 중요한 연구 성과를 많이 거두었지만, 중국에서는 발해사를 말갈족(靺鞨族)의 역사로 파악하면서 중국사의 일부로 규정하고 있다는 점이 문제이다. 한족(漢族)을 주체로 하면서 여러 소수민족으로 구성된 국가로 중국이란 나라를 정의하고, 그러한 소수민족의 하나로서 말갈족(현재의 만주족의 조상)을 포함시키고 있는 데에 원인이 있다.

따라서 중국인 학자들은 발해사를 오로지 말갈족의 발전 과정에서 파악하고 있다. 그럼으로써 발해 유적과 유물에 나타난 고구려 계승성은 무시하고, 발해 문화의 주류를 당나라 문화나 토착 말갈족 문화에서 찾고 있다. 결과적으로 발해 문화의 한 면만을 보고 있을 뿐이지 전체 모습을 보지 못하고 있다.

러시아에서도 발해를 말갈족의 국가로 인식한다. 이에 따라 우리의 고구려 계승설이나 남북국시대론을 비판한다. 그러나 중국과 달리 발해를 러시아 소수민족의 역사로 다루고 있다. 둘 다 발해사를 자기 역사의 한 부분으로 인식하기 때문이다. 러시아 연구자들은 말갈족이 발해의 주체가 되었다고 하면서도 다양한 종족과 다양한 문화를 강조함으로써 중앙아시아로부터 받은 영향을 부각시키려 하는 것이 주목된다.

발해사 인식에서 중국과 러시아의 대척점에 있는 것이 북한이다. 북한에서는 발해가 모든 측면에서 고구려를 계승한 나라라고 강변한다. 발해사에서 당나라나 말갈 요소가 전혀 언급되지 않을 정도로 극단적이다.

위대한 령도자 김정일동지께서는 다음과 같이 지적하시였다.

"발해는 고구려유민들에 의하여 옛 고구려땅에 세워진 강력한 주권국가로서 고구려의 문화를 계승발전시켰으며 우리 나라에 대한 북방 여러 나라들의 거듭되는 침입을 막고 나라와 겨레의 안전을 보장하는데 큰 기여를 했다."(장국종 글)

발해는 고구려를 계승한 국가로서 역사적 정통은 고조선-고구려-발해-고려-조선-북한으로 이어진다고 주장한다. 이에 따라 신라의 삼국통일은 부정되고 고려의 후삼국통일이 역사상 최초의 통일로 본다. 고대사가 북한 정권의 정통성 입증에 희생양이 되고 있는 것이다.

일본도 자기 역사와 관련하여 발해사를 연구하고 있다. 발해가 본격적으로 연구되기 시작한 것은 일제시대인데, 이때는 일본의 대륙 침략과 연계되어 진행되었다. 따라서 발해 문화를 이해할 때에도 만주 식민통치 논리와 연결시키게 되었다. 즉 미개한 말갈족과 문화 국가인 당나라 및 고구려를 대비시켜 발해 역사를 설명함으로써, 문명국가인 일본이 미개 민족인 만주족을 개화시킨다는 식민통치 논리를 뒷받침하였다. 1970년대에 새로운 연구자들이 등장하면서 주로 일본과 발해와의 대외관계에 연구가 집중되었다. 당시 일본과 당나라와의 교류에서 중개역할을 수행하였던 나라가 발해였기 때문이다.

3
중국의 주장

중국은 속말말갈족을 발해의 주체로 파악하면서 정권의 속성에 대해서는 당나라 지방정권이라 설명한다. 이것은 공식화되어 있어서 이 밖의 다른 견해는 무시되거나 제약을 받는다. 발해 정효공주의 무덤 앞에 세워진 안내판이나 연변박물관 입구에 붙어 있는 안내판에도 동일한 내용이 씌어 있는 것을 볼 수 있다.

> 당나라시기 발해국(기원 698-926년)은 속말말갈족을 주체로 하여 우리나라 동북지구에 세워진 지방봉건정권이다. 발해의 강역은 대부분의 동북지구, 조선 북부와 로씨아 연해주 일대를 포함한다.(연변박물관 진열실 [그림 1])

이것은 고구려 유민이 주체가 되었고, 분명한 독립국가였다는 우리의 견해와 크게 다른 것이다. 이런 주장은 이미 1970년대부터 시작되어 1980년대 초에 왕청리(王承禮)나 웨이궈중(魏國忠) 등에 의해 정리된 것이다. 1984년에 나란히 출간된 발해사 개설서를 보면, 왕청리는 발해가 '속말말갈부인을 중심으로' 하며 '중국 민족사의 일부'라

[그림 1] 옌벤박물관 안내판(2001.10)

하고, 웨이궈중은 '속말말갈부를 주체로 하고' '당나라의 변주에 속하는 봉건 지방할거세력'이라 하여 설명이 약간 다르기는 하지만 앞서 제시한 공식의 시원이라는 점에서는 동일하다. 이보다 3년 뒤에 발간된 책에서 쑨위량(孫玉良)도 발해가 독립주권국가가 아니라고 하여 상기 두 주장에 동조했다.

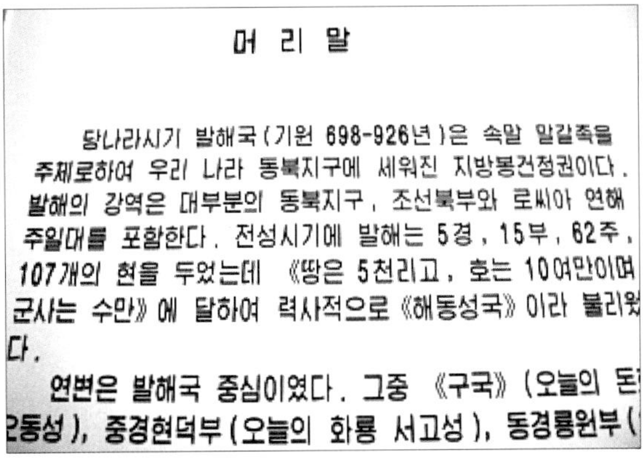

이에 따라 중국에서 발표되는 논문을 보면 '당 시대의 발해[唐代渤海]', '당왕조의 발해[唐朝渤海]'라는 표기를 많이 볼 수 있다. 이것은 당나라 때에 발해가 존재했다는 의미만 아니라, 발해가 당나라 지방정권이라는 점을 강조하려는 것이다. 심지어는 처음 국호가 '진국'(振國 또는 震國)이었다는 문헌 기록마저 부정하고 '말갈'이었다는 주장까지 제기되고 있다. 그러나 발해인 스스

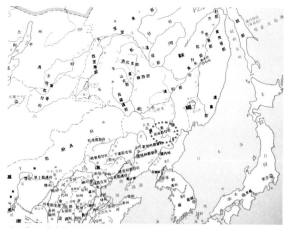
[그림 2] 발해가 사라진 당나라 지도

로 말갈이란 비칭(卑稱)을 국호로 사용했을 리가 없다.

이렇게 발해사는 일찍부터 중국사로 편입되는 운명을 맞았다. 이에 따라 역사지도에 발해국의 국경선이 표기되지 않고 단지 당나라 영토 안에 그 존재만 표시되어 있는 경우가 있다[그림 2]. 당나라가 바이칼과 시베리아 동부까지 모두 포괄하는 대제국으로 표현되어 있으니, 발해가 설 자리가 없다. 단지 발해 수도에는 '발해도독부'란 글자만 나타나 있어서 당나라 지방행정구역으로서의 의미만 지닐 뿐이다.

이러한 중국의 견해는 역사적 사실을 무시한 것이다. 송나라 때에 그려진 '당십도도(唐十道圖)'에는 만리장성 이남, 압록강 서쪽만 당나라 영토로 표시되어 있다[그림 3]. '요수'를 건너 요동반도까지가 당나라 영토였지 그보다 북쪽은 아니었다. 이런 점에서 최근의 당나라 지도는 역사적 사실을 무시한 것이다.

[그림 3] 당십도도의 동쪽 부분

발해는 황제국을 표방할 정도로 당나라에 독립적이었다. 이러한 사실을 무시할 수 없었던지 근래에는 견해가 약간 수정되는 동향이 감지된다. 발해는 당나라 안에 있었던 '국가' 즉 '나라 안의 나라[國中之國]'란 용어를 제시하고 있다. 그러나 '나라 안의 나라'는 어떠한 형식의 국가를 염두에 둔 것인지 분명하지 않다. 몇 년 전에 캐나다에서 퀘벡을 '국가 안의 국가'로 언급한 경우를 염두에 두고 앞으로 논지를 강화해나갈지 모르겠다. 아무튼 독립국가가 아니라고 하기에는 문제가 있는 것을 깨닫고 이제는 큰 국가 안에 있던 작은 국가였다는 궁색한 논리를 펴고 있다.

발해의 주체에 대해서도 최근에 다시 한 번 견해가 바뀌는 조짐이 보인다. 종전에는 발해 주체를 고구려인으로 보는 것에 절대적으로 반대해왔다. 그런데 이제 고구려를 중국사라고 하다 보니 고구려인설을 받아들여도 문제가 없다는 인식을 갖기 시작했다.

4
말갈국가인가?
고구려유민국가인가?

이상과 같은 3국의 발해사 인식은 일면만을 강조할 뿐으로 역사적 실상과 거리가 있다. 먼저 속말말갈족 주체론에 대한 비판을 살펴보자.

발해 건국세력에 말갈족이 분명히 들어가 있었지만 주체세력은 아니었다. 사료에는 대조영 또는 그의 아버지 걸걸중상이 고구려인인지 말갈인인지 명확히 언급하지 않았지만 이들과 함께 행동한 또 하나의 집단은 말갈 추장이 지휘한 것으로 명시되어 있다. 여기서 추정할 수 있듯이 대조영은 분명히 순수한 말갈족은 아니었던 것 같다. 필자는 고구려에 귀화한 말갈계 고구려인으로 판단하고 있다. (…중략…)

대조영 개인보다 더 중요한 것은 발해를 이끌어 나갔던 통치집단의 구성이다. 지금까지 알려진 발해인을 분석하면 대씨 다음으로 고씨가 대다수를 점하고 말갈계 이름으로 보이는 것은 극소수에 불과하다. 이것은 발해 지배층에서 고구려계의 고씨가 주축을 이루었음을 의미한다. 아울러 대조영이 말갈계 국가가 아니라 고구려계 국가를 추구했음을 반영하는 것이기도 하다.

현재 중국 지린성 둔화시 류딩산 고분군에는 초창기 지배자들이 묻혀 있다. 그런데 여기서 발굴된 상층부 무덤은 모두 고구려 양식을 띠고 있다. 돌로 쌓은 석실묘(돌방무덤) 형태이다. 특히 대조영의 증손녀인 정혜공주의 무덤은 고구려 지배층 무덤을 그대로 따르고 있다. 반면에 말갈족은 흙무덤을 썼는데, 이 고분군의 하층부 무덤에서 일부만 보일 뿐이다. 이렇게 무덤에서도 고구려계 사람들의 체취를 다분히 느낄 수가 있다.

그런가 하면 발해 궁궐지 가운데 왕이 침식하던 건물지 두 곳에서 온돌이 발견되었다. 당시의 온돌은 지금과 달리 방 일부에만 고래를 시설했다. 이러한 온돌은 고구려를 비롯한 한반도 계통의 국가에서만 발견된다. 따라서 과거에 일본학자도 지적했듯이 이것은 분명 고구려로부터 계승된 시설이다. 기와 건물지에서 발견되는 와당의 연꽃 무늬도 고구려 영향을 받은 것임은 주지의 사실이다.

발해 왕은 일본 천황에 대해서 자신을 천손이라 일컬었다. 중국의 천자, 일본의 천황에 대등한 천손을 내세운 것이다. 그런데 1980년대에 북한에서 발굴된 발해 절터에서 천손이란 명문이 발견되었다. 고구려 시대에 만들어진 금동판이었음이 확인되어 고구려의 천손 의식이 발해 지배층에까지 계승되었던 사실을 확인하는 계기가 되었다.

시대를 내려오면 발해 유민이 세운 나라에 정안국(定安國)이 있다. 이들이 981년에 송나라에 보낸 국서에서 자신은 "본래 고구려의 옛 땅에 세운 발해 유민들"이라 했으니 고구려와 발해를 계승한 국가로 자임한 것을 볼 수 있다. 그러기에 송나라 역사 편찬자는 정안국을 마한(馬韓)의 무리라고 서술했는데, 이때의 마한은 고구려를 가리킨다.(송기호 글)

2000년대에 상경성을 대대적으로 발굴하면서 왕의 침전지뿐 아니라 궁궐 곳곳에서 온돌이 발굴되어 최고위층에서 온돌을 광범위하게 사용된 것이 확

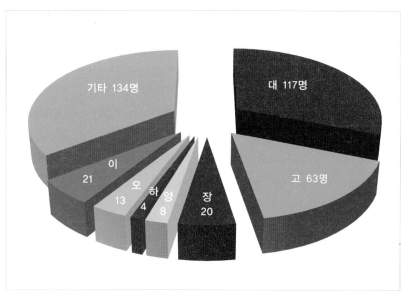

[그림 4] 발해인의 성씨 분석

인되었다. 이 글에서는 발해 통치 집단을 언급했지만, 구체적으로 분석한 것은 다음 글이다.

『송막기문(松漠紀聞)』에는 발해 왕실 성씨로서 대(大)씨가 있고 유력 귀족의 성씨로서 고(高), 장(張), 양(楊), 두(竇, 賀), 오(烏), 이(李)씨가 있었다고 한다. 이 기록은 현재 전해지는 발해인들의 성씨 분석과도 대체로 일치한다. 발해 유민까지 포함하여 380명의 성명이 알려져 있는데, 이 중에서 대씨가 117명이고, 고씨가 63명, 장씨가 20명, 양씨가 8명, 하씨가 4명, 오씨가 13명, 이씨가 21명이다. 그런데 고씨는 380명 가운데서 16.6%, 왕족인 대씨를 제외한 유력 귀족 가운데서 48.8%를 차지한다[그림 4]. 이렇게 유력 귀족의 절반 정도를 차지하는 고씨는 고구려 왕실·귀족의 후손이 분명하다. 따라서 발해 국가를 운영하던 유력 귀족에서도 고구려계 인물들이 주도권을 쥐고 있었던 사실을 확인할 수 있다.(송기호 글)

사실 발해인 스스로도 고구려계 국가임을 표방했다. 반면에 말갈을 계승했다는 언급은 어디에서도 찾아볼 수 없다. 다음은 고구려를 계승했음을 보여주는 증거들이다.

> 정안국왕 신(臣) 오현명이 아룁니다. (…중략…) 신은 본래 고구려 옛 땅에서 살던 발해 유민으로서, 한 쪽 귀퉁이를 차지하여 여러 해를 지내왔는데 … 또 부여부가 근래에 거란에서 등을 돌려 우리나라에 귀순했으니 (…하략…)
>
> (『송사』 정안국전)

> 무예(무왕)는 욕되게 여러 나라를 주관하고 외람되게 여러 번국을 아우르게 되어, 고구려의 옛 터전을 수복하고 부여의 풍속을 소유하게 되었습니다.
>
> (『속일본기』)

> 그리하면, 천황의 풍모를 향한 정성을 게을리 하지 않을 것이고, 부지런히 교화를 사모하는 태도는 고구려의 발자취를 따르겠습니다.
>
> (『일본일사』)

발해 유적과 유물에서는 다양한 성격이 나타난다. 상층문화는 초기에 고구려문화가 주축을 이루다가 문물제도가 정비되면서 당나라문화로 변모해가는 경향을 보이는데, 특히 지방제도, 도성제도, 무덤양식 등에서 이러한 변화를 뚜렷이 읽을 수 있다.

발해는 8세기 전반기까지 고구려식 지방제도를 채택했으나 당나라 제도를 수용하면서 부주현제(府州縣制)로 전환했다. 처음에는 고주몽처럼 산성(山城)에 의지하여 건국했지만 그 다음부터는 당나라 수도를 모방하여 평지성에 도읍했다.

또 최상위층의 무덤은 초기에 석실묘(石室墓) 일색이었으나 점차 당나라 양식의 전축묘(塼築墓)를 수용하는 양상을 보인다. 석실묘인 정혜공주(貞惠公主,

738~777) 무덤에서 전축묘인 정효공주(貞孝公主, 757~792) 무덤으로의 변화가 이를 잘 반영한다. 정혜공주는 고구려 전통에 따라 3년장을 치렀지만 정효공주는 5월장을 치른 차이도 보인다. 그렇지만 와당의 연판문, 고식(古式)의 불상, 쪽구들(고대 온돌)에서는 고구려문화가 후기까지 농후하게 전해진 것을 보여준다. 북방의 쪽구들은 북옥저에서 발원하여 고구려를 거쳐 발해로 전해졌고, 이후 여진족-만주족으로 계승되었다.

반면에 기층문화는 말갈문화가 중심이 되었다. 토광묘(土壙墓)나 수제의 황갈색 통형관(筒形罐)이 이 문화를 대표하는데, 발해 중심지보다는 변두리 지역, 특히 연해주 일대에 많이 분포되어 있다.

한편, 주초장식와(柱礎裝飾瓦), 입체적으로 만들어진 귀면와, 글자가 찍힌 문자기와, 산(山)자형 장식이 달린 머리꽂이, 청동기마인물상 등은 발해 유적에서 독특하게 발견되는 문화적 지표 유물들이다. 또 무덤 위에 탑이나 건물을 짓는 묘상건축물 축조 풍습도 발해에서 특징적으로 나타난다.

특별히 주목되는 것은 최근에 발굴된 용해고분군 가운데 도굴의 피해를 입지 않은 M13과 M14의 출토 유물이다. 유물로 보아 M13은 여성, M14는 남성이 묻힌 부부합장묘이다. 두 무덤에서는 금제품이 다수 발굴되었다. M13에서는 금팔찌와 금비녀 등이 출토되었고, M14에서는 금관 장식, 금판을 붙인 옥대(玉帶) 등이 출토되었다. 여기서 특히 중요한 것이 금제(金製) 관장식(冠裝飾)이다[그림 5]. 이런 유형은 중국에서 보이지 않으므로 삼국의 관모, 특히 고구려에서 계승된 것으로 판단되기 때문이다.

금제 관장식은 길다란 잎사귀가 세 갈래로 갈라진 모양인데, 가운데 것은 위로 곧게 솟아 있고, 그 양쪽 것은 뒤로 날개를 편 듯이 구부러져 있다. 이 장식은 한 점이 출토된 데다가 양쪽 날개가 뒤로 구부러져 있는 것으로 보아서 머리에 직접 꽂거나 관모에 꽂았을 것이다.

전체 모습은 고구려 조우관과 매우 닮아 있다. 가장 유사한 것으로는 랴오닝성박물관에 전시되어 있는 지안(集安) 출토품이 있다. 금동 제품이라 재질에는 차이가 있지만, 가운데에 입식(立飾)이 있고 그 양쪽으로 새 날개 모양의 장식이 달려 있는 점이 상통한다.

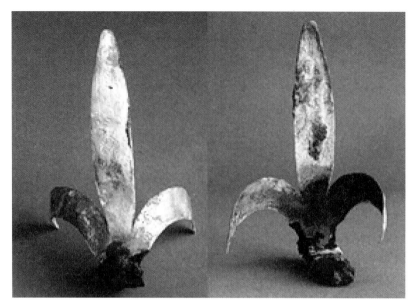

[그림 5] 금제 관장식

　따라서 발해의 금제 관장식은 삼국시대의 조우형(鳥羽形) 또는 조익형(鳥翼形) 관식(冠飾)의 전통과 맥이 닿아 있다. 구체적으로는 고구려로부터 계승된 것이 분명하다. 그러면서 표현 모티프가 변형된 것은 고구려 멸망으로부터 많은 세월이 흘렀기 때문일 것이다. 주지하는 바와 같이 새 깃털 장식은 청동기 시대 이래로 삼국시대까지 매우 특징적으로 사용했다. 반면에 당나라에서는 이런 관식을 사용하지 않았다. 따라서 발해 조우관은 고구려를 계승한 것으로 이해할 만하다.

　발해에서도 조우관 전통을 지니고 있었다는 사실은 이번에 처음 확인되었다. 더구나 금제품인 점은 무덤 주인공이 왕이거나 그에 버금가는 왕실 인물이었음을 의미한다. 이 점에서 발해 최고위층이 고구려계라는 사실을 유추할 수 있다.

5
당나라 지방세력인가
독립국인가?

다음으로 당나라 지방정권설은 더욱 수긍할 수 없다. 중국의 원로학자인 탄지샹(譚其驤)도 발해는 당나라 판도에 속하지 않는다고 지적한 적이 있지만, 아주 예외적이다.

흔히 중국연구자는 발해가 당나라에 조공하고 그 대가로 책봉을 받은 사실을 지적한다. 또 당나라가 발해에 홀한주를 설치하여 그 왕을 홀한주도독으로 삼았으므로 발해 왕은 당나라 지방관리에 불과했다는 주장도 있다. 이 두 가지가 당나라 지방정권설을 주장하는 핵심적인 근거이다. 여기에 대해서는 다음과 같이 반론을 제기할 수 있다.

"고구려, 백제, 신라도 책봉과 조공 관계에 있었고 고려와 조선도 마찬가지인데, 어찌 발해만 독립국가가 아니란 말인가? 그런 논리라면 삼국도 다 가져가야 하지 않겠는가?" 몇 년 전에 중국학자와 토론하는 과정에서 이렇게 반박했더니 통역을 맡았던 조선족 학자가 나중에 정색을 하면서 정말 그렇게 하면 어찌 하느냐고 걱정하면서 나무랐다. 사실 책봉과 조공을 들먹이며 발해를 빼앗으려는 것은 현재의 국경선을 역사의 경계선으로 착각하고 있기 때문이 아닌가 하고 반박했다.

다음으로 발해 왕이 지방행정의 책임자에 불과하다는 논리의 허구성은 통일신라도 계림주가 되고 그 왕이 계림주대도독이나 계림주자사로 임명된 데에서 금방 알 수가 있다. 만일에 그들의 주장을 따른다면 통일신라까지 그들의 역사가 되는 것이다. 그럼에도 그렇게 주장하지 않는 것은 그 배후에 정치적 의도가 깔려 있어서이다.

필자는 이미 여러 사료의 근거를 들어서 이들의 아집을 공격한 적이 있다. 첫째는 발해 유학생들이 당나라에 가서 응시한 과거시험이 빈공과였다는 사실을 들었다. 빈공과는 빈공진사과(賓貢進士科)를 줄여서 부르는 것으로 손님으로 와 있는 외국학생들이 따로 치르는 시험이고, 내국인들은 진사과를 보았다. 빈공과에는 신라, 발해, 페르시아 등의 학생들이 응시했다. 이것만 보더라도 발해인은 당나라에서 외국인으로 간주되었지 내국인은 분명 아니었다.

다른 한편으로 발해 왕을 황제로 부르거나 천손으로 부른 사실도 들었다. 이것은 발해가 독립된 왕국이었을 뿐 아니라 때로는 황제국을 지향했던 사실을 반영한다. 황제국이라 함은 당나라와 대등한 국가를 지향한 증거가 된다. 그런가 하면 발해 왕 아래에 허왕(許王)과 같은 왕들이 존재했다. 그렇다면 발해 왕은 '왕 위의 왕'으로서 실제로는 황제와 같은 처지에 있었던 것이다. 고려시대에도 이와 똑같았으니 고려국왕 아래에 여러 왕들이 있었다. 이런데도 어찌 독립국가라 하지 않을 수 있겠는가? 당나라는 9세기에 발해를 해동성국이라 불렀으니 '바다 건너 번성한 나라'인 발해는 그야말로 외국이었다.(송기호 글)

더구나 용해고분군의 묘지명을 통해 3대 문왕, 9대 간왕의 배우자가 각각 효의황후(孝懿皇后), 순목황후(順穆皇后)였음이 밝혀졌다. 비록 왕이라 했지만 황제와 같은 존재였던 것이다.

6
공동의 역사

발해사는 과연 한국사인지 중국사인지 논란이 많을 정도로 수수께끼 속에 파묻혀 있다. 조선전기에는 우리 역사가 아닌 것으로 인식했을 정도이다. 발해의 영토를 보면, 현재의 중국과 한반도 및 러시아 연해주에 걸쳐 있었으니 삼국 어디서 보아도 변경지대에 속한다. 또한 발해는 고구려계와 말갈계로 구성된 나라였다. 따라서 어느 측면을 보느냐에 따라 발해국의 속성을 달리 규정할 여지가 있다. 중국처럼 마르크스주의에 입각할 경우에는 소수의 지배층인 고구려계보다 다수의 피지배층인 말갈계를 내세울 것이 분명하다. 러시아에서는 연해주 현지에 사는 토착민의 조상이 세운 나라가 발해가 아니냐고 반문할 수도 있다.

이렇게 내 것이냐 네 것이냐를 다투는 데 골몰함으로써 막상 발해사 실체에 접근하는 데에 장애를 초래하고 있다. 중국에서는 한국 학자를 비롯한 외국학자에게 발해 유적이나 유물을 보여주지 않는다. 자료 공개를 꺼리고 있는 것이다. 북한의 발해 유적은 주로 함경도에 분포하고 있는데, 현재로서는 외부인의 발길이 미치지 못하고 있다. 각국이 자기 자료만 틀어쥐고 연구를 하는 실정이니 고의든 아니든 간에 왜곡이 없을 수 없다. 동아시아는 공유의 역사를 만들어온 경험이 없기 때문에 내 것이 아니면 네 것일 수밖에 없다는 생각을 가지고 있다. 발해사는 그러한 인식을 극복할 수 있는 호기를 가져올 수 있는 역사이기도 하다.

〈참고문헌〉

리뎬푸(李殿福)·쑨위량(孫玉良), 『渤海國』, 文物出版社, 1987.

샤프쿠노프 에.붸. 엮음·송기호·정석배 옮김, 『러시아 연해주와 발해 역사(대우학술총서 번역 97)』,

　　　　민음사, 1996.

송기호, 『발해를 찾아서 – 만주·연해주 답사기 –』, 솔출판사, 1993.

_____, 『渤海政治史硏究』, 一潮閣, 1995.

_____, 『동아시아의 역사분쟁』, 솔, 2007.

_____, 『발해를 다시 본다』, 주류성, 1999 ; 『발해를 다시 본다(개정증보판)』, 주류성, 2008.

_____, 『발해 사회문화사 연구』, 서울대학교출판문화원, 2011.

왕청리(王承禮)·송기호 역, 『발해의 역사』(한림대학 아시아문화연구소 번역총서 1), 1987.

웨이궈중(魏國忠), 「渤海國的歷史歸屬和歷史地位」, 『東北邊疆歷史與現狀系列硏究工程』 2004-1.

장국종, 『발해사연구』1, 사회과학출판사, 1997.

주궈천(朱國忱)·웨이궈중(魏國忠), 『渤海史稿』, 黑龍江省文物出版社編輯室, 哈爾濱, 1984.